Otto Kaiser
Studien zu Philo von Alexandrien

Beihefte zur Zeitschrift für die alttestamentliche Wissenschaft

Herausgegeben von
John Barton, Reinhard G. Kratz, Nathan MacDonald,
Carol Newsom und Markus Witte

Band 501

Otto Kaiser

Studien zu Philo von Alexandrien

Herausgegeben von
Markus Witte

unter Mitarbeit von
Sina Hofmann

DE GRUYTER

G

ISBN 978-3-11-049457-0
e-ISBN (PDF) 978-3-11-049265-1
e-ISBN (EPUB) 978-3-11-049194-4
ISSN 0934-2575

Library of Congress Cataloging-in-Publication Data
A CIP catalog record for this book has been applied for at the Library of Congress.

Bibliografische Information der Deutschen Nationalbibliothek
Die Deutsche Nationalbibliothek verzeichnet diese Publikation in der Deutschen National-
bibliografie; detaillierte bibliografische Daten sind im Internet über http://dnb.dnb.de abrufbar.

© 2017 Walter de Gruyter GmbH, Berlin/Boston
Druck und Bindung: CPI books GmbH, Leck
♾ Gedruckt auf säurefreiem Papier
Printed in Germany

www.degruyter.com

MIX
Papier aus verantwor-
tungsvollen Quellen
FSC
www.fsc.org   FSC® C083411

Inhalt

Zum Geleit

> „Philo umfaßte Plato und Mose mit gleicher
> Liebe: Plato feierte er als den ‚heiligsten' unter
> den Philosophen und Mose als Träger der
> göttlichen Offenbarung und Gründer eines
> philosophischen Volkes."
>
> (Juda Bergmann)[1]

Dass ein Theologe, der das Feld der alttestamentlichen Wissenschaft mit einer religionsgeschichtlichen Dissertation zur mythischen Bedeutung des Meeres in Ägypten, Ugarit und Israel (1956)[2] und mit einer traditionsgeschichtlichen Habilitationsschrift über die Gottesknechtslieder (1957)[3] betreten hat, am Ende eines außergewöhnlich langen und reichen Forscherlebens auf den jüdischen Religionsphilosophen Philo von Alexandria, dem etwas älteren Zeitgenossen des Paulus, zu sprechen kommt, mag nur auf den ersten Blick verwundern. Die vor allem in seiner wegweisenden Kommentierung des Jesajabuches seit der Bearbeitung des zweiten Bandes (Jes 13 – 39) vorgenommene konsequente redaktionsgeschichtliche Betrachtung und die damit verbundene Spätdatierung einzelner Schichten,[4] sein besonders ausgeprägter philosophischer und systematisch-theologischer Zugang auf Texte des Alten Testaments und des Alten Orients sowie sein seit den 1970er Jahren vertieftes Interesse an den jüdischen Schriften aus hellenistisch-römischer Zeit haben Otto Kaiser in den vergangen zwei Jahrzehnten immer stärker zur Beschäftigung mit der frühjüdischen Weisheit geführt. Die Einrichtung der Reihe „Jüdische Schriften aus hellenistisch-römischer Zeit" ist mit seinem Namen ebenso verbunden wie die Gründung der *International Society for the Study of Deuterocanonical and Cognate Literature*. Literarisch hat sich dies nicht nur in Otto Kaisers annotierten Übersetzungen der Bücher Jesus Sirach

---

1 J. Bergmann, „Das Judentum in der hellenistisch-römischen Zeit", in: *Entwicklungsstufen der jüdischen Religion. Vorträge des Institutum Judaicum an der Universität Berlin.* Erster Jahrgang 1925 – 1926. Gießen: Alfred Töpelmann 1927, 27 – 42, hier: 32.
2 Erschienen 1958 in erster Auflage und 1962 in zweiter überarbeiteter und um einen Nachtrag vermehrter Auflage als BZAW 78 bei Alfred Töpelmann, Berlin.
3 Publiziert unter dem Titel *Der Königliche Knecht. Eine traditionsgeschichtlich-exegetische Studie über die Ebed-Jahwe-Lieder bei Deuterojesaja.* FRLANT 70, Göttingen: Vandenhoeck & Ruprecht, 1959 (2., unveränderte, um einen Literaturnachtrag vermehrte Auflage 1962).
4 *Der Prophet Jesaja. Kapitel 13 – 39.* ATD 18, Göttingen: Vandenhoeck & Ruprecht, 1973 (3., durchgesehene Auflage 1983). Eine entsprechende Neubearbeitung der Kapitel 1 – 12 erschien im Jahr 1981 (*Der Prophet Jesaja. Kapitel 1 – 12.* ATD 17, 5., völlig neu bearbeitete Auflage, Göttingen: Vandenhoeck & Ruprecht, 1981).

DOI 10.1515/978-3-11-049265-1-001

(2005), Hiob (2006), Kohelet (2007) und Weisheit Salomos (2010) niedergeschlagen,[5] sondern auch in mehreren Aufsatzbänden zur Begegnung von Judentum und Hellenismus sowie jüngst in einer Skizze zu Philos Hochschätzung der Freundschaft und in einer ausführlichen monographischen Darstellung des Denkens Philos.[6]

Die in diesem Band versammelten Aufsätze bilden ein Beiboot zu dieser Monographie. Teilweise handelt es sich um Nachdrucke, die für diesen Band revidiert und aufeinander abgestimmt wurden, teilweise um noch nicht publizierte Aufsätze. Ihre hier gebotene Anordnung folgt systematischen Gesichtspunkten. So bietet der den Band eröffnende Beitrag zu Metaphern und Allegorie zugleich eine Einführung in Philos Leben und Schriften sowie in Grundsätze seiner Exegese. Der zweite Beitrag skizziert in übergreifender Weise Philos Kosmologie, die sich zwischen platonischen, zumal mittelplatonischen, und stoischen Vorstellungen und den biblischen Schöpfungserzählungen bewegt. Die Studie zur kosmischen Bedeutung des Hohepriesters zeichnet die zentrale Bedeutung nach, die der am Jerusalemer Tempel ausgeübte Kult im antiken Judentum und im Denken Philos hat. Als Pendant zur am Heiligtum praktizierten und gelebten Religion erscheint das Gebet, dem der folgende Aufsatz gewidmet ist. Hier wird der Leser mit Philos Benutzung und Interpretation einzelner Psalmen, durchgehend in ihrer durch die griechische Bibel, die Septuaginta, repräsentierten Gestalt, vertraut gemacht. Ein dritter Block kreist um Fragen der Ethik und der Lebensgestaltung, wobei zunächst Philos Verständnis der Tugend und Umgang mit Emotionen, sodann seine Vorstellungen von Hoffnung und Freude sowie von Kummer und Furcht und schließlich sein Verständnis von menschlicher Gesundheit und Krankheit thematisiert werden. Den Abschluss bildet eine knappe Skizze zu Philos Verständnis des Todes und seiner Überwindung. So zeigt der kleine Aufsatzband wesentliche Aspekte des theologischen Denkens des ersten namentlich bekannten jüdischen Autors, der seine Kommentierungen nicht mehr als Fortschreibungen *in* die Überlieferungen seiner Vorfahren eingetragen hat, sondern sie eigenständig neben die zu seiner Zeit bereits autoritativen heiligen Schriften gestellt hat. Damit steht Philo gewissermaßen am Anfang einer zweitausendjährigen Kette von Auslegungen, in die sich Otto Kaisers zahlreiche exegetischen, religionsphilosophischen und theologischen Kommentare alttestamentlicher Bücher nahtlos einreihen.

---

5 Alle erschienen im Radius Verlag, Stuttgart.

6 O. Kaiser, Das höchste Gut. Philos Hochschätzung der Freundschaft im Horizont ihrer antiken Geltung. Stuttgart: Radius, 2015; Ders., Philo von Alexandria. Denkender Glaube – Eine Einführung, FRLANT 259, Göttingen: Vandenhoeck & Ruprecht, 2015.

Bei der Edition dieses Bandes hat mich tatkräftig Sina Hofmann unterstützt, die zur Zeit an einer Dissertation über Philos Verständnis der Weisheit und des Logos arbeitet. Bei den Korrekturen haben dankenswerter Weise die Mitarbeiter und Mitarbeiterinnen am Lehrstuhl für Exegese und Literaturgeschichte des Alten Testaments an der Humboldt-Universität zu Berlin, Heye Jensen, Gesine Meyer, Brinthanan Puvaneswaran und Maren Wissemann, geholfen. Für die Genehmigung zum revidierten und aktualisierten Nachdruck der bereits publizierten Aufsätze danke ich herzlich den Verlagen de Gruyter, Gütersloh (in der Verlagsgruppe Random House GmbH) und Franz Steiner. Die Mitherausgeber der *Beihefte zur Zeitschrift für die alttestamentliche Wissenschaft* waren freundlicherweise sofort bereit, der Aufnahme dieser Sammlung in die Reihe zuzustimmen. Damit liegt nach der kleinen Studie von Edmund Stein (1929)[7] nun der zweite ausdrücklich Philo von Alexandria gewidmete Band in der Reihe vor. Im Gegensatz zu Stein, der Philos Verdienste „lediglich in der Erhaltung der Überlieferung sah",[8] gelingt es Otto Kaiser, Philo als einen Gelehrten zu zeigen, „der wie kaum ein anderer seiner Vorgänger mit der dem menschlichen Denken gesetzten Grenze der Transzendenz Gottes ernst machte und trotzdem seinen Glaubens- und Zeitgenossen den Weg zum seligen und ewigen Leben wies."[9] Dabei ist zu hoffen, dass weitere Kreise alttestamentlicher Wissenschaft sich Philo und seiner Schriften annehmen und im Sinne einer echten israelitisch-jüdischen Literatur- und Religionsgeschichte Studien zu Philo nicht auf die neutestamentliche Wissenschaft und die Judaistik beschränkt bleiben. Schließlich danke ich Frau Dr. Sophie Wagenhofer sowie den Herren Dr. Albrecht Döhnert und Johannes Parche für die bewährte sehr gute Zusammenarbeit und für die verlegerische Betreuung des Bandes.

Markus Witte   Berlin, im September 2016.

---

7 E. Stein, *Die allegorische Exegese des Philo aus Alexandreia.* BZAW 51. Gießen: Alfred Töpelmann, 1929.
8 Stein, *Philo,* 61.
9 In diesem Band S. 31.

Abkürzungsverzeichnis

1 Werke Philos

Phil.	Philo
Abr.	De Abrahamo
Aet.	De aeternitate mundi
Agr.	De agricultura
Anim.	De Animalibus
Apol.	Apologia pro Judaies
Cher.	De Cherubim
Conf.	De confusione linguarum
Congr.	De congressu quaerendae eruditionis gratia
Cont.	De vita contemplativa
Decal.	De decalogo
Det.	Quod deterius potiori insidiari potest
Deus	Quod deus immutabilis sit
Ebr.	De ebriatate
Flacc.	In Flaccum
Fug.	De fuga et inventione
Gig.	De Gigantibus
Her.	Quis rerum divinarum heres sit?
LA I–III	Legum allegoriae
Legat.	Legatio ad Gaium
Migr.	De migratione Abrahami
Mos. I–II	De vita Mosis
Mut.	De mutatione nominum
Opif.	De opificio mundi
Plant.	De plantatione Noe
Praem.	De praemiis et poenis
Prob.	Quod omnis probus liber sit
Prov.	De providentia
QE I–II	Quaestiones et Solutiones in Exodum
QG I–IV	Quaestiones et Solutiones in Genesim
Sacr.	De sacrificiis Abelis et Caini
Sobr.	De sobrietate
Somn. I–II	De somniis
Spec. I–IV	De specialibus legibus
Virt.	De virtutibus

DOI 10.1515/978-3-11-049265-1-002

2 Andere antike Autoren

Ael.	Claudius Aelianus
Var.	Varia Historia
Alex.Polyhist.	Alexander Polyhistor
Apul.	Apuleios
Met.	Metamorphosen
Arist.	Aristoteles
Cael.	De caelo
Cat.	Categoriae
Eth. Nic.	Ethica Nicomachea
Gen. An.	De generatione animalium
Hist. An.	Historia animalium
Mem.	De memoria et reminiscentia
Metaph.	Metaphysica
Part. An.	De partibus animalibus
Poet.	De arte poetica
Prec.	De precatione
Protr.	Protrepticus
Arr.	Arrian
Epict.	Epictetus
Cels.	Celsus
Med.	De Medicina
Cic.	Cicero
Acad.	Academici libri
Div.	De divinatione
Fat.	De fato
Fin.	De finibus bonoum et malorum
Leg.	De legibus
Off.	De officiis
Or.	De Oratore
Parad.	Stoicorum paradoxa
Tusc.	Tusculanae disputationes
Diod.	Diodorus
Diog.Laert.	Diogenes Laertius, Leben und Meinungen berühmter Philosophen
Epic.	Epicurus
Rat.Sent	Ratae sententiae
Epict.	Epictetus
Eudor.	Eudoros von Alexandrien
frg. Mazz.	Fragment nach Mazzarelli

Eur.	Euripides
Frg.	Fragment
Hec.	Hekabe
Suppl.	Supplices
Eus.	Eusebius von Caesarea
Praep.	Praeparatio evangelica
Flav.Jos.	Flavius Josephus
Ant.	Antiquitates Judaicae
Apion.	Contra Apionem
Bell.	Bellum Judaicum
Gal.	Galenos
Meth. Med.	Methodus Medendi
Hdt.	Herodot
Hist.	Historien
Hes.	Hesiod
Theog.	Theogonia
Hippokr.	Hippokrates
Dec.	De decoro
Epid.	De epidemiis
Prog.	Prognosticum
Resp.	De Respiratione
Hom.	Homer
Il.	Ilias
Od.	Odyssee
Jambl.	Jamblichus
Protr.	Protrepticus
V. Pyth.	De vita Pythagorica
Manil.	Marcus Manilius
Midr. HL.	Midrasch zum Hohenlied
Plat.	Platon
Leg.	Leges
Krat.	Kratylos
Mx.	Menexenos
Parm.	Parmenides
Phaid.	Phaidon
Phaidr.	Phaidros
Phil.	Philebos
Rep.	De re publica
Symp.	Symposion
Tht.	Theaitetos

Tim.	Timaios
Plot.	Plotin
Enn.	Enneaden
Plut.	Plutarch
Is.	De Iside
Mor.	Moralia
Sto. Rep.	De stoicorum repugnantiis
Polyb.	Polybios
Porph.	Porphyrius
Abst.	De abstinentia
Vit. Pyth.	Vita Pythagorea
Ps.Arist.	Pseudo-Aristoteles
Mund.	De mundo
Virt.	De virtute
Ps.Plat.	Pseudo-Platon
Def.	Definitiones
Quint.	Quintilianus
Inst.	Institutio Oratoria
11QT	Tempelrolle (Qumran)
Rhet. Her.	Rhetorica ad Herennium
Sen.	Lucius Annaeus Seneca
Epist.	Epistulae morales ad Lucilium
Soph.	Sophokles
Ai.	Aias
Stob.	Stobaeus
Ecl.	Eclogae
Tac.	Tacitus Agricola
Hist.	Historiae
Tert.	Tertullian
Apol.	Apologeticum
TestAbr.	Testamentum Abrahae
Xen.	Xenophon
Kyr.	Kyrupaedie
Mem.	Memorabilia

Metapher und Allegorie bei Philo von Alexandrien

ὁ θεὸς ἢ νοῦς ἐστὶν ἢ ἐπέκεινά τι τοῦ νοῦ
Arist. *Prec.* frg.1[1]

1 Einleitung

1.1 Philos Leben und Schriften

Trotz seiner Bedeutung als Schriftsteller sind Philos genaue Lebensdaten unbekannt. Allein die Tatsache, dass er im Jahre 39/40 die Delegation der jüdischen Gemeinde Alexandriens anführte, die beim Kaiser Caius (Caligula) Protest gegen die von dem Provinzstatthalter Flaccus tolerierten antijüdischen Ausschreitungen einlegen sollte,[2] weist darauf hin, dass er ein Vertreter einer, wenn nicht der einflussreichsten jüdischen Familie seiner Heimatstadt war. Da er sich damals bereits als ein alter Mann fühlte (vgl. *Legat.* 1 und 182), dürfte er im letzten Viertel des vorausgehenden Jahrhunderts geboren sein.[3] Vermutlich hatte bereits sein Großvater das römische Bürgerrecht erhalten, sodass ihm alle Bildungsmöglichkeiten offen standen. Dass er eine klassische Bildung besessen hat, belegen seine Schriften und die in ihnen wiederholt ausgesprochene Hochschätzung der sie vermittelnden Enzyklika Paideia.[4] Nach Flav.Jos. *Ant.* XVIII.259 (vgl. 158) war sein Bruder Alexander ein erfolgreicher Banker und darüber hinaus Alabarch und das bedeutet vermutlich: Verwalter der staatlichen Steuern und Zolleinnahmen der kaiserlichen Provinz Ägypten (Flav.Jos. *Ant.* XVIII.158).[5] Auch sein zum Heidentum übergetretener Neffe Tiberius Julius Alexander bekleidete hohe römische Staatsämter, darunter das des Prokurators der Provinz Judäa (Flav.Jos. *Bell.* II.220) und des Statthalters der Provinz Ägypten (Flav.Jos. *Bell.* IV.616).

---

1 Vgl. Flashar, *Aristoteles* 20/1, 166–167.
2 Vgl. Smallwood, *Jews*, 235–245 und Borgen, *Philo*, 33–37.
3 Zu seiner Familie und seinem Leben vgl. Borgen, *Philo*, 14–29; Schwartz, *Philo*, 9–31 und die unterschiedlichen Einschätzungen der Zeit seiner Geburt einerseits z.B. Zeller, *Philosophie* 3/2, 385–386 (zwischen 30 und 20 v.Chr.) und andererseits Morris, *Jewish Philosopher*, 816 und Schwartz, *Philo*, 10 (zwischen 20 und 10 v.Chr.).
4 Vgl. zu ihr Ueberschaer, *Weisheit*, 123–134 und zu ihrer Rolle bei Philo Borgen, *Philo*, 17 und im vorliegenden Band Kaiser, *Aretē*, 83–97.
5 Vgl. dazu Kasher, *Jews*, 86 und Smallwood, *Jews*, 226–233.

DOI 10.1515/978-3-11-049265-1-003

Seine Schriften lassen sich in drei Perioden gliedern:[6]
In die 1.) gehören seine neunzehn Schriften über die allegorische Erklärung der Genesis.[7] Der Leser wird in ihnen Zeuge der überaus kleinteiligen Lehrvorträge Philos, die aus seiner Diskussion mit anderen Schriftgelehrten erwachsen sind. Auf diese Weise reiht sich bei ihm nach dem Prinzip von Frage und Antwort Allegorie an Allegorie, wobei die Argumentation nicht immer durchsichtig ist,[8] sodass man sich bei der Lektüre auch an Quintilianus Warnung erinnert, den Leser nicht durch eine zu lange Abfolge von Allegorien zu ermüden.[9]

In die 2.) Periode gehören vermutlich Philos *Quaestiones et Solutiones in Genesim et Exodum* (*QG* bzw. *QE*). Sie bieten einen Einblick in seine Unterrichtsweise mittels Frage und Antwort, die ihn als seiner Methode sicheren Exegeten ausweist.[10] Beide Schriften dürften mit ihrem Frage- und Antwortspiel typisch für die Schulbücher der römischen Kaiserzeit gewesen sein, wie es sich auch aus dem *Liber memoralis* des Lucius Ampelius, über das was ein junger Römer auf den Gebieten von Natur und Geschichte wissen sollte, erschließen lässt.[11]

Eine Stufe zwischen 2.) und 3.) dürfte sich in seiner Schrift *De opificio mundi* (*Opif.*) spiegeln. In ihr kommen nicht nur die Freunde pythagoreischer Zahlenspiele sondern auch die Verehrer Platons auf ihre Kosten, da in ihr die Abhängigkeit der Kosmologie Philos von Platons *Timaios* unübersehbar ist.[12] Seine Umdeutung der platonischen Ideen in die Gedanken Gottes sollte die christliche

---

6 Vgl. dazu Noack, *Gottesbewusstsein*, 18–31; Niehoff, *Jewish Exegesis*, 133–185 und Royse, *Works*, 59–62.
7 *Leg.* 1–3: Gen 2,1–3,19; *Cher.*: Gen 3,24; *Sacr.*: Gen 4,2–3; *Det.*: Gen 4,8; *Post.*: Gen 4,16–26; *Gig.*: Gen 6,1–4; *Deus.*: Gen 6,4–12; *Agr.*: Gen 9,20–21; *Plant.*: Gen 9,20–21; *Ebr.*: Gen 9,20–29; *Sobr.*: Gen 9,20–27; *Conf.*: Gen 11,1–9; *Migr.*: Gen 12,1–4.6; *Her.*: Gen 15,2–18; *Congr.*: Gen 16,1–6; *Fug.*: Gen 16,6–12; *Mut.*: Gen 17,1–5.15–22; *Deo*: Gen 18,2; *Somn.* I: Gen 28,10–15; 31,11–13; *Somn.* II: Gen 37,5–11; 40,9–13 und 41,1–7. Man erkennt an den Lücken die Unvollständigkeit der Überlieferung.
8 Vgl. dazu die Analyse von *LA* I bei Borgen, *Philo*, 124–139.
9 Vgl. dazu unten, 15–16.
10 Dass er auch in dieser Phase andere Auslegungen kannte und gegebenenfalls referierte, auch wenn er nicht mit ihnen übereinstimmte, zeigt z. B. *QG* I.10, wo er eine ganze Reihe von Deutungen des Baumes des Lebens inmitten des Gartens aufzählt, ehe er sich für die „von würdigen und ausgezeichneten Männern vertretene" allegorische Auslegung entscheidet.
11 Vgl. dazu Royse, *Works*, 34–38.
12 Zu der Philos Schriften durchziehenden Benutzung von Platons *Timaios* als einem exegetischen Hilfsmittel vgl. die Nachweise von Runia, *Philo Timaeus*, 365–399 und 406–411 und zu Philos teils ablehnendem teils zustimmendem Verhältnis zur griechischen Philosophie und Kultur Niehoff, *Jewish Identity*, 137–158; zu stoischen Einflüssen auf seine Kosmologie vgl. Borgen, *Philo*, 67 und zur Sache im vorliegenden Band Kaiser, *Kosmologie*, 33–44.

Theologie nachhaltig beeinflussen.[13] In diese Zwischenstufe dürfen vermutlich auch seine Schriften über die Gräueltaten des römischen Statthalters von Ägypten Flaccus und sein verdientes Ende (*Flacc.*) sowie die über den Verlauf der von Philo geleiteten Delegation an den Kaiser Gaius (Caligula)[14] (*Legat.*) und schließlich seine *Hypothetica* (*Apol.*), eine Apologie der Juden, eingeordnet werden, die sachlich eine Sonderstellung in seinen Werken einnehmen.[15]

Der 3.) und letzten Periode Philos gehören seine vermutlich an Nichtjuden oder Proselyten gerichteten Schriften über Abraham, Joseph und Moses, seine Auslegungen des Dekalogs (*Decal.*), der speziellen Gesetze (*Spec.*) sowie die beiden Schriften über die Tugenden (*Virt.*) und über Belohnungen und Strafen (*Praem.*) an.[16] Diese Bücher zeichnen sich dadurch aus, dass in ihnen die jeweils behandelten biblischen Texte zunächst in längeren Abschnitten referiert werden, worauf ihre allegorische Auslegung folgt. Dadurch gewinnen diese Abhandlungen gegenüber denen der ersten Periode deutlich eine Übersichtlichkeit, die verhindert, dass der Leser den Faden verliert und vorzeitig ermüdet.[17]

Eine weitere thematische Gruppe bilden seine philosophischen Schriften. Von ihnen ist an erster Stelle sein noch ganz im Banne der stoischen Schule stehendes Jugendwerk *Quod omnis probus liber sit* (*Prob.*) zu nennen. Zeitlich schwer einzuordnen ist sein nur armenisch überliefertes Werk *De providentia* (*Prov.*), während sein Buch über die Therapeuten *De vita contemplativa* (*Cont.*) vermutlich zu seinen Spätschriften gehört.[18] Umstritten ist Philos Autorschaft an der sich mit den Argumenten der Peripatetiker für die aristotelische Lehre von der Ewigkeit der Welt kritisch auseinander setzenden Schrift *De aeternitate mundi* (*Aet.*), doch scheint sich die Waagschale aufgrund ihrer gründlichen Untersuchung durch David T. Runia zu Gunsten ihrer literarischen Echtheit zu senken.[19]

---

13 Vgl. *Opif.* 15–16.36 und *Spec.* I.327–329 und dazu z.B. Radice, *Theology*, 131–135.
14 Zur Situation der jüdischen Gemeinde in Alexandrien nach den Berichten Philos vgl. Kasher, *Jews*, 233–261. 259–261.
15 Zu weiteren nur fragmentarisch auf Armenisch überlieferten Kleinschriften vgl. Morris, *Jewish Philosopher*, 868.
16 *Opif.*; *Abr.*; *Jos.*; *Mos.* I–II; *Decal.*; *Spec.* I–IV; *Virt.* sowie *Praem.*
17 Vgl. zu ihnen auch Royse, *Works*, 45–50.
18 Vgl. zu beiden Royse, Works, 55.57–58, der auch auf die fragmentarisch erhaltene Schrift *De animalibus* (Alexander or Concerning whether irratioal animals have reason) hinweist.
19 Zur Diskussion vgl. Colson, *Philo 9*, 172–183; Morris, *Jewish Philosopher*, 558–559 und Royse, *Works*, 56–57, der auf die ausführliche Verteidigung der Schrift durch Runia, *Aeternitate*, 105–151 verweist.

1.2 Philo als Exeget

Bei den erhaltenen Schriften Philos handelt es sich überwiegend um exegetische Werke, freilich – wie sich aus seiner Unterscheidung zwischen Schriftsinn und allegorischer Bedeutung ergibt – um solche besonderer Art. Von ihnen legen seine frühen Schriften die Genesis im Bereich von Gen 2,11 – 41,24 aus.[20] Philo ging dabei wie selbstverständlich von der Voraussetzung aus, dass Moses weder mythische Texte verfasst noch fremde übernommen hätte (*Opif.* 2).[21] Daher behandelte er in seinem *Allegorischen Kommentar* alle biblischen Texte, in denen Gott als in der Welt anwesend und handelnd vorgestellt wurde, gleichsam als Rätsel (vgl. Arist. *Poet.* 1458a), deren verborgenen Sinn es zu ermitteln gelte. Diese Methode ist von ihm auch in seinen späteren Schriften verwendet, nur dass er in ihnen deutlich zwischen dem wörtlichen und dem allegorischen Sinn unterschieden hat. Sachlich überwiegt in seinen allegorischen Auslegungen der Gegensatz zwischen Tugend und Laster. Alles spricht dafür, dass er diese allegorische und ethisierende Methode in der stoischen Homerauslegung kennen gelernt[22] und dann entsprechend auf biblische Aussagen angewandt hat, deren Wortsinn ihm unwahrscheinlich oder religiös bedenklich erschien.[23] Doch wird man Philo abgesehen von seiner im Banne der Stoa stehenden Jugendschrift *Quod omnis probus liber sit*[24] und seiner fortgesetzten Gegenüberstellungen von Tugend und Laster kaum als Stoiker rubrizieren dürfen. Er gehört vielmehr zu den Mittelplatonikern und hat als solcher nicht nur auf dem Feld der Kosmologie, sondern auch auf dem der Ethik von Platon und von dem Begründer der jüngeren Schulrichtung Eudoros von Alexandrien gelernt, was sich zumal in seiner Lehre von der Mittlerrolle des Logos zwischen Gott und Welt abzeichnet.[25] Trotzdem waren Platons Schriften Philos wichtigstes Hilfsmittel bei seinen Exegesen.[26] Der platonische Einfluss zeigt sich besonders deutlich darin, dass er im Anschluss an Plat. *Leg.* 716b 4 – 6 nicht den

---

20 Vgl. dazu Anm. 7.

21 Vgl. dazu auch Runia, *Philo Timaeus*, 414 und ders., *Creation*, 48 – 49 und zur Bedeutung, die Philo den Büchern Moses als göttlicher Offenbarung zulegte, Bousset und Gressmann, *Religion*, 439 – 440.

22 Vgl. dazu Dillon, *Formal Structure*, 77 – 78 und als Beispiel für die stoische Homerauslegung Cornutus, *Einführung*, passim.

23 Vgl. dazu Niehoff, *Jewish Exegesis*, 145 – 151.

24 Vgl. dazu Kaiser, *Paradoxien*, 169 – 230.

25 Zur zurückliegenden Diskussion des Verhältnisses der Rolle des Logos bei Philo und im Prolog des Johannesevangeliums vgl. Colpe, *Logoslehre*, 89 – 107 und ausgeglichen bei umfassender Perspektive Decharneux, *Logos*, 317 – 333.

26 Vgl. Runia, *Philo Timaeus*, passim und Svendsen, *Allegory*, 33 – 36.

Menschen, sondern Gott zum Maß aller Dinge[27] und Gott ähnlich zu werden für das Lebensziel erklärte.[28] Da Moses sehr viel früher als alle griechischen Philosophen lebte und Philo die Tora für die Summe aller Weisheit hielt, unterstellte er, dass die griechischen Philosophen von der Tora abhängig waren (*Spec.* I.61).[29] Mithin suchte er in seinen Allegoresen den philosophischen Hintersinn solcher biblischen Aussagen zu ermitteln, deren wörtliche Bedeutung ihm dunkel und religiös oder ethisch bedenklich erschien.[30]

Gott war in seiner Transzendenz nach Philos Überzeugung dem menschlichen Denken absolut unerreichbar, sodass der Mensch keine unmittelbare Gotteserkenntnis gewinnen konnte.[31] Grundsätzlich vermochten die Menschen daher nur das „Dass", aber nicht das „Was" seiner Existenz zu erkennen. Aber seine *theologia negativa* wurde auf zweierlei Weise eingegrenzt: Erstens dadurch, dass die menschliche Vernunft, der menschliche νοῦς, Rückschlüsse auf den göttlichen νοῦς ziehen und auf diese Weise gleichsam eine aktive Gotteserkenntnis von unten nach oben gewinnen konnte, und zweitens dadurch, dass Gott dem Menschen auf Grund seiner Gnade eine solche von oben nach unten schenkte (*Praem.* 46):[32] „Zur Wahrheit gelangen nur die, die Gott durch Gott schauen, durch das Licht das Licht."[33] Doch trotz seiner dem menschlichen Denken entzogenen Transzendenz war Gott für Philo kein abstraktes Prinzip, sondern der lebendige Gott, der sein Volk Israel erwählte hatte und alle Menschen auf den Weg zur Erlösung führen will.[34] Die *theologia negativa* und die Mystik waren schon bei ihm die zwei Seiten der einen und selben Medaille.[35] Denn Philo hatte erfahren, dass dem, der sich Gott übergibt, ein übersinnliches Licht aufgeht (*Ebr.* 44):

> Wie nämlich die Sonne bei ihrem Aufgange die Sterne unserem Auge verbirgt, indem sie die Fülle ihres Lichtes auf sie herab gießt, so kann das Auge der Seele, wenn in ihm die unvermischten und allerreinsten und weithin leuchtenden geistigen Strahlen des Morgensterns

---

27 Vgl. *Somn.* I.193; *Sacr.* 59; *Congr.* 101 und *Her.* 246.

28 Vgl. *Opif.* 69 und zur Übernahme von Platons Bestimmung des Lebenszieles als eines Strebens, Gott ähnlich zu werden (Plat. *Theaet.* 176b 1–3) vgl. *Opif.* 144; *Fug.* 63; *Abr.* 87; *Mos.* II.186; *Decal.* 73; *Spec.* IV.188; *Virt.* 8.168 und dazu Roloff, *Gottähnlichkeit*, 188–206; Runia, *Philo Timaeus*, 342–344 und Calabi, *God's Acting*, 180–193.

29 Vgl. dazu Runia, *Philo Timaeus*, 528–536.

30 Zu seiner Methode vgl. z.B. Wolfson, *Philo* I, 115–127 und Christiansen, *Technik*, 170–171.

31 Vgl. Bousset und Gressmann, *Religion*, 441.

32 Vgl. dazu Sellin, *Gotteserkenntnis*, 58–65.

33 Vgl. auch *Her.* 76.256; *LA* III.40–41.44 und *Opif.* 71.

34 Vgl. z.B. *Her.* 24.28–29; *Migr.* 132; *Abr.* 268–269 und dazu Bousset und Gressmann, *Religion*, 446–447.

35 Entsprechend bescheinigen ihm Bousset und Gressmann, *Religion*, 452, dass er „der erste Mystiker und Ekstatiker auf dem Boden spezifisch monotheistischer Frömmigkeit" gewesen ist.

Gottes aufleuchten, nichts anderes mehr erblicken, denn sobald ihm einmal das Wissen des Seienden aufleuchtet, überstrahlt es alles so, dass es auch die Dinge verdunkelt, die an sich am hellsten schienen.[36]

2 Die antike Lehre von Vergleich, Metapher und Allegorie[37]

Ehe wir uns an exemplarischen Beispielen Philos Gebrauch von Metaphern und Allegorien zuwenden, sei ein flüchtiger Blick auf die einschlägige Diskussion der antiken Rhetorik geworfen, die mit Aristoteles einsetzte[38] und bei Quintilianus ihren Höhepunkt erreichte. Als erster hat Aristoteles die Metapher in seiner *Poetik* ausführlich behandelt und „als die Übertragung (ἐπιφορά) eines eigentümlichen Wortes von der Gattung auf ein solches der Art oder von einer Art auf eine andere unter dem Gesichtspunkt der Analogie" (Arist. *Poet.* 1457b 7–11) bestimmt. Als die wichtigste ihrer Arten hat er in der Rhetorik den Fall bezeichnet, in dem ein Wort durch ein analoges ausgetauscht wird. Diese *Metapher nach der Analogie* war (wie Philos Metaphern belegen) nicht nur zur Zeit des Stagiriten die am meisten geschätzte (Arist. *Rhet.* 1411a 1–2).

Weiterhin hat Aristoteles in *Rhet.* 1406b 20 – 1407a 18 (vgl. 1411a 1–2 und 1412b 34–35) auch den *Vergleich* (εἰκών) als Metapher bezeichnet und auf die Schwierigkeit hingewiesen, zwischen einer Metapher und einem Vergleich zu unterscheiden. Beiden hat er weiterhin die *Parabel* oder Gleichniserzählung an die Seite gestellt (Arist. *Rhet.* 1393a 28–31).

Die Verwendung des Wortes ἀλληγορία als Bezeichnung einer bildlichen Ausdruckweise begegnet nach Auskunft von LSJ 69a erstmals in der wohl fälschlich Demetrios von Phaleron zugeschriebenen Schrift *De elocutione* (Über den Stil) 2.99–102.243.[39] Dass Demetrios von der Allegorie einen regen Gebrauch

---

36 Übersetzung Adler, *Philo Werke* 5, 22; zur Sache vgl. auch *QE* I.13; II.29.51; *QG* IV.130 und 140 und dazu Noack, *Gottesbewusstsein*, 147–157 sowie im vorliegenden Band Kaiser, *Aretē*, 83–97.
37 Vgl. dazu Fuhrmann, *Rhetorik*, 97–111 und Kohl, *Metapher*, 108–111.
38 Dass die Rhetorik als eine besondere Kunst von den Sophisten eingeführt worden ist und sich Protagoras dazu in der Lage wusste, die geringere Sache als bessere erscheinen zu lassen (Arist. *Rhet.* 1402.24), Gorgias die rhetorische Stilistik begründet und sein Schüler Isokrates die rhetorische Ausbildung als eine philosophische Disziplin eingeführt hat (vgl. zu ihnen Kerferd und Flashar, *Sophistik*, 28–52 und zu Isokrates Reden Classen, *Herrscher*, 105–109), sei hier nur um der Vollständigkeit willen in Erinnerung gerufen; vgl. dazu Fuhrmann, *Rhetorik*, 16–30 bzw. Merkel, *Orator*, 4–8.
39 Vgl. dazu Wehrli, *Peripatos*, 559–560 und 564 sowie Fuhrmann, *Rhetorik*, 40.

gemacht hat, bezeugt jedenfalls Cic. *Or.* 27.94.[40] Cicero selbst hat sich im dritten Buch seines Dialoges *De Oratore* ausführlich über die *translatio* (Metapher) geäußert (Cic. *Or.* 155 – 170) und ihr bescheinigt, dass ein *translatum,* ein in übertragenem Sinn gebrauchtes Wort, die Rede ganz besonders ziere und „gleichsam wie im Sternenglanz erstrahlen lasse (quod maxime tamquam stellis quibusdam notat et illuminat orationem)." Auch die vermutlich von einem Zeitgenossen Ciceros stammende *Rhetorica ad Herennium* behandelt die als *permutatio* bezeichnete *Metapher* und die Arten des *Vergleichs* (*similitudo*) ausführlicher als die Allegorie, von der es knapp heißt, dass man sie nur bescheiden und im Blick auf ein durchaus ähnliches Gebiet anwenden dürfe.[41]

Am ausführlichsten hat sich Quintilianus in seiner *Institutio Oratoria* über die Allegorie geäußert. Sie ist nach ihm gleichsam eine Abfolge von Metaphern, in der die Bildebene des Herkunftsbereichs den Zielbereich überdeckt (Quint. *Inst.* 8.6.44; vgl. 9.2.46).[42] Sie ist mithin doppelsinnig, indem ihrem sprachlichen Sinn ein nicht benannter analoger zugrunde liegt, den der Rezipient entdecken und damit die verschlüsselte Botschaft des Textes entschlüsseln soll.[43] Anders als Aristoteles hielt Quintilianus an der Unterscheidung zwischen Vergleich (*comparatio*) und Metapher (*translatio*) fest (Quint. *Inst.* 8.6.9): „Comparatio est, cum dico fecisse quid hominem, ut leonem, translatio, cum dico de homine ‚leo est' (Eine Vergleichung ist es, wenn ich sage, ein Mann habe etwas getan ‚wie ein Löwe', eine Metapher, wenn ich von dem Manne sage: ‚er ist ein Löwe')."[44] Anschließend erklärt er die vier vorzüglichsten Arten der Metapher: 1.) als Ersetzung eines belebten Dinges durch ein anderes belebtes; 2.) als Ersetzung eines unbe-

---

40 „Iam cum fluxerunt continuae plures translationes, alia plane fit oratio; itaque genus hoc Graeci appellant ἀλληγορίαν: nomine recte, genere melius ille qui ista omnia traslationes vocat. Haec frequentat Phalerus maxime suntque dulcissima (Wenn nun gar mehrere Übertragungen ununterbrochen aufeinander folgen, so ändert sich der ganze Charakter der Rede. Deshalb bezeichnen die Griechen diese Ausdrucksweise; hinsichtlich der Bezeichnung ist das korrekt; grundsätzlich trifft aber jener die Sache besser, der alle diese Ausdrucksformen Übertragungen nennt. Der Phalerer wendet diese Stilmittel besonders häufig an, und sie sind überaus reizvoll, und wenn die Übertragung bei ihm auch eine große Rolle spielt, sind Wortvertauschungen doch nirgends häufiger)." (Text und Übersetzung nach Merklin, *Orator,* 82 – 83); zu Ciceros rhetorischen Schriften vgl. Fuhrmann, *Rhetorik,* 52 – 63.
41 Vgl. dazu *Rhet. Her.* 4.45 mit 4.46. Zu ihr Fuhrmann, *Rhetorik,* 48 – 50 und zu ihrer durch die Abhängigkeit von dem gleichen rhetorischen Lehrer bedingten Nähe zu Ciceros *De Inventione* vgl. Nüsslein, *Rhetorica,* 335 – 336.
42 Vgl. zu ihm Fuhrmann, *Rhetorik,* 68 – 72.
43 Vgl. dazu Kohl, *Metapher,* 87 – 93.
44 Eine präzise Definition für den Begriff der Metapher gibt die *Rhet. Her.* 4.45: „Translatio est, quae verbo in quandam rem transferetur ex alia re, quod per similitudinem recte videbitur posse transferri."

lebten durch ein unbelebtes; 3.) als Ersetzung eines belebten durch ein unbelebtes und 4.) eines unbelebten durch ein belebtes.[45]

Die Leistung der Metapher besteht nach ihm darin, dass sie die Ausdrucksfülle der Sprache durch Austausch zweier Worte und (wo es kein passendes Wort gibt) durch eine Entlehnung vermehrt, sodass der Sprache für kein Ding eine Bezeichnung fehlt. „Übertragen wird also ein Nomen oder Verbum von der Stelle, wo seine eigentliche Bedeutung liegt, auf die, wo eine eigentliche Bedeutung fehlt oder die übertragene besser ist als die eigentliche. (Quint. *Inst.* 8.6.5)

Von besonderer Bedeutung ist Quintilianus Hinweis darauf, dass es neben dem rhetorischen Einsatz der Metapher auch einen natürlichen gibt, von dem jedermann Gebrauch macht. Denn es gibt Fälle, in denen uns die Sprache zum Gebrauch einer Metapher zwingt, weil sie für sie keine direkten Bezeichnungen zur Verfügung stellen kann, zum Beispiel wenn wir von den Augen eines Weinstocks oder dem Dürsten der Saat sprechen, wir einen Menschen als hart oder weich bezeichnen oder von seinem brennenden Zorn reden (Quint. *Inst.* 8.6.9).[46] Quintilianus hat nicht nur vor einem die Rede ermüdend wirken lassenden Einsatz von zu vielen Metaphern gewarnt, sondern auch den Zusammenhang zwischen der Metapher und Allegorie noch einmal unterstrichen: Würden sie in einem größeren Zusammenhang gebraucht, gewinne die Rede den Charakter einer Allegorie oder (wie schon Aristoteles erklärte) eines Rätsels (Quint. *Inst.* 8.6.15 – 16).[47] Sein Urteil, dass eine zu ausgedehnte Abfolge von Allegorien ermüdend wirkt, dürften vermutlich auch die Leser von Philos *Legum Allegoriae* teilen.

3 Metaphern bei Philo

Wenn wir uns im Folgenden dem Gebrauch von Metapher, Beispielerzählung und Allegorie bei Philo zuwenden, sei vorab festgestellt, dass es sich angesichts der Zahl und des Umfangs seiner überlieferten Schriften nur um eine paradigmatische Auswahl handeln kann, die auch seinen stilistischen Wandlungen gerecht zu

---

45 Vgl. dazu auch Fuhrmann, *Rhetorik*, 129 und Kohl, Metapher, 111 – 114.

46 Über die *Allegorie* hat sich auch der zeitlich nicht genau fassbare Demetrios Pyktes in *De elocutione* 2.99 – 102 geäußert und sie als eine eindrucksvolle Redeweise bezeichnet, um daraus die allegorische Redeweise der Mysterien zu erklären, die auf diese Weise Ehrfurcht und Schauder erzeuge, wie sie mit Finsternis und Nacht verbunden seien. Man dürfe sie jedoch nicht im Übermaß anwenden, weil die Aussagen sonst zu einem Rätsel würden; vgl. dazu Fornaro, *Demetrios Pyktes*, 440 – 441.

47 Vgl. auch Fuhrmann, *Rhetorik*, 129 – 130.

werden und gleichzeitig einen Einblick in seine grundlegenden Gedanken zu bieten versucht.

3.1 Metaphern für die Beschreibung Gottes als Vater, Herr und Hirte der Welt und des Menschen

Wie es der Würde des Gegenstands entspricht, seien an erster Stelle Metaphern vorgestellt, mit denen Philo in *De opificio mundi* das Verhältnis zwischen Gott und Welt umschreibt, indem er ihn als Schöpfer, Vater, Lenker, Hirte oder König bezeichnet.

Bekanntlich war Philo dank seiner Belehrung durch Platons *Timaios* davon überzeugt, dass die körperliche Welt ein von Gott geschaffenes Abbild der unkörperlichen, geistigen Welt ist. Entsprechend bezeichnete er die allein in Gottes Gedanken entworfene Welt als Urbild (παράδιγμα) der sichtbaren (*Opif.* 16; vgl. Plat. *Tim.* 28a–29b).[48] Bei der Durchführung dieses Programms konnte er auf zahlreiche Metaphern zumal in Gestalt von teils traditionellen und teils von ihm neu eingeführten Epitheta zurückgreifen. So hätte Gott die körperliche Welt erschaffen, indem er sie wie ein *Architekt* eine Stadt nach seinem vorher entworfenen Plan bildete. Dabei hätte er die geistigen Urbilder aller Dinge wie einen *Stempel in einer Wachstafel* in die Materie eingeprägt (*Opif.* 18). So werden Gottes Ideen mit einem Stempel und die irdische Materie mit einer Wachstafel in einem unausgeführten Vergleich einander gegenübergestellt (vgl. auch *LA* I.22).[49] Das *Siegel* repräsentiert mithin das allgemeine Urbild, dessen Abdruck die individuelle Erscheinung ist. Diese Entsprechung von Urbild und Abbild gilt selbstverständlich auch für die Gestirne am Himmel, der selbst das *reinste Heiligtum*[50] ist (*Opif.* 55):
„Im Blick auf die Idee des gedachten Lichtes, von dem bei der Erschaffung der geistigen Welt die Rede war, erschuf er [sc. Gott] die sichtbaren Gestirne, göttliche und überaus herrliche Gaben, die er am Himmel als dem reinsten Heiligtum körperlichen Daseins befestigte.“

Dem Gesagten gemäß konnte Philo Gott als *Schöpfer und Vater* (ποιητής καὶ πατήρ) der unsichtbaren wie der sichtbaren Welt und als Hersteller (δημιουργός)

---

48 Vgl. auch *Opif.* 29 und dazu ausführlich Runia, *Philo Timaeus*, 107–113 und bes. 416–426; ders., *Creation*, 137–140 bzw. Radice, *Theology*, 124–145, bes. 131–135.
49 Vgl. Plat. *Tim.* 30c–31a und zu Philos Verarbeitung der platonischen Vorlage Runia, *Philo Timaeus*, 158–169 und weiterhin Calabi, *God's Acting*, 28.
50 Vgl. dazu Nelson, *Priest*, 25–31 und weiterhin van der Leeuw, *Phänomenologie*, 445–457; Eliade, *Religionen*, 415–433, bes. 418–420; Heiler, *Wesen*, 130–134 und nicht zuletzt Otto, *Heilige*, 149–155.

der sichtbaren Welt bezeichnen (vgl. *Opif.* 7 und 10 mit Plat. *Tim.* 28c 3; 41a 7).[51] Als *Vater und Schöpfer des Alls* hat er ihm seine Ordnung, Beschaffenheit, Beseeltheit, Gestalt, inneren Zusammenhang und Harmonie gegeben (*Opif.* 21–22),[52] als *Vater* teilt er die Zeit in Tag und Nacht (*Opif.* 56).[53] Dass Gottes schaffendes Wirken ewig währt und zu seinem Wesen gehört, beschreibt Philo in *LA* I.25 mittels der Metaphern der erhitzenden Eigenschaft des *Feuers* und der abkühlenden des *Schnees*. So wie das Feuer notwendigerweise erhitze und der Schnee seinem Wesen nach abkühle, höre Gott nie auf zu handeln. Die Analogie liegt in der notwendig mit einem Wesen verbundenen Eigenschaft: Eine Flamme ist ihrer Natur nach heiß und Schnee seiner Natur nach kalt, Gott aber seiner Natur nach tätig (ποιῶν). Wie bei den zuvor genannten Herrschaftsmetaphern geht es auch hier um leicht verständliche und daher starke Metaphern.

Als unsichtbaren Lenker des Alls nennt Philo Gott einen *großen Herrscher* (μέγας ἡγεμών) (*Opif.* 75).[54] Unsichtbar und körperlos sei er die Vernunft des Alls (νοῦς) und der Archetyp aller Vernunft, an welcher der Mensch als das nach seinem Bild geschaffene Wesen Anteil habe (*Opif.* 69).[55] Aber er ist gemäß Ps 22,1 G

---

51 Vgl. dazu auch Runia, *Philo Timaeus*, 165–166; ders., *Creation*, 132–145: 141–145 und Calabi, *God's Acting*, 28.

52 Vgl. dazu Runia, *Philo Timaeus*, 141–143, der auf die hier vorliegende Adaption von *Tim.* 29e–30a hinweist; Borgen, *Philo*, 68 und Calabi, *God's Acting*, 11–12.

53 Vgl. mit Runia, *Philo Timaeus*, 242 Plat. *Phaidr.* 246e 4–6 und weiterhin ders., *Creation*, 204–205. Religionsgeschichtlich ist an die Bezeichnung des Zeus als Vater der Götter und Menschen zu erinnern (vgl. z. B. Hom. *Od.* I.28). Wegen seines Wohlwollens gegen alle Menschen wie als Urheber des Menschengeschlechts wurde er als Vater, wegen seiner Übermacht als Höchster und König und wegen seiner weisen Ratschläge als guter und weiser Ratgeber bezeichnet (Diod. 5.72.2). In der ägyptischen Mythologie wurden mehrere Götter als „Vater der Götter" oder als Vater bezeichnet. In sumerischen Texten erscheint Enlil als Vater aller Götter, in akkadischen werden als solche Anu, Enlil, Sin und Assur erwähnt. Anu aber wurde als Ausdruck seiner Macht und Autorität wie als Schöpfer „Vater des Himmels und der Erde" bezeichnet. Jahwe wird im Alten Testament selten Vater genannt. So ist von ihm z. B. in Ex 4,22 als Vater Israels die Rede. In seiner Eigenschaft als Schöpfer und Urheber Israels wird er in Dtn 32,6 als Vater bezeichnet; vgl. auch Jes 64,7 und 63,16. Als Vater des Königs wird er in 2Sam 7,14, vgl. Ps 89,27–28 und Ps 2,7 benannt, während einer der Thronnamen des erwarteten Königs der Heilszeit in Jes 9,5 „Ewigvater" lautet. Dass Jesus Gott seinen Vater nannte und die Seinen dazu anhielt, ihn als ihren Vater anzurufen, belegt die Anrufung im Herrengebet Lk 11,1 par Mt 6,9; vgl. dazu Ringgren, אב / *ab*, 125–135 sowie Bauer und Aland, *Handwörterbuch*, 1281–1283.

54 Vgl. mit Runia, *Philo Timaeus*, 242 und Calabi, *God's Acting*, 123, die beide auf Plat. *Tim.* 42d–e verweisen.

55 Vgl. dazu Runia, *Philo Timaeus*, 330–331; ders., *Creation*, 224–229 und Calabi, *God's Acting*, 226.

(23,1 M) auch der *Hirte* (ποιμήν):[56] Denn die ganze Welt, Land und Wasser, Luft und Feuer, Pflanzen und Lebewesen, sie mögen sterblich oder göttlich sein, und auch der Himmel mit den Umläufen von Sonne und Mond sowie dem Kreislauf und die rhythmischen Bewegungen der anderen himmlischen Gestirne sind wie eine Herde unter der Hand Gottes, ihres *Hirten und Königs* (*Agr.* 50 – 51).

Gott als den *Großen König*, den μέγας βασιλεύς, in seinem Lichtglanz zu schauen, gilt das von der sichtbaren Welt aufsteigende und den Blick auf die intelligible Welt lenkende Streben der endlichen Vernunft (*Opif.* 70 – 71; vgl. auch 88).[57]

Die Menschen sind jedoch nicht die einzigen Bewohner der *großen Weltstadt* (μεγαλόπολις), weil es vor ihnen und neben ihnen einerseits köperlose und nur der Vernunft zugängliche göttliche Naturen (θεῖαι φύσεις) und andererseits körperliche und daher sichtbare in Gestalt der Sterne gegeben hat und gibt.[58] Der Verkehr mit ihnen bedeute für die Menschen Glück (εὐδαιμονία). Doch als mit dem *Lenker der Welt* verwandte und vom göttlichen Geist (θεῖον πνεῦμα) erfüllte Wesen, strebten die Menschen danach, dem *Vater und König* durch ihre Worte und Taten zu gefallen (*Opif.* 143 – 144).[59] Sollten sie aber sündigen, so würde es ihnen wie den Ureltern ergehen, denen Gott als *der erzürnte Vater* die angemessene Strafe zuteilte, sodass sie ihre Unsterblichkeit verloren, weil er sie zu einem unglücklichen und sterblichen Leben verurteilt hatte (*Opif.* 157).[60]

Ziehen wir die Summe, so umschreiben und begründen die hier vorgestellten Metaphern Gottes universale und spezielle Herrschaftsgewalt und Fürsorglichkeit über und für die Welt und alles, was sie belebt, zumal die an seiner Vernunft teilhabenden Menschen.

---

56 Zur Bezeichnung von Göttern und Königen im Alten Orient als Hirten vgl. Waetzoldt, *Hirt*, 424b–425a und weiterhin in Hellas und die Bezeichnung Agamemnons als Hirte der Völker Hom. *Il.* II.85.243; ferner Soph. *Ai.* 36 10; Eur. *Suppl.* 674 und zur biblischen Rede von Jahwe als Hirten Ps 23,1; 80,2; Gen 48,15; 49,24 und Jer 17,16 bzw. vom König der Heilszeit Ez 34,23 und Sach 13,7. Vgl. auch die entsprechende Selbstbezeichnung Jesu Joh 10,12.16 bzw. als Bezeichnung Jesu 1Petr 2,25 und Heb 13,20 und dazu auch den altorientalisch-ägyptischen Raum einbeziehend Wallis, *Hirte*, 566–576 und Goldstein, ποιμήν / Hirte, 301–305.
57 Vgl. Plat. *Phaidr.* 247b 6–d 1; *Leg.* III.100 – 193; Borgen, *Philo*, 238 und Calabi, *God's Acting*, 102 – 104.
58 Vgl. *Tim.* 39c–40 und weiterhin *Opif.* 73 – 75; *Gig.* 12 – 16; *Somn.* I.135.138 – 141; die entwickelte Dämonologie bei Apul. *Socr.* 16.154 – 156 und dazu Runia, *Philo Timaeus*, 330; ders., *Writer*, 20 – 31; Borgen, *Philo*, 82 – 84; Calabi, *God's Acting*, 123 – 125 und Dillon, *Dämonologie*, 123 – 141.
59 Vgl. Runia, *Philo Timaeus*, 341 mit *Plant.* 18; *Congr.* 177; *Decal.* 134; *Spec.* IV.14; *Praem.* 163; *QG* II.62, *QE* II.29 und zur Sache auch Alexandre, *Monarchie*, 146.
60 Vgl. dazu Runia, *Creation*, 376 – 378 und *LA* III.200 – 202.211.222 – 224.246 – 253.

3.2 Metaphern zur Beschreibung der Fruchtbarkeit der Natur

Den vorausgehenden theologischen und zugleich kosmologischen Metaphern seien drei weitere über die Fruchtbarkeit der Erde an die Seite gestellt. Von den beiden ersten in *Opif.* 133 bezeichnet die erste „weiche" die Erde als Mutter und die zweite „harte" die Gewässer als ihre Brüste:[61]

> Jeder Mutter gab die Natur als notwendigen Teil quellende Brüste, indem sie damit die Nahrung für den zukünftigen Sprössling vorbereitete; eine Mutter aber ist natürlich auch die Erde; darum schien es den Alten auch gut, sie Demeter zu nennen, indem sie den Namen der Mutter und der Erde zusammenfügten. Denn wie Platon sagt, ahmt nicht die Erde die Frau, sondern die Frau die Erde nach, welche die Dichter mit Recht als Allmutter und Fruchttragende und Allgeberin zu bezeichnen pflegen, da sie die Ursache des Entstehens und Bestehens aller Lebewesen und Pflanzen ist. Gebührender Weise hat nun die Natur auch der Erde, der ältesten und fruchtbarsten Mutter gleichsam Brüste gegeben, nämlich die Fluten der Ströme und Quellen, damit auch die Pflanzen bewässert und alle Lebewesen reichlich zu trinken hätten.

Hier handelt es sich um eine Übertragung von der Gattung der Mutter auf die Art der Erde:[62] Sie wird allegorisch als zum Urbild aller Mütter erklärt, weil sie alle Pflanzen und Tiere mit ihren Flüssen und Quellen tränkt und damit ihr Leben ermöglicht. Entsprechend werden ihre Quellorte als ihre Brüste bezeichnet. Den Dichtern aber stimme Platon zu, welche die Erde als Allmutter, Fruchtragende und Allgeberin bezeichnet haben. Dabei nimmt Philo die These aus der Lobrede auf Attika in Plat. *Mx.* 238a 3–5 auf, dass die Erde als die Erzeugerin der Menschen nicht die Frauen mit ihrer Schwangerschaft und Geburt, sondern die Frauen mit der ihren die Erde nachahmten.[63] Die zwischen Erde und Menschen bestehende Analogie wird dabei bei Platon wie bei Philo in eine Rangfolge umgesetzt, in der der Erde der Vorrang gebührt. Anders als bei Platon liegt der Ton aber bei Philo nicht auf der Mutterschaft, sondern auf der ernährenden Funktion. Das nötigt ihn dazu, die Quellorte der Leben spendenden Gewässer funktional als die Brüste der Erde zu bezeichnen. Damit wird die Metapher „hart", weil den Gewässern die für die Brust typische Erhöhung und Rundung fehlt.

Eine weitere einschlägige Metapher liegt in dem Bericht in *Opif.* 42–43 vor, dass die Erde nach dem Befehl Gottes allerlei bereits Früchte tragende Pflanzen

61 Vgl. mit Runia, *Creation*, 318–319 *Plant.* 15.
62 Vgl. Arist. *Poet.* 1457b: „Eine Metapher ist die Übertragung eines auffallenden Wortes, entweder von der Gattung auf die Art oder von der Art auf die Gattung, oder von einer Art auf die andere, oder nach der Analogie."
63 Vgl. zu ihm Erler, *Plato*, 162b–165b und zur Zitation durch Philo Runia, *Philo Timaeus*, 368.

hervorbrachte. Diesen Erfolg führt Philo darauf zurück, dass die Erde gleichsam *schwanger war und in Wehen* lag.[64] Die Rede von der Fruchtbarkeit der Erde gehört zu den analogen und zugleich unvermeidlichen Metaphern.

3.3 Politische Metaphern

Die Metapher des Hirten gehört zu den ältesten und am weitesten verbreiteten Metaphern. Sie wurde ebenso auf die Götter wie auf die Könige als Lenker ihrer Völker bezogen.[65] Auch Philo hat sie in ihrem zweiten Anwendungsbereich in *Jos.* 2 im Blick auf Gen 37,2 aufgenommen und als dichterisch angemessene Rede beurteilt, weil das erfolgreiche Hüten von Schafen die besten Könige hervorbringe. Entsprechend hat er die Tätigkeit Josephs als Hirte der Herden seines Vaters allegorisch als Vorbereitung auf seine spätere Leitung des ägyptischen Reiches beurteilt.[66]

Eine originelle Metapher hat Philo für die Rolle des Gesetzes als Herrschaftsmittel Moses gefunden. Moses habe die Gesetze auf Gottes Anweisungen hin aufgeschrieben und so sei das „Gesetz das Szepter seiner Herrschaft geworden" (*Spec.* IV.164): „Die anderen Könige tragen Stäbe als Szepter, für mich aber ist das Szepter das Buch des Deuteronomiums (ἡ βίβλος τῆς Ἐπινομίδος), mein unvergleichlicher Stolz und Ruhm, ein unangreifbares Zeichen der Herrschaft, die nach dem Urbild des Königtums Gottes gebildet ist."[67] In diesem Fall liegt eindeutig eine analoge starke Metapher vor.

Weiterhin lässt Philo Moses darüber reflektieren, dass sein Gehorsam gegen die von ihm aufgezeichneten heiligen Gesetze (ἱεροὶ νόμοι) ebenso der Gleichheit (ἰσότης) als dem höchsten (Rechts)gut wie der freundlichen Gesinnung seiner Untertanen gegen ihn diene.[68] Die Ungleichheit sei dagegen die Anführerin (χορηγός) des Aufruhrs (σκότους) und der Kriege (*Spec.* IV.165). Dabei dienen χορηγός und σκότοι hier ebenso als analoge Metaphern wie bei der sich an Num 20,17 (G) anschließenden allegorischen Rede von dem von Moses eingeschlagenen *Königsweg*, der im Einhalten des Mittleren zwischen einem Zuviel und Zuwenig

---

64 Vgl. *Opif.* 35 und Runia, *Philo Timaeus*, 319 und ders., *Creation*, 184.
65 Zur Rede von den Göttern und Königen als Hirten im alten Mesopotamien Waetzold, *Hirt*, 424b–425a bzw. die auch die biblischen Texte einbeziehenden oder auf sie konzentrierten Artikel von Vancil, *Sheep. Shepherd*, 421–425; Schottroff und Schottroff, *Hirt*, 167–169; Schroer, *Guter Hirte*, 1347 und van der Toorn, *Dictionary*, 1457–1459.
66 Vgl. Calabi, *God's Acting*, 162.
67 Vgl. dazu auch Calabi, *God's Acting*, 192.
68 Vgl. *Conf.* 42–43 und Alexandre, *Monarchie*, 126.

(ὑπερβολὴ καὶ ἔλλειψις) bestehe, wobei die begleitenden Extreme als königliche Leibwächter dienen (*Spec.* IV.168). Dass Philo hier an die aristotelische Definition der Tugend als dem Mittleren zwischen zwei Extremen anknüpft, braucht kaum angemerkt zu werden.[69]

3.4 Metaphern und Vergleiche auf dem Feld der Anthropologie und Ethik

Über seelische Vorgänge lässt sich nur metaphorisch reden, weil sich innere Erfahrungen nur mittels analoger Aussagen aus der äußeren Perspektive beschreiben lassen. Das trifft auch für die Beschreibung von Wahrnehmungsvorgängen und dem von Philo vorausgesetzten Verhältnis zwischen den Ideen und der realen Welt zu. So konnte er in *LA* I.100 *das Siegel* als das Allgemeine bezeichnen, dessen *Abdruck* das Besondere darstellt. Mit der Seele des Menschen aber verhielte es sich wie mit einer Wachstafel: Der Möglichkeit nach seien in ihr alle Siegelabdrücke (σφραγίδες) enthalten, in der Wirklichkeit jedoch jeweils nur der eine, der tatsächlich in ihr vorhanden ist. So stellt Philo im Vergleich der potentiellen Allheit der seelischen Vorgänge ihre reale Einzelheit gegenüber.[70] Dabei werden die Gegenstände der Wahrnehmung den Menschen nach *LA* I.25 von Gott vorgegeben.

Einen unmittelbar einleuchtenden, durch Metaphern abgestützten *Vergleich* zwischen einer Naturerscheinung und dem sittlichen Verhalten des Menschen stellt Philo in *LA* I.49 vor. Hier weist er auf die Entsprechung zwischen der aufgehenden *Sonne* und der durch die *Tugend erleuchteten Seele* hin: Denn so wie jene die Atmosphäre der ganzen Welt erhelle, vertreibe die Tugend Nebel und Finsternis aus der Seele. Dieser Vergleich stellt dem von der Sonne vertriebenen Dunkel im Blick auf die Seele metaphorisch die Naturerscheinungen des Nebels und der Dunkelheit als Umschreibung der Laster und mithin zwei weitere Metaphern an die Seite, um auf diese Weise die Analogie der Vorgänge zu sichern. Dadurch gewinnt der zweite, entscheidende Teil des Vergleichs allegorische Züge, denn die Eigenart der Allegorie besteht darin, mit Worten etwas anderes als das Gemeinte zu sagen.[71] Dabei bewährt sich die von Aristoteles gepriesene Kraft der Analogie

---

69 Vgl. auch *Migr.* 147 und *Prob.* 43 mit Arist. *eth. Nic.* 1106b 36 – 1107a 18 und dazu Hardie, *Aristotele*, 129 – 151; Krajczynski, *Tugend*, 361b–367a; Flashar, *Lehrer*, 77 – 79 und Levy, *Ethics*, 146 – 171. Möglicherweise kannte Philo auch die Übernahme dieser Lehre durch Theophrast; vgl. die Nachweise bei Wehrli, *Peripatos*, 492.

70 Vgl. auch *Opif.* 129; *LA* I.22; *Deus* 43; *Plant.* 18; *Ebr.* 133; *Mut.* 135; *Somn.* II.45, *Mos.* II.76. und zu mittelplatonischen Parallelen Runia, *Philo Timaeus*, 161.

71 Vgl. z.B. *Rhet. Her.* 4.34.46.

auch in diesem Fall, weil sie es verhütet, sich an der Härte der beiden unaufgelösten Metaphern und damit der Allegorie zu stoßen.

Diesem Vergleich lassen sich die Metaphern in *Sacr.* 15 – 16 an die Seite stellen. Hier konstatiert Philo einleitend, dass der Mensch, ehe das fortschreitende Alter *die glühende Flamme der Leidenschaften* (τὸν ζέοντον φλογμὸν τῶν παθῶν) zum Erlöschen bringe, von den Windeln an durch Torheit, Zügellosigkeit, Ungerechtigkeit, Furcht, Feigheit und sonstige Laster beherrscht würde. Dagegen bringe ihn das Nachlassen seiner krankhaft zuckenden Leidenschaften zur Ruhe, „als wenn eine Windstille (γαλήνη) eingetreten sei."[72] In beiden Fällen bedient sich Philo der Analogie. Sie liegt im ersten Fall besonders nahe, weil die Leidenschaftlichkeit die Körpertemperatur steigen lässt und als innere Wärme empfunden wird, sodass die Hitze beider eine natürliche Brücke bildet. Man kann diese Metapher zu den unvermeidbaren rechnen, weil sich leibliche und seelische Vorgänge nur mittels äußerer Erscheinungen beschreiben lassen. Der zuckenden Unruhe der Leidenschaft stellt Philo dann den Vergleich mit der Windstille als Metapher für die innere Gelassenheit des besonnenen, von der Tugend geleiteten Mannes gegenüber, wodurch die Leidenschaft unausgesprochen als Sturm charakterisiert wird.

Dem Vergleich in *Sacr.* 15 – 16 entspricht der in *Deus* 174: Hier dient die *Metapher von der den Wald zerstörenden Flamme* zur Kennzeichnung der analogen unheilvollen Macht der Begierde, der ἐπιθυμία, die alles verzehrt und vernichtet.[73] Auf vergleichbare Weise bescheinigt Philo denen, die sich aus Selbstüberhebung über die Unsicherheiten und Unberechenbarkeit des Schicksals erhaben dünken, dass sie damit rechnen müssen, dass sie *ein plötzlicher Sturm des Schicksals* (τύχη) überfällt, wenn sie sich *im Hafen des Glücks* (ἐν λιμέσιν εὐδαιμονίας) angekommen zu sein wähnen (*Spec.* IV.201). Ebenso würde es verehrende Folgen haben, wenn ein Mensch die Wahrheit aus dem *Bereich seiner Seele* (ὑπερόριον τῆς ψυχῆς) verbannt hätte (*Spec.* IV.189). Die unräumlichen Grenzen der Seele lassen sich nur durch eine räumliche Metapher beschreiben.

Dass Philo auch die *pythagoreische Metapher vom Leib als Grab der Seele* wohl durch platonische Vermittlung[74] übernommen hat, sei durch *LA* I.108; *Somn.* I.139 und *Spec.* IV.188 belegt.[75] In ihr drückt sich Philos Sehnsucht nach der Rückkehr

---

72 Vgl. dazu auch Plat. *Tim.* 44b 3; *Phaid.* 84 und Runia, *Philo Timaeus*, 262.

73 Vgl. auch *Decal.* 49; *Mos.* II.58 und weiterhin *Agr.* 17 und *Ebr.* 223.

74 Vgl. Plat. *Gorg.* 493a 1 – 3 und dazu Philolaos DK 44 B 14 (vgl. auch Jambl. *V.Pyth.* 85) und Dodds, *Plato Gorgias*, 300; Dalfen, *Platon Gorgias*, 368 – 369; weiterhin Runia, *Philo Timaeus*, 252 – 266; Riedweg, *Pythagoras Leben*, 144 – 145 und Horky, *Plato*, passim sowie Plat. *Krat.* 400c 1 – 9; vgl. auch Plat. *Phaed.* 81c 4 – 11 und dazu Ebert, *Platon Phaidon*, 273 – 274.

75 Vgl. auch *Cher.* 113 – 114; *Gig.* 31 und Weish 9,15 und zum Gegensatz von Leib und Seele bei Philo auch *LA* III.71 – 74 und *LA* I.108 und dazu Bousset und Gressmann, *Religion*, 441 – 442.

seiner Seele in ihre himmlische Heimat aus, die ihn den Augenblick des Todes als παλιγγενεσία, als Wiedergeburt bezeichnen ließ (*Cher.* 114). Wohl die poetischste psychologische Metapher liegt in *Spec.* IV.238 vor, wo Philo die Seelen der Liebhaber der Einsicht als *die heiligste Wohnung der Juwelen Gottes* (ἱερότατον χωρίον θεῖα ἀγάλματα) bezeichnet.[76]

Weiterhin stellte er die These auf, dass zwischen der Dreigliederung des Körpers und der Seele eine Analogie bestünde, so dass dem Kopf, der Brust und dem Bauch in der Seele die denkende oder das λογικόν, die strebende oder das θυμικόν und die begehrende oder das ἐπιθυμητικόν entspräche. Diese auf Plat. *Tim.* 69e 1–71a 3–8 (vgl. Plat. *Rep.* 580d–581a) zurückgehende doppelte Dreigliederung von Leib und Seele[77] findet ihre Analogie in den Tugenden: Denn im ersten Teil der Seele wohne auch die erste unter den Tugenden, die σωφροσύνη, die Einsicht, in ihrem zweiten Teil die ἀνδρεία, die Mannhaftigkeit oder Tapferkeit, und in ihrem dritten die φρόνησις, die Selbstbeherrschung. Erst die Eintracht dieser drei Tugenden ermögliche die Entstehung der vierten, der δικαιοσύνη, der Gerechtigkeit (*LA* I.72–73).[78] Um den Vorrang der Frömmigkeit unter den Tugenden zu betonen, bezeichnet er sie in *Spec.* IV.147 (vgl. *QE* II.38) als die βασίλισσα τῶν ἀρετῶν, die *Königin der Tugenden.*

Ein Mann, der das Bild der Gerechtigkeit beständig im „Auge seiner Seele" trüge und in seinem Leben tätig verwirkliche, solle als Lehrer und Unterweiser für die Jungen *wie eine Quelle* sein, aus der sie mit seinen Lehren und Lehrsätzen versorgt werden (*Spec.* IV.140).

Am Ende aller Erkenntnisse des Menschen steht für den Platoniker Philo die Erhebung des Geistes (νοῦς) zum Reich der Ideen. Ihre Schau erfülle den Menschen mit einem „nüchternen Rausch (μέθη νηφαλίῳ)" *vergleichbar der Begeisterung der Korybanten* (ὥσπερ οἱ κορυβαντιῶντες ἐνθουσιᾷ), der wirbelnden Drehtänzer im Gefolge des Gottes Dionysos (*Opif.* 71).[79]

---

76 Vgl. dazu auch Runia, *Philo Timaeus*, 332–334.
77 Vgl. auch *QG* I.13; *QE* II.100.115; *LA* III.118; *Conf.* 21; *Virt.* 13 und zu weiteren Variationen des Themas Runia, *Philo Timaeus*, 304–305 und zu Platons Psychologie Zeller, *Philosophie* 2/1, 843–851; Erler, *Plato*, 375–390, bes. 384–385 und Irwin, *Plato's Ethics*, 203–222 sowie zur stoischen Ablehnung der Aufteilung der Seele in ihre Teile und die Bestrebungen, sie in den Logos einzugliedern, Forschner, *Ethik*, 124–126 und 134–141 sowie knapp Steinmetz, *Stoa*, 608.
78 Zu Philos Lehre von den Tugenden vgl. im vorliegenden Band Kaiser, *Aretē*, 83–97 und zur Gerechtigkeit als ἰσότης *Spec.* IV.231.
79 Vgl. dazu Runia, *Creation*, 231–233 und weiterhin Otto, *Dionysos*, 74–80; Ivanow, *Dionysos*, passim und zur übersinnlichen Schau des göttlichen Lichtes *Ebr.* 44; *QG* I.4 und dazu Calabi, *God's Acting*, 39–40.

3.5 Der Vergleich zwischen Tugend und Laster als Parabel

Wohl auf den Spuren der von Xenophon in *Mem.* 2.1.21–34 (DK 84 B 2) berichteten Erzählung des *Prodikos von Herakles am Scheidewege* hat auch Philo in *Sacr.* 20–40 eine Parabel erzählt, in der die Tugend und das Laster als zwei einander eifersüchtig hassende Frauen im *Haus der Seele* wohnen.[80] Von ihnen sei die Lust bei den Menschen beliebt, während die Tugend bei ihnen verhasst sei. Die grell geschminkte, mit Schmuck und Blumen im Übermaß behängte und wohlriechend gesalbte Lust gebärde sich wie eine freche Straßendirne, der die Verschlagenheit, Rücksichtslosigkeit, Treulosigkeit, Schmeichelei, Täuschung, Verlogenheit, Meineidigkeit, Gottlosigkeit, Ungerechtigkeit und Verschwendungssucht als ihre besten Freunde folgten. Sie verspräche ihren Verehrern ein von allen Anstrengungen freies nur den Genüssen und Freuden hingegebenes Leben (*Sacr.* 22–23). Demgegenüber stelle sich die Tugend als eine freie Frau mit festem Gang und ruhigem Blick in einfacher Tracht und dem Schmuck der Selbstbeherrschung und der Tugend vor, der 34 weitere Arten anständigen Verhaltens folgen, die von der Frömmigkeit, der εὐσέβεια, bis zur Tüchtigkeit, der ἀγαθότης, reichen (*Sacr.* 26–27). In ihrer Gegenrede enthüllt die Tugend die Falschheit und Tücke der Rede der Lust und zählt dabei nicht weniger als 146 negative Folgen auf, die einen Anhänger der Lust erwarten (*Sacr.* 31–32).[81] Doch statt nun ihren Freunden eine entsprechende Liste der sie erwartenden Wohltaten zu präsentieren, lässt die Tugend den Zaudernden nicht im Zweifel darüber, dass alle von ihr vermittelten Güter nur mittels Anstrengungen, mittels πόνοι erworben werden können (*Sacr.* 33–37, Zit. 37):

> Wähle von den Gütern, welches du willst, und du wirst finden, dass es mit Mühe zustande kommt und gefestigt wird. Frömmigkeit und Heiligkeit sind gut, aber wir können sie nicht erhalten, ohne Gott zu dienen: Dienst aber ist mit den Mühen des Wetteifers verbunden. Besonnenheit, Tapferkeit und Gerechtigkeit sind allzumal noble und vollendete Güter, aber sie sind nicht mit Leichtigkeit zu erwerben, sondern man muss zufrieden sein, wenn sie uns durch fortgesetzte Bemühungen freundlich gesinnt werden.

---

80 Vgl. dazu den Kommentar zu Xenophons Memorabilien II von Gigon und Pathos, *Kommentar*, 58–84 und die Erwähnung der Parabel bei Plat. *Symp.* 177b und Plat. *Prot.* 340d. Dass sie auch in den Reden der Frau Weisheit und der Frau Torheit in Spr 9 verarbeitet ist, sei angemerkt; vgl. dazu Neher, *Wesen*, 53–58.
81 Vgl. dazu Wibbing, *Tugend- und Lasterkataloge*, 26–30 und im vorliegenden Band Kaiser, *Aretē*, 83–97.

Zusammenfassend aber heißt es in *Sacr.* 40:

> Du siehst also, dass alle Güter aus der Mühe wie einer einzigen Wurzel hervorgehen und sprießen. Niemals darfst du es wagen, sie fahren zu lassen, denn du würdest damit zugleich ohne es zu merken, alle Güter miteinander verlieren. Zwar ist der Lenker des ganzen Himmels und des Weltgebäudes (κόσμος) im Besitz der Güter und gewährt sie denen, wenn er will, in ganzer Mühelosigkeit, da er auch diese ganze Welt einst ohne Mühe erschaffen hat und jetzt und für immer niemals aufhört, sie zu erhalten[82] – denn Unermüdlichkeit ist für Gott die angemessenste Eigenschaft – keinem Sterblichen aber hat die Natur den Besitz eines Gutes ohne Mühen geschenkt, sodass Gott auch in dieser Hinsicht als der allein Glückliche unter allen Geschöpfen zu preisen ist.[83]

Als Begründung für die These, dass es für die Sterblichen kein Gutes ohne Mühen gebe, lässt sich auch auf den *Vergleich* in *Opif.* 148–149 verweisen: Hier heißt es, dass so wie Sonne und Mond noch immer der ihnen bei der Schöpfung von Gott zugewiesenen Bahn folgen, weil sie von dem Bösen auf Erden weit entfernt sind, würde auch die Erde noch ohne die Mühen der Feldarbeit im Jahreslauf reichlich Frucht tragen, wenn Gott nicht die immer fließenden *Quellen seiner Gunsterweisungen* (χαρίτων) geschlossen hätte, damit sie nicht Unwürdigen zu teil würden. Aber in seinem Erbarmen hätte er die Strafe gemildert, sodass er die Menschen leben ließ, sie aber die Nahrung nicht mehr genussfertig vorgesetzt bekämen, damit sie nicht, durch die beiden Übel des Nichtstuns und der Üppigkeit verführt, sündigten und frevelten (*Opif.* 168–169).[84]

4 Allegoresen bei Philo

4.1 Frühe Allegoresen nach *Legum allegoriae* I

Wenden wir uns nun der exemplarischen Vorstellung seiner Auslegung von Gen 2,5–3,20 zu,[85] so dürfte es nach dem oben Gesagten nicht Wunder nehmen, dass Philo die anthropomorphen Aussagen über Gott und seinen Verkehr mit den ersten Menschen als eine Allegorese über die Verpflichtung des Menschen zu tugendhaftem Handeln gedeutet hat.[86] Wenn es in Gen 2,7 heißt, dass Gott den Menschen

---

82 Vgl. *Opif.* 9–11.
83 Zum platonischen Hintergrund in Gestalt von *Tim.* 41a 7–d 3vgl. Runia, *Philo Timaeus*, 235, der die Vorlage auf 41a–b begrenzt.
84 Vgl. Runia, *Creation*, 387–388.
85 Vgl. dazu auch im vorliegenden Band Kaiser, *Aretē*, 83–97.
86 Vgl. Kamesar, *Interpretation*, 77–85.

aus Lehm formte und ihm den Odem des Lebens einblies, so geht es nach Philos Überzeugung um einen anderen Menschen als den, der nach Gen 1,26 als Gottes Ebenbild erschaffen wurde: Denn bei diesem handle es sich um den himmlischen Menschen, der keinen Anteil an der irdischen und vergänglichen Substanz (οὐσία) besitze (*LA* I.12 und 31–32). Erst dadurch, dass Gott ihm die Lebenskraft einblies, sei aus dem Lehmgebilde eine lebende, wenn auch unvollkommene Seele geworden, die zum Tun des Guten und Bösen fähig sei (*LA* I.34). Wenn es heißt, dass Gott diesem Menschen den Odem ins Gesicht blies, so bedeute das physisch seine Begabung mit den Sinnen, und ethisch die Anteilgabe am νοῦς, an der Vernunft Gottes (*LA* I.39).[87]

Weiterhin wird es nicht überraschen, dass Philo den von Gott gepflanzten Garten in Gen 2,8 und den nach 2,10–14 in ihm entspringenden, sich in vier Arme teilenden Strom ethisch gedeutet hat. In diesen Versen kann nach seiner Überzeugung keine Rede davon sein, dass Gott sich einen Lustgarten zu seiner Erholung und Erfrischung anlegte (*LA* I.43): „Es sei fern, dass uns solche Fabeln (μυθοποιία) in den Sinn kämen." Gemeint sei vielmehr, dass Gott die irdische Tugend für die Sterblichen als Kopien der Himmlischen säe und pflanze und ihnen damit ein Hilfsmittel gegen die Krankheiten der Seele verleihe. Paradies würde in übertragenem Sinn die Tugend (ἀρετή) genannt, während Eden die Üppigkeit bedeute. Damit seien die wahren Luxusgüter Friede, Wohlfahrt und Freude gemeint. Und wenn es in Gen 2,8 heiße, dass der Garten „gegen Sonnenaufgang hin" angelegt wurde, so weise das darauf hin, dass die Tugend die Seele erleuchte und ihre Nebel und tiefe Finsternis vertreibe (*LA* I.45–46). Wenn aber weiterhin davon die Rede sei, dass Gott den Menschen in diesen Garten setzte, so bedeute es, dass er die Vernunft neben die Tugend stellte, damit sie sich als eine gute Gärtnerin um nichts als um sie kümmere (*LA* I.47).

So wird es uns kaum noch stören, dass Philo den Strom, der aus Eden hervorgeht, den Garten wässert und sich dann in vier Flüsse aufteilt (Gen 2,10–14), mit der göttlichen Weisheit oder dem Logos als dem Inbegriff der Tugend und die vier Flüsse mit den vier Kardinaltugenden der φρόνησις, der ἀνδρεία, der σωφροσύνη und der δικαιοσύνη, der Klugheit, Tapferkeit, Selbstbeherrschung und Gerechtigkeit identifiziert (*LA* I.63–76 vgl. mit *QG* I.12).[88]

Bei dem Adam, den Gott nach Gen 2,15 mit der Bearbeitung und Bewachung des Gartens betraute, handele es sich (wie schon sein Name bezeuge) um den aus Erde gebildeten Menschen, der nicht mit dem geistigen Gegenbild des himmlischen Menschen verwechselt werden dürfe, weil er ein erdhaftes und vergängli-

---

87 Vgl. Runia, *Philo Timaeus*, 266.
88 Zu Philos Lehre von den Tugenden vgl. im vorliegenden Band Kaiser, *Aretē*, 83–97.

ches Wesen besitze (*LA* I.90). Die ihm nach Gen 2,16 erteilte Erlaubnis, von allen Bäumen des Gartens zu essen, fordere die Seele auf, sich nicht nur an einer Tugend genug sein zu lassen, sondern an allen. Das Essen sei ein symbolischer Ausdruck für die Ernährung der Seele (*LA* I.97). Das Verbot, von dem Baum der Erkenntnis des Guten und Bösen zu essen, beziehe sich nach der vorausgehenden Erlaubnis, von allen Bäumen im Garten zu essen, auf einen nicht im Garten befindlichen Baum. Das Verbot warne davor, von ihm als dem Baum, der am Bösen und Guten schuld ist, zu essen. Das bedeute angesichts der Seltenheit des Guten und der zahllosen Menge der Schlechten, dass sich die Menschen den sinnlichen Genüssen hingäben. Da der Tod derer, die sich so versündigt hatten, weder bei den ersten Menschen noch bei ihren Kindern sogleich nach dem Genuss der Frucht eingetreten sei, müsse man zwischen einem zweifachen Tod unterscheiden: Der eine Tod bestehe in der Trennung von Leib und Seele (Plat. *Phaid.* 64a). Bei dem hier angedrohten Tod aber handle es sich um das als Strafe zu verstehende sittliche Absterben (*LA* I.102–107).[89]

Werfen wir einen Blick auf die parallelen Auslegungen in den *Quaestiones in Genesim*, so erklärt Philo in *QG* I.11 zu Gen 2,9, dass die Rede von einem Baum der Erkenntnis des Guten und Bösen schwer verständlich und als Allegorie zu verstehen sei. Ihr Sinn bestünde darin, dass die Weisheit des Menschen durch Täuschung getrübt sei, wie gewisse Schatten in den Augen die volle Aufnahme des Lichtes behinderten. In *QG* I.16 legt er die Worte in Gen 2,17, dass Adam gewiss sterben müsse, wenn er von der Frucht des Baumes inmitten das Garten äße, dahin gehend aus, dass ein schlechter Mensch bereits stürbe, ehe er begraben würde, während der wackere (καλοκαγαθός) nicht stürbe, sondern nach einem langen Leben in die Ewigkeit abschiede und d. h.: zum ewigen Leben geboren würde.[90]

Kein Zweifel, Philo entnimmt seine anthropologischen und ethischen Gedanken nicht der Genesis, sondern er unterlegt sie ihren Sagen von Schöpfung und Fall.[91] Dass er die Texte dabei oberflächlich liest, kann man ihm keineswegs vorwerfen: Er sucht den verschiedenen Aussagen jeweils einen eigenen Sinn

---

89 Vgl. dazu Runia, *Philo Timaeus*, 264; im vorliegenden Band Kaiser, *Aretē*, 83–97; Wasserman, *Death*, 60–67 und Zeller, *Leben und Tod*, 55–100, bes. 79–82.

90 Zu Philos Vorstellungen vom Leben der Frommen nach dem Tode vgl. Wolfson, *Philo* I, 408–409; im vorliegenden Band Kaiser, *Aretē*, 83–97 und zu den platonischen Drozdek, *Athanasia*, 197–228.

91 Zur Ethik des Begründers des alexandrinischen Mittelplatonismus Eudoros vgl. Dillon, *Middle Platonists*, 123–125. Eine gründlichere Untersuchung der Tugendlehre Philos würde zeigen, dass er die stoische Ethik durch die Aufnahme platonischer und pythagoreischer Elemente humanisiert hat; vgl. dazu im vorliegenden Band Kaiser, *Aretē*, 83–97.

abzugewinnen, ohne dass es ihm dabei gelingt, sie durchgehend aufeinander abzustimmen.[92]

4.2 Allegorien in Philos reifer Zeit in *De Abrahamo*

Von seinen vier Büchern über die Patriarchen Abraham, Jakob, Isaak und Joseph, die als Beispiele für das Lernen durch Belehrung (διδασκαλία), durch Natur (φύσις), durch Übung (ἄσκησις) und als Staatsmann (τὸν πολιτικόν) stehen, sind nur die beiden über Abraham und Joseph überliefert. Halten wir uns an *De Abrahamo*, so erzählt Philo in ihr das Leben des Patriarchen von seinem Aufbruch aus Chaldäa bis zum Tod Sarahs jeweils in sinnvollen Abschnitten, um sie anschließend jeweils allegorisch auszulegen und am Ende des Buches den Glauben Abrahams zu preisen.

Wie in *Cher.* 2.7 und *QG* III.43 deutete er den Kurznamen Abram in *Abr.* 82–83 als „erhöhter Vater" und damit als Astrologen und Himmelsforscher und den Langnamen als „erwählter Vater des Schalls", wobei „Schall" im übertragenen Sinne den Gedanken bzw. die herrschende Vernunft (τὸν ἡγεμόνα νοῦν) bezeichne. So spiegele sich in den beiden Namensformen der Übergang Abrahams von der chaldäischen Astrologie[93] und ihrem Glauben an die eine Kausalität unterworfene Welt zu Gott als dem eigentlichen Herrn des Kosmos (*Abr.* 84).[94]

Weiterhin legte er die Notiz in Gen 26,5, dass Abraham das göttliche Gesetz und die göttlichen Gebote befolgte, so aus, dass die unaufgeschriebene Natur seine Triebe lenkte, sodass er sich selbst das Gesetz (νόμος) und das ungeschriebene Gebot (θεσμὸς ἄγραφος) war (*Abr.* 275–276).[95] Dieses ungeschriebene Gesetz entspreche dem natürlichen Gesetz, das nach *Jos.* 29–31 mit dem stoischen Gesetz der Natur identisch ist[96] und als Wort der Vernunft in der Megalopolis, der

---

92 Vgl. dazu im vorliegenden Band Kaiser, *Aretē*, 83–97.

93 Zur symbolischen Bedeutung des Landes der Chaldäer als der mathematischen Theorie, von der die Astrologie ein Teil sei, die großen Schaden hervorriefe, weil sie zur gottlosen Verehrung geschaffener Mächte verleite, vgl. *QG* III.1 und *Virt.* 212 und zur astrologischen Herkunft Abrahams Noack, *Gottesbewusstsein*, 43–46, zu seiner negativen Bewertung der Astrologie und seiner Neuorientierung durch die Erkenntnis des Schöpfergottes 48–51; zum Verhältnis zwischen der babylonischen und ägyptischen Astrologie und dem Sternenglauben im hellenistischen Zeitalter Nilsson, *Geschichte* II, 268–281 bzw. Barton, *Astrology*, 9–31.

94 Vgl. dazu auch Bousset und Gressmann, *Religion*, 445–446.

95 Vgl. dazu auch Noack, *Gottesbewusstsein*, 58 und zu der von Philo vorausgesetzten Harmonie zwischen dem Gesetz und dem Kosmos vgl. *Opif.* 3 und dazu Runia, *Philo Timaeus*, 532, sowie zum griechischen Konzept des ungeschriebenen Gesetzes auch Ehrenberg, *Anfänge*, 358–386.

96 Vgl. z. B. Cic. *Leg.* 1.22.33 / SVF III.317.

die ganze Erde bildenden „großen Stadt" gilt[97] (vgl. Cic. *Rep.* III.27 [33]).[98] Die Empfänglichkeit, sich durch die eigene Erfahrung belehren zu lassen und demgemäß dem Gesetz gemäß zu handeln, beruht nach *Abr.* 61 darauf, dass jeder, „der die Ordnung in der Natur und die über alle Worte erhabene Verfassung der Welt betrachtet, es lernt, ohne dass ihn jemand darüber belehrt, ein gesetzesgemäßes und friedliches Leben zu führen, indem er zu dem Vorbild der Edlen aufblickt."[99]

Was nun die in den Schriften beschriebenen Wanderungen Abrahams betrifft, so handele es sich bei ihnen im *Wortsinn* um die eines weisen Mannes, nach den *Gesetzen der Allegorie* aber um eine die Tugend liebende Seele, die sich auf der Suche nach dem wahren Gott befunden habe (*Abr.* 68). So sei Abraham zunächst durch die Astrologie der Chaldäer, die alle Bewegungen der Sterne erforscht hatten und davon überzeugt waren, dass der Lauf der Welt durch ihre berechenbaren

---

97 Vgl. auch *Opif.* 19; *Mos.* II.51; *Decal.* 53; *Spec.* I.34; *Flacc.* 163; *Prov.* II.44 (Eus. *Praep.* 8.14.386 – 399 / SVF II.1141) und nicht zuletzt *Deus* 176 und dazu Dillon, *Middle Platonists*, 154.

98 SVF III.325 (LS 67 S): „Est quidem vera lex recta ratio naturae congruens, diffusa in omnes, constans, sempiterna, quae vocet ad officium iubendo, vetando a fraude deterreat; quae tamen neque probos frustra iubet aut vetat nec improbos iubendo aut vetando movet. Huic legi nec obrogari fas est neque derogari ex hac aliquid licet neque tota abrogari potest, nec vero aut per senatum aut per populum solvi hac lege possumus, neque est quaerendus explanator aut interpres eius alius, nec erit alia lex Romae, alia Athenis, alia nunc, alia posthac, sed et omnes gentes et omni tempore una lex et sempiterna et immutabilis continebit, unusque erit communis quasi magister et imperator omnium deus, ille legis huius inventor, disceptator, lator; cui qui non parebit, ipse se fugit ac naturam hominis aspernatus hoc ipso luet maximas poenas, etiamsi cetera supplicia, quae putantur, effugerit. (Es ist aber das wahre Gesetz die richtige Vernunft, die mit der Natur in Einklang steht, sich in alle ergießt, in sich konsequent, ewig ist, die durch Befehle zur Pflicht ruft, durch Verbote von Täuschung abschreckt, die indessen den Rechtschaffenen nicht vergebens befiehlt oder verbietet. Ruchlose aber durch Geheiß und Verbot nicht bewegt. Diesem Gesetz etwas von seiner Gültigkeit zu nehmen, ist Frevel, ihm irgendetwas abzudingen, unmöglich, und es kann ebenso wenig als Ganzes außer Kraft gesetzt werden. Wir können aber auch nicht durch Senat oder das Volk von diesem Gesetz gelöst werden, es braucht als Erklärer und Deuter nicht Sextus Aelius geholt [zu] werden, noch wird in Rom ein anderes Gesetz sein, ein anderes in Athen, ein anderes jetzt, ein anderes später, sondern alle Völker und zu allen Zeiten wird ein einziges, ewiges und unveränderliches Gesetz beherrschen und einer wird der gemeinsame Meister gleichsam und Herrscher über alle sein; nämlich Gott, Er ist der Erfinder dieses Gesetzes, sein Schiedsrichter, sein Antragsteller, wer ihm nicht gehorcht, wird sich selber fliehen und das Wesen des Menschen verleugnend wird er gerade dadurch die schwersten Strafen büßen, auch wenn er den übrigen Strafen, die man dafür hält, entgeht)." (Übersetzung Büchner, *Cicero Staat*, 205). Zum stoischen Verständnis des Naturrechts vgl. Zeller, *Philosophie* 2/2, 226 – 228 und jetzt vor allem Bees, *Oikeiosislehre*, 309 – 313 und zu seiner Nachwirkung bei Philo Levy, *Ethics*, 168 – 171.

99 Zu der hier vorliegenden Vermischung von griechischen und jüdischen Vorstellungen vgl. Borgen, *Philo*, 219.

Bewegungen bestimmt würde, darüber belehrt worden, dass die Welt selbst mit Gott identisch sei (*Abr.* 69).[100] Aber als er das Auge seiner Seele wie aus einem tiefen Schlaf erwachend geöffnet hätte, hätte er erkannt, dass ein unsichtbarer Lenker der Welt fürsorglich über ihr wacht (*Abr.* 70 – 71). So deutet Philo die Reise Abrahams nach Syrien allegorisch als eine geistige, auf der er das wahre Wesen Gottes und der Welt erkannte. Seinem Zug in ein wüstes Land (Gen 12,9) aber habe seiner Liebe zur Einsamkeit und damit einem Leben abseits der großen Menge entsprochen. Das aber sei natürlich, weil die, die Gott suchen und ihn finden wollen, die Einsamkeit lieben (*Abr.* 85 – 87).[101] So kann Philo abschließend feststellen, dass er beiden Aspekten des Textes mit seiner Auslegung gerecht geworden sei, dem buchstäblichen Sinn, der sich auf den Mann Abraham, und dem allegorischen, der sich auf seine Seele bezieht. Das Lob Abrahams, mit dem er den ersten Teil seines Berichts beschloss, rühmt ihn als einen Mann, der einerseits dem Befehl Gottes wörtlich gehorchte und sich aus schwer zu lösenden Banden losriss, und der sich andererseits in seinem Geist von der sichtbaren Welt löste, sodass er erkannte, dass Gott der Schöpfer und Herrscher der sichtbaren und der unsichtbaren Welt ist (*Abr.* 88).[102] Das ist eine klare, in sich geschlossene Auslegung, die zeigt, zu welcher Meisterschaft es Philo inzwischen als Exeget gebracht hatte.

5 Nachwort

Gewiss wirkt Philos Schriftauslegung bei der ersten Begegnung durchaus befremdlich. Seine Allegoresen können den heutigen Exegeten leicht daran hindern, sich näher auf seine Schriften einzulassen. Doch wenn man ihm zugesteht, dass er als Kind seiner Zeit die Allegorie als eine legitime Form der Schriftauslegung betrachtete, und sich auf seine in ihnen entwickelte Religionsphilosophie einlässt, bekommt man es mit einem gebildeten Denker zu tun, der wie kaum ein anderer seiner Vorgänger mit der dem menschlichen Denken gesetzten Grenze der Transzendenz Gottes ernst machte und trotzdem seinen Glaubens- und Zeitgenossen den Weg zum seligen und ewigen Leben wies.

---

100 Vgl. auch *Opif.* 45 und *Spec.* IV.149 – 150.
101 Vgl. auch *Fug.* 35; *Praem.* 20 und *Cont.* 10 – 12 und dazu Taylor, *Jewish Women*, 74 – 104 und knapp Brown, *Body*, 38 – 38 und im vorliegenden Band Kaiser, *Aretē*, 83 – 97.
102 Vgl. auch seinen Hinweis auf die ihm bekannte, nicht ohne guten Grund vorgetragene allegorische Auslegung der Erzählung in Gen 12,10 – 20 in *Abr.* 99 – 106 anderer φυσικῶν ἀνδρῶν „Naturphilosophen" und d. h. Theologen (vgl. Colson, *Philo* 6, 597), die zeigt, dass Philo bis in sein Alter im Zwiegespräch mit anderen jüdischen Exegeten geblieben ist.

Philos Kosmologie zwischen Platonismus und Biblizismus

1 Die Eigenart Philos als Schriftsteller und Denker

1.1 Die Eigenart Philos als Schriftsteller

Der in der ersten Hälfte des 1. Jahrhunderts n. Chr. wirkende jüdische Religions-philosoph Philo von Alexandrien gilt weithin, wenn schon nicht unbedingt als der erste Vertreter des Mittelplatonismus, so doch mindestens als ein in seinem Umfeld wirkender Denker, von dem als Erstem eigene Werke überliefert sind.[1] Unter der Voraussetzung, dass Moses der erste und älteste Philosoph war und alle späteren von ihm abhängig waren,[2] suchte er mittels einer allegorischen Deutung die nach seiner Überzeugung hinter dem Wortlaut des Pentateuchs und seinen Erzählungen, kultischen und rechtlichen Bestimmungen und ergänzend den Weissagungen der Propheten stehenden philosophischen Einsichten zu gewin-nen.[3] Dabei konnte er an die stoische Homerexegese anknüpfen, die bereits von

---

1 Vgl. z. B. Runia, *Philo Timaeus*, 505 – 519, der die Frage negativ und Dillon, *Middle Platonists*, 182 – 183, der sie positiv bescheidet. So wird man mit Vorsicht sagen, dass Philo unbeschadet seiner Eigenständigkeit und seiner in mancher Beziehung undurchsichtigen Argumentation in das Umfeld der zeitgenössischen Rezeption Platons gehört.
2 Vgl. dazu z. B. *Spec.* IV.61: Die griechischen Gesetzgeber sind abhängig von der Tora; *LA* I.108; *Her.* 214: Heraklit folgte der Lehre Moses; *Prob.* 57: Zeno war abhängig von der Tora; dazu Dillon, *Philo Platonism*, 223 – 232. In gewisser Weise war der um 100 v. Chr. in Alexandrien wirkende Artapanos als Verfasser eines Mosesromans darin sein Vorgänger, weil er nach *Frg.* 3.9.12 nicht nur die Ansicht vertrat, dass Moses der Stifter der ägyptischen Tierverehrung, sondern er ihn in *Frg.* 3.4 auch mit Musaios und mithin dem Lehrer des Orpheus identifizierte; vgl. Walter, *Fragmente* 1/2, 121 – 123, den Text 129 – 130 und zu seiner Datierung vor 100 v. Chr. Mittmann-Ri-chert, *Einführung*, 192.
3 Zu Philos allegorischer Auslegung vgl. z. B. die von Gen 3,1 – 7 in *Opif.* 157 und dazu die Zu-sammenstellung bei Zeller, *Philosophie* 3/2, 396 – 397, Anm. 2 und weiterhin Philos prinzipielle Auskunft *Det.* 13 und zur Sache z. B. Wolfson, *Philo* I, 115 – 137; Christiansen, *Technik*, 170 – 171 und mit ausführlichen Beispielen Kaiser, *Philo*, 161 – 166. Im Hintergrund steht die speziell stoische Tradition der allegorischen Homerauslegung, die bereits von dem pseudonymen Ver-fasser des *Aristeasbriefes*, dem jüdisch-hellenistischen Historiker Artapanos und den Exegeten Aristobulos und Demetrios aufgenommen worden war; vgl. dazu die von Walter bearbeiteten *Fragmente* jüdisch-hellenistischer Historiker (JSHRZ 1/2) und Exegeten (JSHRZ 3/2) und zur Sache Niehoff, *Jewish Exegesis*, 17 – 74 und weiterhin z. B. Cazeaux, *Philo*, 13 – 22; Weber, *Gesetz* II, 114 – 132; Kamesar, *Interpretation*, 78 – 85, der 78 – 81 auf den Unterschied hinweist, der darin liegt, dass Philo diese Methode auch auf nichtmythische Texte des Pentateuchs anwendet, weil ihr praktischer Zweck im pädagogischen Nutzen und der Belehrung bestand; vgl. auch 2Tim 3,16.

DOI 10.1515/978-3-11-049265-1-004

den in Alexandrien wirkenden jüdisch-hellenistischen Exegeten Aristoboulos, Demetrios, dem anonymen Verfasser des *Aristeasbriefes* und dem Historiker Artapanos aufgenommen worden war.[4] Als Angehöriger der reichsten und einflussreichsten jüdischen Familie in Alexandrien standen ihm offensichtlich ausreichende Möglichkeiten offen, ein breites und fundiertes griechisch-hellenistisches Bildungsgut zu erwerben.[5] Dabei wurde sein metaphysisches Denken außer durch Platon vermutlich auch durch den Begründer des Mittleren Platonismus Eudoros von Alexandrien und seine Ethik, zumal durch den Stoizismus beeinflusst.[6] Dazu kommen pythagoreische Motive, bei denen es unklar ist, ob sie auf ein neues Interesse am Pythagoreismus in Alexandrien zurückgehen oder ein akademisches oder peripatetisches Erbe darstellen.[7] In ähnlicher Weise wird man zögern, Philos Zahlenspiele einseitig entweder auf Platons *Timaios* oder auf pythagoreische Einflüsse zurückzuführen.[8] Dass ihm bei seiner Schöpfungstheologie die Siebenzahl der Wochentage in Gen 1,1–2,4a einen gleichsam natürlichen Anknüpfungspunkt lieferte, darf man nicht übersehen.[9] Damit ist bereits darauf hingewiesen, dass die fünf Bücher Moses in der griechischen Übersetzung

---

4 Vgl. dazu Niehoff, *Jewish Exegesis*, 17–74.

5 Zur Person und Verwandtschaft Philos vgl. die von Theiler, *Philo Werke* 7, 387 zusammengestellten Belege bzw. Kaiser, *Philo*, 25–26. Sein Bruder Alexander trug den in seiner Bedeutung dunklen Titel eines Alabarchen und gehörte als Bankier zu den reichsten Männern seiner Zeit. Sein Neffe Tiberius Alexander, der dem jüdischen Glauben abgesagt hatte, war u. a. römischer Prokurator der Provinz Judäa und Statthalter der kaiserlichen Provinz Ägypten, sein zweiter Neffe Markus Julius Alexander war mit Berenike, der Tochter König Agrippas I. verheiratet. Daher liegt die Vermutung nahe, dass Philos Familie von den Hasmonäern abstammte; vgl. dazu auch Daniélou, *Philon*, 12–15; Morris, *Jewish Philosopher*, 814–816. Auf das Problem, ob Philo seine klassische Bildung durch den Besuch eines hellenistischen Gymnasiums (so Borgen, *Philo*, 165) oder einer entsprechenden Einrichtung der jüdischen Gemeinde (so Kasher, *Jews*, 233–261 und bes. 255–257) oder durch Privatunterricht erworben hat (so als dritte Möglichkeit Runia, *Philo Timaeus*, 35) sei hier hingewiesen.

6 Philos Überzeugung, dass ein endliches Wesen notwendig sündhaft ist, erklärt seine Tendenz zur Herabsetzung der Sinnlichkeit. Ihr kam die strenge stoische Ethik entgegen, nur dass sie deren ungebrochenes Vertrauen auf die Leistungsfähigkeit der Tugend durch das auf den transzendenten Gott und seine Offenbarung in der Tora ersetzt hat. Vgl. Zeller, *Philosophie* 3/2, 449–455.

7 Vgl. Frede, *Neupythagoreismus*, 879–880 und Riedweg, *Pythagoras Leben*, 162.

8 Vgl. z. B. *Opif.* 13.47–50 und 89–102 und *Decal.* 20–23 sowie zur Bedeutung der Zahlen und Proportionen bei Platon z. B. *Tim.* 35b–36b, dazu Zeller, *Philosophie* 2/1, 777–784 und zum pythagoreischen Verständnis der Zahlen als den Elementen der Welt Arist. *Frg.* 13 (Ross), dazu Riedweg, *Pythagoras* (2), 651–652; ders., *Pythagoras Leben*, 108–119 und zur Bedeutung der Zahlen bei Philo als Mittel der Schriftauslegung z. B. Arndt, *Zahlenmystik*, 167–171.

9 Vgl. Runia, *Philo Timaeus*, 417, Anm. 23.

der Siebzig, die er als der Hebräischen Bibel gleichwertig erachtete,[10] den Ausgangs- und Endpunkt seines Denkens bildeten.

1.2 Die Eigenart Philos als Denker

Wer sich ein zusammenhängendes Bild von Philos Denken und Lehre bilden will, muss sich vorab vergegenwärtigen, dass er der Überzeugung war, dass Gott dem menschlichen Denken absolut entzogen ist, wir aber trotzdem über seine an die Juden und zugleich alle Menschen gerichteten Forderungen durch die Moses offenbarte Tora in Kenntnis gesetzt sind. Weil ihre Bestimmungen nach Philos Überzeugung dem Weltgesetz entsprechen, konnte er auf dem Gebiet der Ethik durchaus verbindliche Aussagen machen.[11] Anders verhält es sich mit seinen Allegoresen über Gott und dessen Verhältnis zur Welt. Betrachtet man sie ontologisch als Satzaussagen innerhalb eines metaphysischen Systems, so erscheinen sie gelegentlich widersprüchlich. Liest man sie jedoch statt perspektivisch aspektiv,[12] so fordern sie teils zu einer ontologischen und teils zu einer existentialen Deutung auf. Das beste Beispiel dafür sind Philos Aussagen über den Logos:[13] Wenn es heißt, dass er ungezeugt und also ewig ist (*Her.* 206), so entspricht diese Aussage dem Glauben an die Ewigkeit Gottes.

---

10 Vgl. *Mos.* II.26–44 mit Ps.Arist. 9–10.301–311 und Flav.Jos. *Ant.* XII.34–39.101–109 und zur tatsächlichen Geschichte der Entstehung der Septuaginta knapp Kraus und Karrer, *Septuaginta Deutsch*, IX–X bzw. ausführlich Fischer, *Text*, 115–128, und zu Philos hebräischen Sprachkenntnissen Kamesar, *Interpretation*, 71–72.
11 Vgl. dazu Anderson, *Views*, 129–154, bes. 146–147.
12 Vgl. Brunner-Traut, *Frühformen*, 7–14 und das, was Frankfort, *Religion*, 4 über die „multiplicity of approaches", die „Vielfalt der Zugänge" im mythischen Denken gesagt hat: Die im Mythos gegebenen Antworten gelten nur im Zusammenhang mit der jeweiligen Frage.
13 Zeller, *Philosophie* 3/2, 418–426 hat daher mit Recht dafür plädiert, die Spannungen in Philos Aussagen über den Logos nicht aufzulösen. Vgl. die Zusammenstellung der Belege und die Diskussion bei Colpe, *Logoslehre*, 91–97 und das Urteil von Runia, *Philo Timaeus*, 207–208, dass der Logos bei Philo einerseits dieselbe Mittlerrolle wie die Weltseele bei Platon spielt, er aber andererseits als Träger des κόσμος νοητός (*Opif.* 19; *Mos.* II.74–76) oder die Idee der Ideen (*Opif.* 25) im Horizont von Platons *Timaios* Urbild und Weltseele zugleich ist. Philo konnte ihn *Conf.* 146 auch als Erzengel bezeichnen, der Gottes Offenbarungen der Welt übermittelt, aber auch als den Hohepriester ansprechen, der als Mittler zwischen Gott und der Welt waltet (*Gig.* 52; *Fug.* 108). Hinter Philos Aussagen über die Weisheit als Mutter der Schöpfung steht ihre Rolle als Schöpfungsmittlerin in Spr 8,22–31; vgl. dazu Neher, *Wesen*, 44–51. Sonst spielt die Weisheit in seiner Kosmologie keine Rolle, weil Gott nach ihm die unsichtbare wie die sichtbare Welt durch sein Wort, seinen Logos schuf. Am Ende fragt sich der Leser, ob er die Hypostasierungen nicht lediglich als Veranschaulichung der Funktionen des Logos betrachten soll. Aber an diesem Punkt endet die Weisheit des Auslegers.

Andererseits vermittelt er zwischen Gottes Macht und Gottes Liebe (*Cher.* 27–28), weil er das Verhältnis zwischen beiden Eigenschaften so ausbalanciert, dass er seine Schöpfung weder aus Gerechtigkeit vernichtet, noch aus Liebe in ein ethisches Chaos versinken lässt. Wenn er zwischen Gott und den Menschen und den Menschen und Gott vermittelt (*Gig.* 52; *Fug.* 108), so weist das darauf hin, dass die Vernunft beide miteinander verbindet. Wenn Philo ihn zu einem Sohn der Weisheit erklärt, die Gott zusammen mit dem All erschaffen hätte (*Fug.* 109; *Det.* 115–116; vgl. auch *Ebr.* 30–31), so bedeutet das ontologisch, dass der Kosmos eine weise Schöpfung Gottes ist. Aus ihm lässt sich der Satz ableiten, dass nur der Weise vernünftig handelt.[14] Philo war sich als philosophisch geschulter Denker dessen bewusst, dass Gottes inneres Wesen jenseits aller Vernunft liegt, so dass man nur in vorsichtigen Analogieschlüssen von ihm reden kann. Bei tatsächlichen oder vermeintlichen Widersprüchen in seinen Schriften muss man weiterhin in Rechnung stellen, dass sich ihre Aufzeichnung über Jahrzehnte erstreckt haben muss,[15] so dass sich sein Denken in einzelnen Zügen wandeln konnte. Zum Glück wird sich zeigen, dass sich seine verschiedenen Auskünfte über den Wert der Tugend und die Folgen der Leidenschaft als miteinander vereinbar erweisen, auch wenn er einzelne Aspekte im Laufe der Zeit neu bedacht und anders beurteilt hat. Lediglich in der Frage, wie sich Gottes Allmacht und des Menschen Verantwortung zueinander verhalten, bleibt eine Spannung, die sich aber nicht nur in seinem Fall nicht logisch auflösen lässt.

2 Eudoros und Philo von Alexandrien als Vertreter des Mittleren Platonismus

2.1 Die Eigenart der Philosophie des Eudoros

Da Philo wie eine Generation vor ihm der Begründer des Mittelplatonismus Eudoros in Alexandrien lebte und wirkte, ist ein Seitenblick auf diesen Philosophen angebracht, dessen Denken sich leider nur an Hand von Auszügen aus seinen Werken bei späteren Doxographen rekonstruieren lässt.[16] Die erhaltenen Fragmente lassen erkennen, dass er in eigentümlicher Weise pythagoreische, platonische, peripatetische und stoische Lehren miteinander verbunden hat. Die ihn und seine Nachfolger kennzeichnende Grundfrage war die nach der Ver-

---

14 Vgl. Morris, *Jewish Philosopher*, 875 und 879.

15 Vgl. dazu ausführlich Borgen, *Philo*, 46–62 und zu den die Schriften miteinander verbindenden Hauptgedanken 65–79 mit dem Katalog 65–66 und nicht zuletzt Philos eigene Übersicht über seine Auslegung der Gesetze Moses *Praem.* 1–3 und dazu Borgen, *Philo*, 77.

16 Zu seiner Person und der Quellenlage vgl. Neher, *Wesen*, 218–219.

mittlung des transzendenten „überdrobigen Gottes" (ὑπεράνω θεός) (Eudor. *frg.* 4 Mazz.)[17] mit dem Kosmos. Gleichzeitig kündigte sich bei ihm eine entschlossene Wendung zum Religiösen an, die das philosophische Denken weiterhin bestimmen sollte und schließlich zur Weltflucht führte. Das zeigt sich darin, dass er den Weg zu einem tugendhaften Leben anders als die Stoiker nicht mehr mit einem der Natur entsprechenden Leben (Diog.Laert. VII.87 / SVF I.551 / LS 63 C / Cic. *fin.* III.26), sondern im Rückgriff auf Platon (Plat. *Tht.* 176b) mit einem Gottähnlichwerden, mit der ὁμοίωσις θεοῦ, soweit sie einem Menschen möglich ist, identifizierte (Eudor. *frg.* 25 Mazz.).[18] Andererseits bestimmte er das Glück als ἀταραξία, als Unerschütterlichkeit der Seele (Eudor. *frg.* 28 Mazz.), dem jüngeren Äquivalent für die stoische ἀπάθεια.[19] Darüber hinaus erkannte er den körperlichen und äußeren Gütern nur insofern einen Nutzen zu, als sie von der Tugend geleitet am Guten teilhätten (Eudor. *frg.* 31 Mazz.) bzw. wenn Trieb und Handlung übereinstimmen (Eudor. *frg.* 23 Mazz.). Das mutet wie eine Mischung von platonischer[20] und peripatetischer[21] Güterlehre an und dürfte kaum mit der des Begründers der Alten Akademie Antiochos von Askalon (ca. 120 v.Chr.) zusammenhängen, der zwischen dem Glück des tugendhaften und dem vollen Glück unterschieden hat, zu dem neben der Tugend auch seelische, körperliche und äußere Güter nötig

---

17 Die Fragmente des Eudoros werden nach Mazzarelli, *Testimonie*, 197–209.535–555 zitiert. Text und Übersetzung auch bei Neher, *Wesen*, 221–222. Die Gottesbezeichnung kehrt auch bei Philo *Congr.* 105 wieder; vgl. auch den „überhimmlischen Ort", zu dem sich in Plat. *Phaidr.* 247c 3 die Seelen der Gerechten zwischen den Inkarnationen erheben und an dem sich das wahrhaft Seiende, die Tugenden selbst und das wahre Wissen befinden; vgl. dazu Dörrie, *Eudoros*, 25–39, bes. 34.
18 Zum platonischen Gedanken der Angleichung an Gott und dem Nachweis, dass ihn Platon nicht von Pythagoras übernommen hat, vgl. Roloff, *Gottähnlichkeit*, 198–206. Der Neuplatoniker Jamblichus (vgl. Jambl. *V. Pyth.* 86) bestimmt als Ziel der pythagoreischen Philosophie, die Menschen dahin zu führen, dass sie in ihrer ganzen Lebensgestaltung Gott folgten.
19 Vgl. den Buchtitel des stoischen Philosophen und Schülers Zenons Dionysios von Herakleia, Diog.Laert. VII.166 / SVF I.422; vgl. zu ihm Pohlenz, Stoa I, 27 (= KlP 2, 69) und weiterhin SVF III.201 und z.B. Arr. *Epkt.* IV.6.34; vgl. schon Arist. *eth. Nic.* 1104b 24–26: „Daher bestimmt man wohl auch die Tugend als eine gewisse Unempfindlichkeit (ἀπάθεια) und Ruhe (ἡμερία); aber zu Unrecht, weil man sie schlechthin fordert, statt zu sagen, wie man unempfindlich sein muss und wie nicht, und wann, und was sonst noch hierher gehört" (Übers. Rolfes, *Aristoteles*, 30). Zum Adjektiv ἀπαθής vgl. SVF I.449 und weiterhin Diog.Laert. VII.117 / SVF III.448.
20 Vgl. dazu z.B. Irwin, *Plato's Ethics*, 332–338; Erler, *Platon*, 438–439; Kenny, *History*, 209–211; Plat. *Leg.* 631b 3–d 6, dazu Schöpsdau, *Nomoi*, 179–183; weiterhin Plat. *Phil.* 64e 5–65a 5und *Leg.* 716b 8–d 4.
21 Vgl. Arist. *eth. Nic.* 1094a 1–17; 1177a 12–1178a 8; 1178a 9–1178b 32 und 1178b 33–1179a 32 mit 1152b 1–1154b 31; 1219b 35–39; 1249a 35–39; 1237a 3–9; 1249a 18–21 und dazu Hardie, *Aristotle*, 12–27; Buddensieck, *Theorie*, 248–257 und Kenny, *History*, 213–219.

seien (Cic. *fin.* IV.81; *Tusc.* V.22; vgl. Arist. *eth. Nic.* 1178b 33 – 1179a 10).[22] Mit der stoischen Güterlehre lässt sie sich jedenfalls nicht vereinbaren, da nach ihr allein die Tugend ein Gut war und alles andere zu den ἀδιάφορα, den Gleichgültigkeiten, gehörte (vgl. SVF I.190.192; Cic. *fin.* III.15).[23] Schon diese knappen Hinweise geben zu erkennen, dass die Grenzen zwischen den herkömmlichen Schulrichtigen damals durchlässig geworden waren.

2.2 Die Kosmologie des Eudoros

Dieser Eindruck bestätigt sich, wenn man sich der Kosmologie des Eudoros zu-wendet. Sie zeigt, dass er das spätestens seit den Tagen des Parmenides[24] und Empedokles[25] und vor allem seit Platons *Parm.* 137c–166c und *Tim.* 37b[26] disku-tierte Eine als ursächlichen Grund aller Dinge (ἀρχή) betrachtete (Eudor. *frg.* 3 Mazz.)[27] und mit dem transzendenten Gott identifizierte (Eudor. *frg.* 4 Mazz.).[28] Ihm entsprechen auf der Ebene der Welt das andere Eine oder die Monade, die geordnet, begrenzt, erkennbar, überfließend, gerade und Licht ist. Ihr steht die unbegrenzte, formlose, unerkennbare Dyade gegenüber,[29] die Finsternis ist (Eu-dor. *frg.* 5 Mazz.).[30] Sie wird von der Monade formatiert, die selbst die Formen oder

---

22 Vgl. zu ihm Görler, *Antiochos*, 961 – 965 und zur Bekanntschaft Philos mit Antiochos von Askalon Dillon, *Philo Platonism*, 223 – 224.

23 Zu den Adiaphora vgl. Forschner, *Ethik*, 116 – 117 und spezifiziert Steinmetz, *Stoa*, 542 – 543 (Zenon), 575 – 576 (Kleanthes), 615 – 616 (Chrysippos) und 692 (Poseidonios) und zusammen-fassend Kenny, *History*, 222 – 227.

24 Vgl. DK 28 B 8,5 – 21 par Kirk; Raven und Schofield, *Philosophen*, 274 – 275 (Nr. 296) samt Kommentar und dazu auch Guthrie, *History* II, 26 – 31.

25 Vgl. DK 31 B 17,1 – 13 par Kirk; Raven und Schofield, *Philosophen*, 316 – 317 (Nr. 348) samt Kommentar.

26 Vgl. Erler, *Platon*, 457 und zum Einen in der ungeschriebenen Lehre 428.

27 Text und Übersetzung auch bei Neher, *Wesen*, 221 – 222. Die Echtheit des als Zeugnis für die Einführung des Einen in den philosophischen Diskurs durch Pythagoras herangezogene Fragment des Philolaos von Kroton (DK 44 B 8) wird wegen seiner späten Tradierung bei Jamblichus angezweifelt und ist von Kirk; Raven und Schofield, *Philosophen*, nicht mehr aufgenommen. Sie gehen aber Nr. 360 davon aus, dass die Zahlen nicht erst durch Philolaos eingeführt worden sind, sondern dass Zahl und Harmonie schon zu den Schlüsselvorstellungen des Pythagoras gehörten; vgl. auch Arist. *Met-aph.* 985b 23 – 986a 21 (Kirk; Raven und Schofield, *Philosophen*, 430) wo er die Ansichten der Py-thagoreer referiert. Zur Rolle des Einen bei Plotin *Enn.* 6.9 [9] vgl. Erler, *Platon*, 527.

28 Text und Übersetzung auch bei Neher, *Wesen*, 222.

29 Zum Hintergrund der Rede von der Monade und der Dyade vgl. Bonazzi, *Transcendence*, 234.

30 Text und Übersetzung auch bei Neher, *Wesen*, 223 – 224, der ἀρχή allerdings mit „Anfang" statt wie Mazzarelli mit „principio" übersetzt. Vgl. die von Alexander Polyhistor (Walter, *Fragmente* 1/2, 273

Ideen von dem Einen erhält (Eudor. *frg.* 2 Mazz.).[31] Sachlich aber gründen sie alle in dem Ersten Einen (Eudor. *frg.* 4 Mazz.).[32] Da Eudoros die Erzählung über die Erschaffung der Welt durch den Demiurgen in Platons *Timaios* als Veranschaulichung eines ewigen Verhältnisses betrachtete (vgl. Plut. *Mor.* 1013a mit Eudor. *frg.* 6 Mazz.), bedurfte er keines weiteren Mittlers zwischen Gott und der Dyade. Die Welt wurde ewig durch die Monade formatiert, wobei für beide das Eine die Ursache ist (Eudor. *frg.* 2 Mazz.).[33]

3 Die Kosmologie Philos

Wenden wir uns Philos Schrift *De opificio mundi* zu, so ist seine Abhängigkeit von der platonischen Tradition und zumal von Platons *Timaios* unübersehbar.[34] Sie tritt am deutlichsten in der These zutage, dass die beiden in Gen 1–3 aufeinander folgenden Schöpfungsberichte von zwei verschiedenen Schöpfungen Gottes handeln: So ist nach seinem Verständnis in Gen 1,1–2,4a(5) von der Erschaffung der Welt im Bereich der unkörperlichen Ideen als Urbild und in Gen 2,4b(6)–25 von der sichtbaren Welt als deren Abbild die Rede (*Opif.* 129–130; vgl. *QG* I.2). Als Voraussetzung für diese Konstruktion benennt Philo die nach seiner Überzeugung von Moses stammende, in Wahrheit aber stoische Einsicht, dass der Kosmos aus zwei Teilen bestehen müsse, einer aktiven Ursache (αἴτιον) und einem passiven

---

Frg. 93 / Diog.Laert. VIII.25) mitgeteilte pythagoreische Lehre: „Der Anfang von allem sei die Einheit (Monade); aus der Einheit aber stamme die unbegrenzte Zweiheit (Dyade), die gleichsam als Materie der Einheit, ihrer Ursache, zugrunde liege. Aus der Einheit ferner und der unbestimmten Zweiheit stammen die Zahlen; aus den Zahlen die Punkte, aus diesen die Linien, aus diesen die Flächengestaltungen; aus den Flächen die stereometrischen (mathematischen) Körper, aus diesen die sinnlich wahrnehmbaren Körper, deren Elemente, vier an der Zahl, folgende sind: Feuer, Wasser, Erde, Luft" (Übers. Apelt, *Diogenes*, 122); zur Sache auch Porph. *Vit. Pyth.* 38 (Nauck, 38.2–39.1).

31 Text und Übersetzung auch bei Neher, *Wesen*, 222–223. Zum Hintergrund des Gedankens durch den zeitgenössischen, pythagoreisch beeinflussten Platonismus vgl. Bonazzi, *Renewal*, 241–243.

32 Vgl. Neher, *Wesen*, 221–222.

33 Zum stoischen Hintergrund vgl. Plut. *Mor.* 1085b / SVF II.313 und zur Untrennbarkeit der beiden Prinzipien Chalcidius in *Tim.* 292 (SVF I.88).

34 Auf die Abweichungen der Zitate bei Philo, die auf eine ältere Kommentierung zurückweisen, hat Theiler, *Philo Timaios*, 52–63 hingewiesen. Die Zitate und Anspielungen diskutiert ausführlich Runia, *Philo Timaeus*, 71–334; zu stoischen, peripatetischen und mittelplatonischen Beeinflussungen, die im Gegensatz zu Platon nicht zwischen philosophischen Prinzipien und theologischen bzw. mythologischen Größen unterschieden und den Schwerpunkt auf die Schöpfungslehre und die Stellung des Menschen im Kosmos legten vgl. Runia, *Philo Timaeus*, 476–519 und bes. 491–494.

Objekt (παθητόν).³⁵ Dabei sei der aktive Teil die vollendet reine und lautere Vernunft (νοῦς) des Ganzen, die jede Tugend und alles Wissen übertreffe, während der passive von sich aus ohne Leben und Bewegung sei, bis ihm beide durch den νοῦς verliehen wurden. Dadurch sei die Dyade zu dem vollendetsten Meisterstück (τελειότατον ἔργον) in Gestalt des Kosmos geworden (*Opif.* 8–9).³⁶ Wer dagegen die Welt als ungeworden (ἀγένητον) betrachte, entzöge ihr damit das, was für die Frömmigkeit am nützlichsten und notwendigsten sei, die (göttliche) Vorsehung (πρόνοια) (*Opif.* 9; *Aet.* 10).³⁷

Wie ein Architekt vor dem Bau einer Stadt einen Stadtplan entwerfe, habe auch Gott vor der Erschaffung der sichtbaren Welt, des ὁρατὸς κόσμος, erst ihren Plan in Gestalt eines κόσμος νοητός, einer intelligiblen Welt entworfen (*Opif.* 16–18).³⁸ Da diese den Ideen Platons entspricht, ist Philo zumindest der erste Zeuge für ihre Deutung als den Gedanken Gottes.³⁹ Diese ideale Welt, die zunächst nur aus einem unkörperlichen Himmel, einer unsichtbaren Erde, der Form (ἰδέα) der Luft und des Leeren bestand (*Opif.* 29) und von Gott begrünt, beleuchtet und belebt wurde, hätte allein in der göttlichen Vernunft, dem θεῖος λόγος (*Opif.* 24 und 26) existiert.⁴⁰

Wenn es in Gen 1,27 heißt, dass Gott den Menschen nach seinem Bild erschaffen habe, so konnte es sich nach Philos Verständnis logischerweise um keine körperliche Ähnlichkeit handeln, weil Gott weder eine menschliche Gestalt noch

---

35 Vgl. Diog.Laert. VII.134 / SVF I.85; Cic. *acad.* 24 und dazu z.B. Long, *Philosophy*, 153–154; Forschner, *Ethik*, 25–29 und Wicke-Reuter, *Providenz*, 22–23.
36 Vermutlich handelt es sich bei dieser Gegenüberstellung um eine freie Interpretation des *Timaios* unter stoischem Einfluss, die auf die Alte Akademie bzw. Antiochos von Askalon zurückgeht; vgl. Dillon, *Philo Platonism*, 224–225.
37 Vgl. Wolfson, *Philo* I, 295–300 und zu Philos Kritik an Epikurs Vielzahl der Welten und Leugnung der Vorsehung in *Aet.* 170–172 Borgen, *Philo*, 68. – Die Bedeutung von *De aeternitate mundi* liegt vor allem in ihrem Wert als Informationsquelle über die Diskussion des Problems der Ewigkeit oder der Erschaffung der Welt in der aristotelischen und stoischen Philosophie und ihrer Kritik durch Theophrast.
38 Vgl. Runia, *Philo Timaeus*, 158–171; zum Erstbeleg der Rede vom κόσμος νοητός bei Philo vgl. Horovitz, *Untersuchungen*, 74; Runia, *Philo Timaeus*, 162, und ders., *Creation*, 132–141 mit dem Nachweis 136.
39 Vgl. Dillon, *Middle Platonists*, 158–160, der 159 darauf hinweist, dass die Ideen nach *Opif.* 102 Zahlen sind; zur Sache weiterhin Radice, *Theology*, 132.
40 Vgl. Runia, *Philo Timaeus*, 443, der mit Recht darauf hinweist, dass Gott und der Logos im vorliegenden Zusammenhang nicht anders als der König und der Architekt zwar konzeptuell, aber nicht aktuell von einander abgetrennt werden können. Gott ist einer, dessen Wesen sich nicht in seiner kreativen Fähigkeit erschöpft, sondern es transzendiert. Zum Logos als erstgeborenem Sohn Gottes und Lenker der Welt vgl. *Agr.* 51; dazu Runia, *Philo Timaeus*, 242; zu seiner Mittlerrolle zwischen Gott und den Menschen vgl. Plat. *Tim.* 37b mit *Conf.* 146–147 und zu der so entstandenen unaufgelösten Spannung Morris, *Jewish Philosopher*, 884 und Termini, *Potenze*, 122–123.

einen menschlichen Leib besitzt. Entsprechend beruhe die Ähnlichkeit des Menschen mit Gott auf dem νοῦς des Ganzen, der als solcher der Archetyp der Vernunft sei, an der die anderen vernünftigen Wesen teilhätten (*Opif.* 69; vgl. *QG* I.8).[41] Denn was vom Ganzen der Welt gelte, gelte auch für jedes seiner Teile: Beide seien ein Abdruck des Siegels des göttlichen Logos (*Opif.* 25; vgl. *QG* I.2.4).

Nach der nur in seiner Vernunft, seinem Logos existierenden Welt habe Gott dann die sichtbare erschaffen (*Opif.* 36).[42] Mit dieser Einführung des Logos geht Philo ebenso über die beiläufige Weise, in der Platon im *Timaios* vom λόγος redet, hinaus,[43] wie er die Vermittlung zwischen dem transzendenten Gott und den beiden Welten anders als Eudoros bestimmt, ja bestimmen muss, weil die Welt für ihn nicht ewig ist, sondern einen Anfang besitzt. Der Logos ist bei ihm zum Inbegriff der Vernunft Gottes und seiner Beziehung zur Welt geworden.[44]

4 Die Kosmologie des Eudoros und Philos. Ein Vergleich

Vergleichen wir diese Kosmologie mit der des Eudoros, liegen die Parallelen und Unterschiede auf der Hand: Dem transzendenten Einen, das die Ideen in sich trägt, entspricht nun bei Philo Gott bzw. sein Logos, dem zweiten Einen oder der Monade der κόσμος νοητός, die Welt im Geist Gottes.[45] Der Dyade entspricht die ungeordnete Materie, die Philo für unerschaffen hält, die aber jedenfalls die Grundlage der sichtbaren Welt bildet.[46] Diese ist ihrem Wesen nach ein sichtbares Abbild des unsichtbaren Plans. Die Unterscheidung zwischen den beiden Welten ist jedenfalls bei beiden bestes platonisches Erbe[47] und verweist auf den *Timaios* zurück (Plat. *Tim.* 30a–c).[48] In diesem Zusammenhang ist daran zu erinnern, dass die

---

41 Vgl. Termini, *Potenze*, 156–165 und Kaiser, *Gott* II, 279 und 304–308.

42 Vgl. oben Anm. 13. Den Systematiker können die Schwankungen in den Aussagen über den Logos irritieren. Zu der vielfältigen Rede vom Logos bei Philo als „Urbild der Dinge, produktive Kraft Gottes, immanente Weltvernunft, jüdischer Erzengel, Hohepriester, Inbegriff der göttlichen Emanationswelt, einzelnes Wesen, Vielheit, Gott selbst, verschieden von Gott, Eigenschaft Gottes, selbständiges Wesen" vgl. Siegfried, *Philo*, 219.

43 Vgl. die von Zekl, *Platon Timaios*, 242 aufgeführten Belegstellen s.v. „Rede, Vernunft, rationales Verhalten".

44 Vgl. Runia, *Philo Timaeus*, 448 und zur Originalität von Philos Konzept des göttlichen Logos Bonazzi, *Transcendence*, 245.

45 Vgl. auch *Spec.* II.176, wo Philo die Monade als unkörperliches Abbild Gottes bezeichnet.

46 Vgl. Eudor. *frg.* 2 Mazz. / Neher, *Wesen*, 222–223.

47 Vgl. Plat. *Phaid.* 79a; vgl. auch *Parm.* 129d–131b; *Rep.* 479c–d 515d.

48 Vgl. Erler, *Platon*, 390–406 und 450–455.

Meinungen darüber, ob Platons Bericht über die Weltschöpfung im *Timaios* als Beschreibung eines tatsächlichen Vorgangs oder symbolisch zu verstehen ist, seit alters auseinander gehen:[49] Eudoros hat sich für die symbolische (Plut. *Mor.* 1013b / Eudor. *frg.* 6 Mazz.), Philo für die realistische Deutung entschieden. So wird es verständlich, dass Eudoros es bei einem statischen Gegenüber zwischen dem wahren Einen und dem zweiten Einen, der Monade belassen konnte, die ihrerseits die Dyade als Inbegriff der gestaltlosen Materie formatiert. Das ändert aber nichts daran, dass beide sowohl die intelligible wie die sichtbare Welt auf den transzendenten Gott zurückgeführt haben.

Auch Philo konnte gelegentlich von der Monade sprechen und sie als Abbild des einen vollkommenen Gottes (*Her.* 187) und damit zugleich als die vollkommene Zahl der 7x7 bezeichnen (*Spec.* II.176). Er konnte sie aber auch als das zusammen mit dem Anfang gegenüber dem Ersten Jüngere bewerten und ihr damit den Platz zuweisen, den sie bei Eudoros eingenommen hat (*QE* II.68).[50] Erinnert man sich daran, dass die Ideen nach Philos Überzeugung Zahlen sind, so bleibt der Zusammenhang mit seiner Schöpfungs- und Gotteslehre bewahrt, denn Gott war für ihn seinem Wesen nach nicht anders als für Eudoros der absolut transzendente (ὑπεράνω)[51] und als solcher „weit entfernt von allem Geschaffenen" „vollkommen unnennbar (ἀκατανόματος)" und „unbegreiflich (ἀκατάληπτος)" (*Somn.* I.66– 67).[52] Für Philo als einem von dem Offenbarungscharakter der Tora überzeugten Juden war angesichts der biblischen Schöpfungsberichte die Erschaffung der Welt, die zugleich mit der der Zeit erfolgte, eine nicht zur Disposition stehende Voraussetzung (*Opif.* 7 und ausführlich *Aet.*).[53] Daher war seine eigene Kosmologie in dem Sinne apologetisch, dass sie die biblische Lehre denkend in einer durch die heidnische Umwelt angefochtenen jüdischen Gemeinde verteidigte.[54] Die Einfügung des Logos als des Mittlers zwischen den beiden Welten schlägt die Brücke zwischen dem biblischen und dem philosophischen Denken. Damit weicht er bewusst (und möglicherweise bereits durch eine entsprechende Tradition beeinflusst)[55] vom *Timaios* ab,[56] in dem die sichtbare Welt nach dem Vorbild der

---

49 Vgl. Erler, *Platon*, 455–456, der sich dafür entscheidet, „dass die Welt als ein Werdendes erscheinen soll."

50 Vgl. Runia, *Philo Timaeus*, 189 und weiterhin *LA* II.3 und *Deus* 11.

51 Vgl. z. B. *LA* III.176; *Post.* 14; *Conf.* 137; *Congr.* 105; *Fug.* 101 und *Somn.* I.157.

52 Vgl. Winston, *Ethical Theory*, 401–402; Frick, *Providence*, 39–41 und 43–45 und den Überblick über Philos Gotteslehre bei Siegfried, *Philo*, 199–211.

53 Zur Bedeutung dieser Schrift als Kompendium der antiken Lehren über die Ewigkeit der Welt oder ihren zeitlichen Anfang vgl. Colson, *Philo* 9, 172–183; Borgen, *Philo*, 249; Morris, *Jewish Philosopher*, 858–859 und bes. Runia, *Creation*, 110–114.

54 Vgl. Radice, *Theology*, 132–134 mit einem Schema der Sechstagewerke auf 133.

55 Darin könnte er von der Auslegung des Xenokrates abhängig sein; vgl. dazu Erler, *Platon*, 459.

intelligiblen durch den Demiurgen geschaffen wird, der selbst also zwischen der intelligiblen und der von ihm erschaffenen sichtbaren Welt steht, wobei kein Wort über den göttlichen Ursprung oder Charakter der intelligiblen fällt (Plat. *Tim.* 28a).[57] Für Philo musste auch die intelligible Welt dem höchsten Gott unterstehen, der selbst die Welt schafft. Daher verlegte er sie in das Denken des Gottes, der gemäß Gen 1,1–2,4 durch sein Wort als Inbegriff aller denkenden und gestaltenden Vernunft und schöpferischen Kraft die Welt erschuf.[58] Die Anknüpfung an das biblische Konzept ist nicht zu übersehen, aber auch nicht, dass Philo es ausgestaltet hat (vgl. z. B. *QE* II.68), sei es unter dem Einfluss der platonischen Lehre von der Weltseele[59] oder der stoischen von dem das ganze All durchdringenden und gestaltenden Logos als der die Welt bis in die Einzelheiten hinein bildenden und zusammenhaltenden Kraft,[60] im zweiten Fall unter Ausschaltung des pantheistischen Elements.[61]

Anders als Eudoros hat Philo an keiner Stelle Gott ausdrücklich als die Ursache für die Materie bezeichnet.[62] Da die ungeordnete Materie in Gen 2,5–9 keine Rolle spielt, sah er sich nicht dazu veranlasst, sich bei seiner Behandlung der Erschaffung der realen Welt in Gen 2–3 über sie zu äußern. Aus *Opif.* 11–12 (vgl. 43) und *Her.* 163–164 (vgl. *Prov.* II.52–53) geht hervor, dass er das Chaos und das Dunkel nicht für erschaffen hielt.[63] Das Neue gegenüber Platons *Timaios* besteht

---

56 Vgl. Runia, *Philo Timaeus*, 169.

57 Vgl. Erler, *Platon*, 458–459, der die Gleichsetzung des Demiurgen mit dem Ideenkosmos für plausibel erklärt.

58 Vgl. Kaiser, *Gott* II, 262–264.

59 Vgl. Plat. *Phaidr.* 245c–246a und dann *Tim.* 27c–37c.41d–e sowie *Leg.* 869a, und dazu Erler, *Platon*, 386–388.

60 Vgl. Diog.Laert. VII.134 / LS 44 B; Diog.Laert. VII.135–136 / LS 46 B; *Opif.* 43 und dazu Zeller, *Philosophie* 2/1, 141–152; Long, Philosophy, 152–158; Forschner, Ethik, 54–55 und Radice, Theology, 137–138.

61 Vgl. Diog.Laert. VII.139 / SVF II.300 / LS 44 B; zu den *lógoi spermatikoí*, den samenhaften Prinzipien, welche die einzelnen Dinge formieren, vgl. *Opif.* 43 mit Diog.Laert. VII.135–136 / SVF I.102 / LS 46 B bzw. SVF II.1027 / LS 46 A; dazu Radice, *Theology*, 137–138 und zur Übertragung der kosmischen Rolle der φιλία, der Liebe, die über Platon und Empedokles bis zu Pythagoras zurückreicht, auf den Logos Runia, *Philo Timaeus*, 180.

62 Zu dem ewigen Gegenüber von πνεῦμα und ὕλη bei den Stoikern vgl. z. B. Pohlenz, *Stoa* I, 66–67 und speziell bei Zenon Gourinat, *Stoics*, 48–54.

63 Dillon, *Middle Platonists*, 158 verweist vorsichtig auf *LA* II.2, wo Philo erklärt, dass es vor der Schöpfung nichts außer Gott allein gab. Zur Sache vgl. auch Zeller, *Philosophie* 3/2, 436; den Exkurs von May, *Schöpfung*, 9–21; Runia, *Creation*, 152–153; Morris, *Jewish Philosopher*, 885 und zum alt. Befund auch Kaiser, *Gott* II, 264–270. – Für die schlechten Taten des Menschen machte Philo nach *Opif.* 72–75 (vgl. *Conf.* 176–179; *Fug.* 68–72 und *Mut.* 30–32) nicht Gott, sondern seine an der Erschaffung des Menschen beteiligten untergeordneten Geister verant-

also bei Philo darin, dass er die Vermittlung zwischen der unsichtbaren und der sichtbaren Welt nicht dem Demiurgen (Plat. *Tim.* 28a), sondern dem göttlichen Logos, seinem Wort als Inbegriff aller Vernunft und also auch der Ideen zuweist.[64] Es ist die die ganze Welt durchdringende und gestaltende göttliche Vernunft, welche die intelligible Welt in sich enthält, die ihrerseits die Materie formatiert oder im Bilde gesagt: ihr das Siegel aufdrückt.

Wollte man aus dem Gesagten den Schluss ziehen, dass Philo lediglich die Kosmologie des Eudoros auf Grund seiner spezifisch jüdisch-biblischen Denkvoraussetzungen und seiner Auslegung des *Timaios* abgeändert hat, so begäbe man sich in das Feld der Spekulationen. Dagegen bleibt man auf festem Boden, wenn man sich an die Feststellung hält, dass in Alexandrien im Laufe weniger Jahrzehnte zwei Kosmologien entworfen worden sind, die auf einer Auslegung von Platons *Timaios* beruhen und Philo insoweit ein selbständiger Denker war, als es ihm gelungen ist, die Kosmologie Platons und die der Bibel aufeinander abzustimmen.

Zusammenfassung

Eudoros und Philo von Alexandrien gelten als die ersten Vertreter des Mittelplatonismus. Beide haben die Kosmologie aus Platons *Timaios* neu interpretiert. Dabei betrachtete Eudoros Platons Erzählung vom Demiurgen als symbolisch. Entsprechend setzte er in seiner Kosmologie die Ewigkeit der Welt voraus. Philo verstand sie dagegen realistisch und verlegte die Ideen in den Logos Gottes. Gleichzeitig bezog er den priesterlichen Schöpfungsbericht auf eine Schöpfung in Gottes Logos: Daher war sie das vollkommene Urbild der in Gen 2,4b(6)–7 berichteten realen Welt als ihrem Abbild, die als endliche Mängel besitzt. So hat Philo Platonismus und Biblizismus in seiner Kosmologie vereinigt.

---

wortlich. Daher verdanke der Mensch Gott seine Tugend und den Geistern seine Bosheit; vgl. Runia, *Creation*, 236–238.
64 Zu den ihm von Philo übertragenen Aufgaben vgl. oben Anm. 42. Die im Blick auf die Spannungen der dem Logos von Philo zugewiesenen Positionen und Funktionen ausgesprochene Mahnung, sie nicht systematisch aufzulösen, gilt auch für die Vorstellung von Gottes Allgegenwart (*Conf.* 136) und die eines Mittlers zwischen ihm und der Welt, vgl. Termini, *Potenze*, 89.

Die kosmische Bedeutung des jüdischen Hohepriesters im Denken Philos von Alexandrien

1 Philo von Alexandrien als mittelplatonischer Philosoph und Toralehrer

Da das Leben eines Juden kultisch durch Festtage und tägliche Gebete gegliedert wurde, können wir voraussetzen, dass sie auch das Leben des jüdischen Religionsphilosophen und Toralehrers Philo von Alexandrien bestimmten und sich diese Einstellung in seinen über vierzig erhaltenen Schriften spiegelt.[1] Er lebte vermutlich von ca. 30/20 v. bis ca. 50 n. Chr., wobei seine Tätigkeit als Anführer der Delegation der jüdischen Gemeinde Alexandriens, die im Jahre 39/40 Beschwerde über den Statthalter der kaiserlichen Provinz Ägypten, Flaccus, wegen seiner Untätigkeit bei dem schweren Pogrom des alexandrinischen Pöbels gegen die dortigen Juden, das einzige sichere Lebensdatum liefert. Offenbar hatte er damals die Mitte seines Lebens bereits hinter sich gebracht, sodass er sich alt fühlte (*Legat.* 1 und 182).

Seine Bedeutung in der Geschichte der Philosophie beruht darauf, dass er der erste Mittelplatoniker ist, von dem uns zahlreiche Schriften erhalten sind. Er weist sich dadurch als Vertreter dieser philosophischen Richtung aus, dass er das Problem der Vermittlung zwischen dem absolut jenseitigen Gott und der Welt mittels der Annahme löste, dass der göttliche Logos zwischen beiden vermittelt.[2] Andererseits las er die Erzählungen des Pentateuchs in der Nachfolge der stoischen Homerexegese als Allegorien, die Auskunft über das richtige und das falsche Leben erteilten. Auf dem Feld der Ethik hielt er zwar an der stoischen Forderung nach einem Leben in Übereinstimmung mit der Natur fest (*Decal.* 81), ergänzte sie aber durch die platonische Forderung, Gott nach dem Maße der Möglichkeit ähnlich zu werden (vgl. Plat. *Tht.* 176b 1–3 mit *Fug.* 63). Sein kosmologisches, aber auch anthropologisches und ethisches Handbuch war Platons *Timaios*. Dabei deutete er die Ideen, auf die blickend der platonische Demiurg Welt und Menschen schuf, als die Gedanken Gottes. Sie waren mit dem Plan identisch, mit dem er die zu erschaffende Welt entwarf. Demgemäß bezog er den ersten Schöpfungsbericht in Gen 1,1–2,4a(5) auf diesen Plan, während er Gen 2,4b(6)–

---

[1] Zu seinen Schriften vgl. z.B. Siegert, *Interpretation*, 172–182; Koester, *History*, 266–271 bzw. Kaiser, *Philo*, 30–40.
[2] Vgl. Kaiser, *Philo*, 167–175.

DOI 10.1515/978-3-11-049265-1-005

3,25 als den Bericht von der Schöpfung der realen Welt deutete. Auf diese Weise gab er der Kosmologie einen vorweltlichen Hintergrund.[3]

Bei dem Gesetz als dem Inbegriff der göttlichen Normen des Handelns unterschied er zwischen dem Gesetz der Natur und dem Moses offenbarten, wobei beide miteinander harmonierten, sodass wer das eine hielt, auch das andere befolgte (*Mos*. II.48). Ontologisch räumte er jedoch dem zum Beispiel vom ersten Menschen und den Patriarchen gehaltenen Gesetz der Natur den Vorrang ein (*Opif*. 143; *Abr*. 5 – 6.275 – 276), während er ihn dem Gesetz des Moses epistemologisch zusprach, weil es allgemein zugänglich ist (vgl. *Prob*. 63) und dem Gesetz der Natur entspricht (*Mos*. II.11).[4] In seiner allegorischen Auslegung der biblischen Geschichten stand er in der Nachfolge der stoischen Homerexegese.[5] Demgemäß ging er von der Voraussetzung aus, dass die Genesis keine erdichteten Geschichten („Mythen") enthielte, sondern sie als Allegorien zu verstehen seien (*Opif*. 2), die er auf ihren didaktischen Sinn hin befragte (vgl. *Jos*. 28 mit *Spec*. III.6).[6] Als biblischer Text diente ihm die in Alexandrien unter der Herrschaft Ptolemaios II. (285 – 246 v. Chr.) geschaffene Übersetzung der „Siebzig", die Septuaginta, die er für inspiriert hielt (vgl. *Mos*. II.25 – 44 mit Ps.Arist. 187 – 294). Um den in ihren Erzählungen enthaltenen didaktischen Sinn zu ermitteln, bediente er sich in eklektischer Weise der Schriften der griechischen und hellenistischen Philosophen, die nach seiner Überzeugung sachlich von der weit älteren Tora abhängig waren (vgl. z. B. *Her*. 214; *Prob*. 57 und *Mut*. 167 – 168). Entsprechend hat er in seiner allegorischen Auslegung der Genesis die Erzählungen überwiegend ethisch gedeutet.[7] In seinen späteren Schriften und seinem Kommentar zu den speziellen Gesetzen hat er deutlich zwischen dem allegorischen und dem wörtlichen Sinn unterschieden.[8] So tiefgreifend ihn die stoische Lehre von Tugend und Laster beeinflusste, so wenig hat er den stoischen Rigorismus übernommen, sondern ihn mittels platonischer Gedanken entschärft.[9] Für den heutigen Leser sind seine Schriften wegen seiner breiten Anwendung der allegorischen Methode vermutlich gewöhnungsbedürftig. Wer sich auf sie einlässt, bekommt es jedoch mit einem ebenso gebildeten wie natürlich empfindenden Menschen und Theologen zu tun, für den der Glaube an den Gott, der Israel erwählt hat und der Gott aller Menschen sein will, nicht zur

---

3 Vgl. Runia, *Philo Timaeus*, 158 – 171; Dillon, *Middle Platonists*, 143 – 153.
4 Vgl. Anderson, *Views*, 140 – 143.
5 Vgl. Niehoff, *Jewish Exegesis*, 131 – 185 und knapp Kaiser, *Philo*, 157 – 158.
6 Zu den jüdisch-alexandrinischen Vorläufern Philos vgl. Niehoff, *Jewish Exegesis*, 75 – 129 und zu seiner Anwendung der Methode 133 – 185.
7 Vgl. Kaiser, *Philo*, 161 – 166.
8 Vgl. Kaiser, *Philo*, 161 – 163.
9 Vgl. Kaiser, *Philo*, 238 – 240.

Diskussion stand, der aber darauf bedacht war, dass sein Glaube denkender Glaube war.

2 Der jüdische Festkalender[10]

Ehe wir Philos Äußerungen zum priesterlichen Kult und dabei die für seine Wirksamkeit zentrale Gestalt des Hohepriesters und seines Ornats in den Mittelpunkt unserer Untersuchung stellen, sei ein Blick auf den biblischen Festkalender und die Opferhandlungen der Priesterschaft geworfen.[11] Dabei gilt es sich vorab daran zu erinnern, dass sich die biblischen Daten im Anschluss an den babylonischen Kalender nach dem Jahresbeginn im Frühjahr richten, während er in vorexilischer Zeit im Herbst lag. Der konservative Charakter des priesterlichen Denkens zeigt sich darin, dass der Jahresbeginn nun statt in den ersten in den siebten Monat fiel und d. h. statt in das Frühjahr in den Herbst. Die kleinste kalendarische und kultische Größe war der Tag. Er wurde liturgisch durch die den drei Tageszeiten zugeordneten Gebetszeiten bei Sonnenaufgang, am späten Nachmittag und bei Sonnenuntergang gegliedert,[12] wobei sich die Beter in der Fremde in Richtung auf den Jerusalemer Tempel zu Boden warfen (Dan 6,11; vgl. auch 1Kön 8,46 – 48). Die sieben Tage umspannende Woche endete mit dem Sabbat als einem Tag der Arbeitsenthaltung für Menschen und Tiere (Gen 2,2 – 3; Ex 20,11 par Dtn 5,12 – 15; 23,12; 35,1 – 3; Lev 23,1 – 3). Zu den besonderen Festtagen gehörten die drei Wallfahrtsfeste in Gestalt des Passa / Mazzot (Ex 23,15; Lev 23,4 – 8; Dtn 16,1 – 4), des Wochenfestes (Ex 23,16; Lev 23,1 – 21; Dtn 16,9 – 12) und des Herbstzyklus.[13] Er wurde mit dem am 1.7. begangenen Neujahrsfest eröffnet und besaß am 10.7. im Großen Versöhnungstag seine ernste Mitte, um dann vom 15.–20.7. mit dem Laubhüttenfest seinen volkstümlichen Höhepunkt und Ausklang zu erreichen (Ex 23,14; Lev 23,33 – 36; Dtn 16,13 – 15).[14] Dem Mondlauf gemäß

---

10 Vgl. Leonhardt-Balzer, *Worship*, 18 – 52.
11 Zur Priesterschaft und dem Tempelpersonal des Jerusalemer Heiligtums und der Erblichkeit der an ihm wirkenden Amtspersonen vgl. Jeremias, *Jerusalem* II, 166 – 251 bzw. Schürer und Vermes, *History* 2, 237 – 308.
12 Vgl. auch Elbogen, *Gottesdienst*, 14 – 98 und 98 – 106.
13 Vgl. dazu umfassend Maier, *Völkerwallfahrt*, passim.
14 Zum Übergang vom altisraelitischen Kalender mit dem Jahresbeginn im Herbst zu dem babylonischen mit dem im Frühjahr vgl. Finegan, *Handbook*, 33 – 41; zum abweichenden Sonnenkalender der Qumrangemeinde und des Jubiläenbuches 44 – 57 bzw. die Übersichten zum jüdischen Kalender von Lichtenberger, *Kalender*, 749 – 750 und zu den alttestamentlichen bzw. jüdischen Wallfahrtsfesten vgl. Haran, *Temples*, 289 – 316 bzw. knapp Otto, *Feste*, 87 – 90 bzw. Veltri, *Feste*, 90 – 91.

wurde auch der Neumondtag als Anfang des Monats (Num 10,10; Ps 81,4; 1Sam 20,5; Ez 45,17) festlich begangen.

An diesen kultischen Kalender wusste sich mithin auch Philo gebunden. So hat er das Sabbatgebot ausführlich in *Decal.* 96–105 behandelt. Weiterhin hat er das Heiligtum bzw. den Tempel samt seinen Altären, der Arche, dem Schaubrottisch und dem Leuchter sowie den Gefäßen in *Her.* 226–229,[15] *Mos.* II.71–108 bzw. in *Spec.* I.66–70 beschrieben und sich in *Mos.* II.109–135 bzw. *Spec.* I.84–97 der Bekleidung des Hohepriesters gewidmet. Ihr stellte er in *Spec.* I.82–83 die der einfachen Priester voran, die aus einem kurzes Untergewand bestand, das sie bei der Ausübung ihrer mannigfachen und schnell zu entrichtenden Aufgaben während der Darbringung der Opfer nicht behinderte. Ihre Erwählung und Weihe hat er dagegen nur in *Mos.* II.141–148 behandelt.

3 *Spec.* I als Handbuch des Kultes am Herodianischen Tempel

Mustern wir Philos Themenkatalog in *Spec.* I, so behandelte er in 80–81 die erforderliche leibliche Qualifikation der Priester, in 98–100 ihre Enthaltung von Rauschtränken,[16] in 101–111 die Vorschriften über ihre Ehen unter besonderer Berücksichtigung der des Hohepriesters und in 112–116 die ihn betreffenden Einschränkungen im Umgang mit Leichen, während er in 117–130 auf die Befugnisse zum Genuss der Opfergaben zu sprechen kommt. Dann folgen in 131–161 die Bestimmungen über die Versorgung der Priester und Leviten, in 162–167 solche über erlaubte Opfertiere. Weiterhin geht er in 168–246 auf die Opferarten und ihre kultischen Anlässe samt ihrer symbolischen Bedeutung und schließlich in 247–254 auf das Nasiräergelübde ein. Ergänzend weist er dann in 255–256 auf die Mehldarbringungen der Priester hin. Abschließend aber kommt er auf die Anforderungen zu sprechen, die an die Reinheit der Opfernden gestellt werden und ihre symbolische Bedeutung. Man kann daher *Spec.* I als ein Handbuch des priesterlichen Kultes am Herodianischen Tempel lesen, in dem der Nachdruck auf der symbolischen, in der Regel ethischen Bedeutung der Riten liegt. Eine Ausnahme bilden die Kleidung bzw. der Ornat des Hohepriesters und seine Kulthandlungen, denen Philo eine kosmische Bedeutung zuschreibt. Wenn er in den dem Opferkult geltenden Berichten das Allerheiligste bzw. die Stiftshütte samt der

---

15 Hier erwähnt er den Leuchter, den (Schaubrot)tisch und den Räucheraltar.
16 Vgl. auch *Ebr.* 127–133, wo er in 133 das Zeltheiligtum als Abbild eines himmlischen Urheiligtums versteht, und dazu Gäbel, *Kulttheologie*, 124–126.

Bundeslade ausspart (vgl. 1Kön 6,15 – 22),[17] so deshalb, weil es im zweiten und im Herodianischen Tempel weder eine Bundeslade noch die Keruben gab.[18] In Flav.Jos. *Bell.* V.219 berichtet Josephus, dass das Allerheiligste des Herodianischen Tempels keinerlei Gegenstände enthielt.[19]

4 Philos Deutung des Opferdienstes des Hohepriesters[20]

Das Herzstück des jüdischen Tempelkultes war das morgens und abends durch den Hohepriester dargebrachte Ständige- oder Tamidopfer.[21] Es bestand nach Ex 29,38 – 41 M/G jeweils aus dem Ganzopfer eines Schafes, dem am Morgen ein Speis- und Trankopfer und am Abend nur ein Trankopfer beigegeben wurde. Es wurde auf dem Brandopferaltar vor dem Tempelhaus dargebracht. Dieses zweimalige Opfer hatte nach Philos Überzeugung den Zweck, Gott für den Anbruch des Tages wie den der Nacht zu danken (*Her.* 174). Diesem Brandopfer ging jeweils eine vom Hohepriester hinter dem ersten Vorhang zum Heiligen auf dem dort aufgestellten vergoldeten, aus Akazienholz hergestellten Räucheraltar dargebrachte Räucherung als Duftopfer voraus. Dabei wies nach Philos Deutung das Gold darauf hin, dass die kleinste von einem frommen Mann dargebrachte Menge an Weihrauch in Gottes Augen kostbarer als tausend Schlachtopfer oder das Blut von Dankopfern sei. Daher gelte die Weihrauchspende als besonders ehrwürdig, sodass sie täglich am Anfang der Gott erwiesenen Ehren stünde. Symbolisch aber wiese sie darauf hin, dass es Gott nicht auf die Menge der Opfer, sondern auf die völlige Reinheit des denkenden Geistes des Opfernden ankomme (*Spec.* I.257–272).

Wenn der Hohepriester zu solchen Zwecken das Heilige oder gar das Allerheiligste betrat, musste er nach Ex 28,42–43 M / 28,38–39 G einen aus Leinen gefertigten Schurz, in der Tat wohl eine Art Unterhose, tragen. In *LA* II.55–56 hat Philo diese Kleiderordnung allegorisierend damit begründet, dass eine Gott lie-

---

17 Zur kosmischen Symbolik der Geräte des salomonischen Tempels vgl. Zwickel, *Tempel*, 154 – 156.

18 Zu Jahwe Zebaoth, dem Kerubenthroner, vgl. Metzger, *Königsthron*, 309 – 351 und zu Thron und Lade 352 – 365 und zur Kultsymbolik des Jerusalemer Tempels Janowski, *Kultsymbolik*, 207 – 243.

19 Nach der in 2Makk 2,4 – 8 überlieferten Legende sollte Jeremia die Stiftshütte, die Lade und den Räucheraltar in einer Höhle auf dem Berg Nebo bis zur Wiederherstellung Israels unauffindbar versteckt haben. Vgl. auch Klijn, *Baruch*, 126 – 127.

20 Zu den Hohepriestern des 1. Jhs. n.Chr. bis zur Zerstörung des Zweiten Tempels vgl. Schürer und Vermes, *History* II, 229 – 223.

21 Vgl. Haran, *Temples*, 207 – 210 und zum Rauchopfer im Tempel 241 – 245.

bende Seele sich innerlich ihres Leibes und aller ihm werten Dinge entkleide, um einen sicheren Standort im Bereich der vollkommenen Anordnungen der Tugend zu gewinnen. Entsprechend solle der Hohepriester am Großen Versöhnungstag das Allerheiligste ohne seine Robe betreten (Lev 16,1–4) und d. h. nach dem Ablegen aller Meinungen und seelischen Eindrücke sowie der Liebe und Wertschätzung äußerer Dinge das Blut seiner Seele ausgießen und als Rauchopfer seine ganze Gesinnung (νοῦς) Gott dem Retter und Wohltäter darbringen. Der Sache nach setzen all diese Vorsichtsmaßnahmen, mit denen der Hohepriester hinter dem Vorhang des Heiligen amtiert, die unsichtbare Gegenwart Gottes im Allerheiligsten, seine Schechina voraus.[22] Seine Heiligkeit verlangt, dass auch sein Volk heilig und d. h. kultisch rein sei (Lev 11,44–45).

Weiterhin hatte der Hohepriester Tag um Tag am Morgen die Lampen an dem goldenen Leuchter vorzubereiten, der eine mittlere und rechts und links je drei seitliche Lampen besaß (Ex 25,30–40 G): Er musste sie reinigen und mit Öl füllen, um sie dann abends erneut zu warten.[23] Nach *Her.* 221–225 sei der siebenarmige Leuchter ein Abbild der sieben Planeten, wobei die mittlere Lampe die Sonne repräsentiere, über der sich der Saturn, Jupiter und Mars und unter der sich der Merkur, die Venus und der Mond befinde, der an die Region der Luft grenze.[24] Mit dieser Dreiteilung der Lampen wiese der Leuchter auf die Dreiteilung der Seele hin, die nach *LA* III.115 und *Conf.* 21 aus einem vernünftigen, empfindenden und begehrenden Teil besteht.[25] Die Lampen des Leuchters sollten nach *Spec.* I.206–207 vom Abend bis zum Morgen und d. h. die ganze Nacht hindurch das Tageslicht vertreten und das Heiligtum erleuchten, sodass es nie im Dunkeln lag. Damit hätten sie dieselbe Aufgabe wie die Sterne nach Sonnenuntergang erfüllt, die dann ihr eigenes Licht erstrahlen ließen. Nach Flav.Jos. *Apion.* I.199 sollte das Licht des goldenen Leuchters allerdings auch am Tage nicht erlöschen. Auf Grund von Flav.Jos. *Ant.* III.199 lassen sich Philos Angaben dahingehend präzisieren, dass drei seiner Lampen zu Gottes Ehren den Tag über und alle zusammen während der

---

22 Vgl. dazu die Übersicht über die biblisch-frühjüdischen Schechina-Vorstellungen bei Popkes, *Vorstellungen*, 88–92 und zu den entsprechenden Motiven in der Tempelrolle 11QT 92–101, ferner die jüngeren Belege bei Jastrow, *Dictionary* II, 1573b.

23 Bei dieser Gelegenheit dürfte der Hohepriester auch die Schaubrote auf dem für sie bereit stehenden vergoldeten Tisch ausgewechselt haben, der sich außer dem Leuchter und dem Räucheraltar in der Tempelhalle befand (Ex 25,23–30 par 37,10–16). Der Tisch wurde nach Flav.Jos. *Bell.* VII.148–149 zusammen mit dem Leuchter und goldenen Bechern aus dem Heiligtum im Triumphzug des Kaisers Titus mitgeführt. Vgl. die Wiedergabe des siebenarmigen Leuchters auf dem Triumphbogen des Kaisers Titus bei Paul, *Rom*, Abb. 6.

24 Zum astronomischen Wissen der frühen römischen Kaiserzeit und speziell zu der Lehre von den Planeten vgl. Manil. *Astronomica* I.255–372.

25 Vgl. Kaiser, *Philo*, 197–202.

Nacht brennen sollten.[26] Kehren wir zu Philo zurück, so stellte der Glanz dieses hochheiligen Lichtes in der Nacht ein angemessenes Dankopfer dafür dar, dass wir nicht nur am Tag sondern auch während der Nacht Wohltaten in Gestalt des Schlafes erfahren, der den Leib von den Mühen des Tages entlaste und die Seele von Sorgen befreie (*Spec.* I.296 – 298).

Am Großen Versöhnungstag vollzog der Hohepriester erst die Sühnung seines Hauses und dann die des Heiligtums. Dabei ging er hinter den zweiten Vorhang in das leere Allerheiligste, in dem sich im Ersten Tempel unter den Flügeln vergoldeter Cheruben die Bundeslade mit dem Sühnemal befunden hatte (Ex 25,17 – 22). Dort versprengte er einige Tropfen des Blutes eines als Sündopfer geschlachteten Stieres als Sühnung für sich und sein Haus. Anschließend verfuhr er ebenso mit dem Blut des als Sündopfer für das Volk geschlachteten Bockes, um auf diese Weise den durch die Sünden des Volkes befleckten Tempel zu reinigen (Lev 16,11 – 16; vgl. Ex 30,10).[27] Philo erwähnt den doppelten Charakter dieses Tages als Festtag und als Tag der Reinigung und Abwendung von Sünden, für die von Gott Verzeihung gewährt wird (*Spec.* I.187).[28] Anschließend berichtet er, dass für dieses Fest ebenso viele Opfer vorgeschrieben waren wie für das Fest der Monatsweihe (Num 29,8), nämlich ein Jungstier, ein Widder und sieben Lämmer. Ihre Siebenzahl wiese auf das Ende und ihre Einzahl auf den Anfang des Schöpfungswerkes hin. Am Versöhnungstag aber würden (gemäß Lev 16,5) zwei Ziegenböcke und ein Widder dargebracht. Von ihnen würde der Widder als Ganzopfer verwendet, während über die beiden Böcke das Los geworfen würde: Der vom Los getroffene Bock würde als Opfer geschlachtet, der andere aber in die Wüste getrieben, nachdem der Fluch über die Sünder auf ihn übertragen war. Sie hätten sich ihrerseits durch Umkehr zum Besseren und auf diese Weise durch Frömmigkeit gereinigt (*Spec.* I.188).[29] Ob es Philo gelungen ist, die archaische, *ex opere operato* wirkende Rite und ihre ethische Deutung in einleuchtender Weise aufeinander abzustimmen, mag dahin gestellt bleiben.

Eine grundsätzliche Auskunft über die Opfer und die an die Gesinnung der Opfernden gestellten Ansprüche erteilt Philo in *Spec.* I.275 – 277: Was die Opfer an sich betreffe, so blicke Gott auf die Reinheit der Gesinnung des Opfernden (τὸ καθαρώτατον τοῦ θύοντος πνεῦμα λογικόν) und nicht auf die Zahl der von ihm dargebrachten Opfertiere (vgl. Ps 51,18 – 19).[30] So erkläre es sich, dass blutige Opfer

---

26 Vgl. Heinemann, *Philo Werke* 2, 93, Anm. 1.

27 Zur Komposition vgl. Elliger, *Leviticus*, 204 – 206.

28 Vgl. Kaiser, *Philo*, 222.

29 Zum Azazelritus vgl. Körting, *Schofar*, 172 – 179; zu seiner Aufnahme in 11QT 25,10b – 27,10 vgl. Körting, *Schofar*, 312 – 314.

30 Vgl. Zenger, *Psalmen* II, 337.

in der Frühe erst nach dem auf dem Räucheraltar dargebrachten Rauchopfer vollzogen werden durften, der hinter dem innersten Vorhang stand. Wenn aber ein frommer Mann ein kleines Stück Weihrauch als Dankopfer darbringe, sei es Gott willkommener als wenn ihm ein wertloser Mensch Tausende von Rindern opfere. Der absolut bedürfnislose Gott bedürfe nichts Erschaffenem. Als die stete Quelle der Weisheit, Gerechtigkeit und jeglicher Tugend wende er sein Antlitz von den Gaben der Ungerechten ab (*Spec.* I.275–277).

5 Die Dienstkleidung der einfachen Priester

Ehe wir uns der Bekleidung des Hohepriesters zuwenden, müssen wir einen Blick auf die Dienstkleidung der einfachen Priester werfen, die wie die ganze Priesterschaft ohne körperlichen Makel sein müssen. Philo hält sich bei seiner Beschreibung in *Spec.* I.83 an die Angaben in Ex 28,40–42 M / 28,38–39 G: Entsprechend besteht sie aus einer (in *Spec.* I.83 nicht erwähnten) Kopfbinde, einem leinenen Hemd (χιτών) samt Gürtel, nicht zu vergessen die aus demselben Gewebe hergestellte Unterhose (περίζωμα)[31] zur Bedeckung der Schamteile. Sie sollte es ermöglichen, dass die Priester beim Herbeischaffen der Opfertiere, Votivgaben, Trankopfer und dem sonstigen Bedarf und zumal bei der Darbringung der Opfer angemessen bekleidet und beweglich waren (*Spec.* I.80–83).[32]

6 Die Dienstkleidung des Hohepriesters als Hinweis auf seinen Dienst an Israel und der ganzen Welt

Wenn wir uns der Bekleidung des Hohepriesters beim Vollzug seiner Kulthandlungen und der ihr von Philo zugemessenen kosmischen Bedeutung zuwenden, haben wir die Auswahl zwischen seinen Berichten in *Somn.* I.213–223, *Mos.* II.109–130 und *Spec.* I.66–97. Wir halten uns dabei vor allem an seine Darstellung in *Spec.* I, um andere Berichte nur ergänzend heranzuziehen. Dabei beschränken wir uns im vorliegenden Zusammenhang auf die Beschreibung des Heiligtums als der einzigen irdischen Stätte der kultischen Verehrung des einzigen und wahren Gottes, die Bekleidung der Priester, die dem Hohepriester vor jeder seiner kulti-

---

31 Vgl. Liddell und Scott, *Lexicon*, 759a s.v. „ζῶμα". Auch die Übersetzung mit „Schurz" wäre möglich.
32 Vgl. Haran, *Temples*, 169–170.

schen Handlungen auferlegte Reinigung und sein Ornat als einem Abbild des Weltalls und seine Aufgabe, zwischen Gott und der irdischen Welt zu vermitteln.

Dieser kosmischen Bedeutung des hohepriesterlichen Opferdienstes entsprach nach *Spec.* II.162–163 auch die Darbringung einer Garbe, die am zweiten Tag des Mazzotfestes als Erstlingsgabe sowohl für das von dem jüdischen Volk bewohnte Land als auch für die ganze Erde dargebracht wurde. Denn das, was für einen Staat der Priester, sei das jüdische Volk für die ganze bewohnte Erde. Es nehme dank seiner Reinigung und Weihung durch die Anweisungen des göttlichen Gesetzes gleichsam einen Priesterrang ein, wobei es anders als die Völker allein dem höchsten Gott diene.

7 Der Ornat des Hohepriesters nach Ex 28,4 – 5

Nach den Angaben in Ex 28,4 M bestand das Gewand Aarons als des Urbildes der Hohepriester 1.) aus der Lostasche (*ḥošæn*), 2.) dem Efod, ursprünglich einem Lendenschurz, inzwischen eher einer Schärpe, 3.) dem Obergewand (*meʿîl*), 4.) dem Leibrock aus gewirktem Stoff (*kᵉtonæt*), 5.) dem Turban (*miṣnæpæt*) und 6.) dem Gürtel (*'abnēṭ*). Dem entsprechen bei Ex 28,4 G 1.) das Brustband (als Nachfolger des königlichen Pektorals),[33] 2.) das Schultergewand, 3.) das bis zu den Füßen reichende Gewand, 4.) das mit Troddeln besetzte Hemd, 5.) die Kopfbedeckung und 6.) der Gürtel.[34]

8 Die Reinigung des Hohepriesters

Doch ehe wir uns Philos Beschreibung und Auslegung des Ornats des Hohepriesters zuwenden, sei die Notiz in *Somn.* I.213 eingeschaltet, dass jener sich vor jeder seiner kultischen Handlungen dem Befehl der heiligen Schrift gemäß mit Wasser und Asche besprengen sollte, um sich auf diese Weise wie Abraham in Gen 18,27 vor Gott als Staub und Asche zu demütigen:[35] Diese Rite solle den Hohepriester vor seinem feierlichen Opfern daran erinnern, dass er selbst wie jedermann ein sterblicher Mensch sei.

---

33 Vgl. Scharbert, *Exodus*, 110–111, Anm. zu Ex 28,15–30.
34 Vgl. Haran, *Temples*, 166–169.
35 Nach der Erläuterung von Adler, *Philo Werke* 6, 216, Anm.1 zieht Philo hier Ex 29,4, wo die Reinigung mit Wasser geboten wird, und den Befehl in Num 19,9, das Besprengungswasser mit der Asche einer roten Kuh zu vermischen, zusammen; vgl. auch *Spec.* I.264, wonach diese Besprengung die Betroffenen daran erinnern soll, dass sie nichts als Erde und Wasser sind.

9 Das Gewand des Hohepriesters beim Dienst im Allerheiligsten[36]

Was nun die Bekleidung des Hohepriesters betrifft (*Spec.* I.84 – 97), so ist zwischen seiner aus Leinen hergestellten Grundbekleidung und seinem festlichen Ornat zu unterscheiden. Das aus Leinen gefertigte Gewand trug er nach *Spec.* I.84 bei der Darbringung der Räucheropfer auf dem goldenen Räucheraltar im Allerheiligsten. Es entsprach dem der einfachen Priester, wie sie in *Spec.* I.83 beschrieben ist.[37] Auch das Allerheiligste des Tempels durfte der Hohepriester nach *Spec.* I.84 nur in einem solchen betreten, weil sein Mantel aus von sterblichen Tieren stammender Wolle hergestellt wurde, der daher die heilige Stätte verunreinigt hätte (vgl. auch *Somn.* I.216). Das leinene Gewand galt dagegen als besonders rein, weil es von keinem sterblichen (d. h. tierischen) Wesen stammte, leuchtete und gleichsam unzerstörbar war (*Somn.* I.217). Nach *Somn.* I.218 deute das Leinengewand 1.) an, dass unter denen, die IHM[38] in vollkommener Reinheit dienen, niemand ist, der nicht von fester Gesinnung erfüllt die menschlichen Vorhaben verachtet, die uns verlocken, verderben und schwächen, während es 2.) daran erinnere, dass wer nach Unvergänglichkeit strebe, alle unwesentlichen Ziele der Sterblichen verlache, und er schließlich 3.) durch den wolkenlosen Glanz der Wahrheit erleuchtet, nicht länger falschen Meinungen anhinge, die der Finsternis lieb seien.

10 Die kosmische Bedeutung des hohepriesterlichen Ornats

Bei der Wahrnehmung seiner anderen kultischen Pflichten trug der Hohepriester eine bunt zusammengesetzte Gewandung, die nach Philos Deutung gleichsam ein getreues Abbild des Weltalls darstellt: Sie bestand nach *Spec.* I.85 – 86 aus einem violetten kreisförmigen Kleid oder Mantel (ἔνδυμα), das bis zu den Füßen reicht. Nach *Mos.* II.110 war es an seinem unteren Rand mit goldenen Granatäpfeln, Glocken und Blüten besetzt (vgl. auch Ex 28,29 – 30 G bzw. 33 – 35 M). Nach *Spec.* I.85 repräsentierte der Mantel die Luft, die sich von unterhalb des Mondes bis in die Höhlen der Erde erstreckt.[39] Außerdem erwähnt Philo noch die gewirkte Brustplatte (d. h. das einstige Efod *Mos.* II.111), die offensichtlich von zwei mit je einem runden Smaragd geschmückten Schulterbändern getragen wurde. Dabei würden die beiden Steine die oberirdischen und unterirdischen Halbkugeln des

---

36 Zu Philos Auslegung von Ex 25,40 in *LA* III.95 – 102 vgl. Gäbel, *Kulttheologie*, 120 – 122.
37 Vgl. Haran, *Temples*, 169 – 170.
38 Der Text bietet τὸ ὄν (das Sein), gemeint ist wohl ὁ ὤν (der Seiende) Ex 3,14 G.
39 Vgl. Manil. *Astronomica* I.159 – 172.

Himmels repräsentieren (*Spec.* I.86). Für Philo lag die Erde mithin im Mittelpunkt der irdischen Welt. Auf der „Brustplatte" selbst seien in vier Reihen je drei Steine angeordnet und nach dem Vorbild des Tierkreises geformt, der aus zwölf Bildern besteht[40] und den Wechsel der vier Jahreszeiten andeutet (*Spec.* I.87; vgl. *Mos.* II.133). Vergewissert man sich in Ex 28,17–21, so sollten in diese zwölf Steine allerdings die Namen der zwölf Stämme eingraviert werden.

Dieses ganze Gebilde bezeichnet Philo als „Logeion", als Stätte der Vernunft,[41] weil am Himmel alles nach vernünftigen und proportionalen Regeln geordnet sei (*Spec.* I.88; vgl. auch *Somn.* I.214; *Mos.* II.112). Vermutlich handelt es sich bei dem über dem Logeion befindlichen bunten Gewebe um die ehemalige Orakeltasche mit den beiden Lossteinen *Urim* und *Tummim* (Ex 28,30 M), die G mit „Offenbarung" (δήλωσις) und „Wahrheit" (ἀλήθεια) übersetzte und die nun auf eine Stickerei reduziert zu sein scheinen. Durch „Wahrheit" deute der Gesetzgeber nach Philos Erläuterung an, dass die Lüge den Himmelsraum nicht betreten dürfe, sondern auf die irdischen Regionen verbannt sei, während „Offenbarung" darauf hinweise, dass wir ohne himmlische Wesen die irdischen Vorgänge nicht durchschauten. Als Beispiele dafür führt er u. a. an, dass wir ohne das Licht der Sonne die Eigenschaften der Körper nicht erkennen könnten und es ohne die Gestirne keinerlei Zeitrechnung und keinerlei Vorzeichen für alles irdische Geschehen gebe (*Spec.* I.89–92).

Nach *Mos.* II.114–116 befand sich auf dem am Turban befestigten Stirnband (*Mos.* II.132) des Hohepriesters eine goldene Platte, in die die vier Buchstaben des unaussprechlichen Gottesnamens (JHWH) eingeritzt waren (vgl. Ex 28,32–34 G bzw. 36–38 M), der damit auf das Geheimnis der Zahl Vier hinwiese, die alle geometrischen Verhältnisse bestimme, die aus einem Punkt, einer Linie, einer Oberfläche und einem Körper bestünden. Sie kehre auch in der Musik wieder, wo die Verhältnisse vier zu drei, drei zu zwei, zwei zu eins und vier zu eins alle Intervalle bestimme. Nach Ex 28,32 G und *Migr.* 102 lautete die Inschrift „ἁγίασμα Κυρίου", „Geheiligtes für den Herrn", während sie nach Ex 28,36 M „dem Herrn heilig" lautete. Nach Flav.Jos. *Bell.* V.235 trug die Tiara des Hohepriesters eine goldene Platte mit den heiligen vier Buchstaben, die er nachholend als vier Vokale bezeichnete. Möglicher Weise dachte Josephus dabei an die griechische Namensform Ἰαυε.[42]

---

40 Vgl. Manil. *Astronomica* I. 666–680.
41 Vgl. auch *Mos.* II.112–113.
42 Vgl. Thackeray, *Josephus* 3, 273, Anm. j.

In *Migr.* 102 führt Philo den Hohepriester als den Repräsentanten des „Logos" ein.[43] Als Zeugnisse dafür erinnert er daran, dass seine Kräfte teils dem Bereich der intellektuellen und teils dem der sinnlichen Vermögen angehörten. Da die Behandlung des ganzen Ornats den vorliegenden Zusammenhang überstiege, wolle er sich nur auf die der beiden extrem einander gegenüberstehenden Körperteile, die des Kopfes und der Füße beschränken. Entsprechend berichtet er, dass sich auf dem Kopf eine goldene Platte mit der Inschrift „ἁγίασμα Κυρίου", „Geheiligtes für den Herrn", befände, um dann die am unteren Ende des Gewandes befestigten Glocken und Blumen zu erwähnen. Hier deutet er die Inschrift an dem Kopfbund des Hohepriesters durchaus textgemäß. Und so stellt sich die Frage, ob er in *Mos.* II.114–116 die Inschrift nicht lediglich selektiv und dem Kontext gemäß auf den Gottesnamen beschränkt hat. Dass er die vollständige Inschrift in *Migr.* 102–104 auf Gott als das Urprinzip bezieht, nach dem Gott erst das körperlose All erschuf, das wir nur mittels des Intellekts erkennen können,[44] und die Glocken als Symbole der durch die Sinne erfassten Qualitäten, sei immerhin vermerkt.

Weiterhin deutet Philo auch die am Mantel des Hohepriesters hängenden goldenen Granatäpfel, Blüten und Schellen symbolisch: So verwiesen die Blüten auf die Erde, die Granatäpfel auf das Wasser und die Glocken auf die Harmonie und Eintracht (ἁρμονία καὶ συμφωνία), die zwischen allen Teilen des Universums bestünde (*Spec.* I.93–94; *Mos.* II.120.133). So stelle der Ornat des Hohepriesters ein bewundernswertes Abbild des Alls dar, das Auge und Sinne erfreue (*Spec.* I.95).[45]

Anschließend weist Philo diesem Ornat eine dreifache Bedeutung zu: 1.) solle der Hohepriester mit ihm ein sichtbares Abbild des Alls an sich tragen und daher ein der Allnatur würdiges Leben führen; 2.) solle sich auf diese Weise der ganze Kosmos an seinem heiligen Dienst beteiligen und 3.) wiese es daraufhin, dass der jüdische Hohepriester seine Opfer anders als die Priester anderer Völker darbringe. Denn während diese bei ihren Gebeten und Opfern nur ihre Freunde, Angehörigen und Mitbürger im Auge hätten, bringe jener seine Opfer nicht nur für das ganze Menschengeschlecht,[46] sondern auch für die vier Elemente Erde,

---

43 Zum Logos als dem erstgeborenen Sohn Gottes und Lenker der Welt vgl. *Agr.* 51; dazu Runia, *Philo Timaeus*, 242 und zu seiner Mittlerrolle zwischen Gott und den Menschen vgl. Plat. *Tim.* 37b mit *Conf.* 146–147 und zu den unaufgelösten Spannungen zwischen beiden Konzepten Morris, *Jewish Philosopher*, 884 und Termini, *Potenze*, 122–123.

44 Vgl. *Opif.* 16–18 und dazu Runia, *Philo Timaeus*, 158–171.

45 Nach Jeremias, *Jerusalem*, 167–168 besaßen nach dem Midrasch zum Hohenlied 4.7 zu 4,2 die hier benannten acht Teile des hohepriesterlichen Ornats Sühnekraft. Nach Einzelangaben in anderen rabbinischen Traktaten sühnte der Turban Hochmut und das Golddiadem Unreinheit des Opferblutes und der Person des Opfernden.

46 Vgl. auch *Spec.* I.168.190; *Spec.* II.149 und *Mos.* I.149.

Wasser, Luft und Feuer[47] und damit den ganzen Kosmos dar, weil er die ganze Welt als sein Vaterland betrachte (*Spec.* I.95–97). Entsprechend konnte Philo in *Mos.* II.131–132 erklären, dass der vom Hohepriester getragene Turban ihn, sowie er seines Amtes walte, über die Träger von Kronen erhöbe, zumal sich auf seinem Turban eine goldene Tafel mit dem unaussprechlichen Namen des Selbst-Existierenden befinde (vgl. Ex 3,14 G). „Denn es ist Seine Güte und die Kraft Seines Erbarmens, die alle Dinge umfängt." (*Mos.* II.132) So zöge zusammen mit dem seine heiligen Pflichten erfüllenden Hohepriester jeweils der ganze Kosmos in das Tempelhaus ein, wobei sein Mantel die Luft, die Granatäpfel das Wasser, die Blumen die Erde, das Efod (die Brustplatte) den Himmel, die Edelsteine auf dem Träger die beiden Hemisphären und die zwölf Steine der Brustplatte den himmlischen Tierkreis vergegenwärtigten, während das Logeion alle Dinge zusammenhalte und regiere (*Mos.* II.132–133).

11 Der Tempel in Jerusalem als das eine, dem himmlischen entsprechende irdische Heiligtum[48]

Auf diese kosmische Dimension wird der Leser schon durch den ersten Abschnitt in *Spec.* I.66 eingestimmt, in dem Philo dem Weltall als dem wahren Heiligtum Gottes das eine irdische an die Seite stellt, in dem allein dem einen Gott geopfert werden dürfe.[49] Als „das höchste und wahre Heiligtum Gottes" (*Spec.* I.66) sei jedoch die ganze Welt zu betrachten, während der Himmel sein Allerheiligstes sei, in dem die Sterne seine Weihgeschenke und die Engel als körperlose Geistwesen seine Priester seien.[50]

Will man genauer erkennen, in welches Verhältnis Philo das himmlische Urbild mit seinem irdischem Abbild setzt, muss man sich an *Mos.* II.71–74 halten: Hier berichtet Philo, dass Moses, als er auf dem Berg in die Geheimnisse des priesterlichen Dienstes und den Bau und die Einrichtung des Heiligtums eingeweiht wurde, mit dem Auge der Seele dessen unkörperliche Formen (ἰδέας) geschaut hätte, die er in sinnliche Vorstellungen umsetzen musste.[51] Das irdische

---

47 Zur Symbolisierung der Elemente durch den Ornat des Hohepriesters vgl. Heinemann, *Philo Werke* 2, 38, Anm. 2 mit *Mos.* II.133; *Fug.* 110 und Flav.Jos. *Ant.* III.183 bzw. durch die Farben des Teppichs vor dem Eingangstor zum Tempelhaus Flav.Jos. *Bell.* V.212–213.
48 Zum Herodianischen Tempel vgl. Zwickel, *Tempel*, 807–809.
49 Vgl. Leonhardt-Balzer, *Worship*, 218 und Kaiser, *Philo*, 189.
50 Vgl. *Sacr.* 5; *Gig.* 6–8.16; *Agr.* 14; *Conf.* 174; *Somn.* I.141, *Abr.* 115; *Spec.* I.66 und dazu Kaiser, *Philo*, 186–189.
51 Vgl. Gäbel, *Kulttheologie*, 120–126.

Heiligtum sei mithin nicht in dem Sinn ein Abbild des himmlischen, dass es dieses als ein Bauwerk spiegele, sondern es entspräche in seiner Funktion dem Kosmos als dem wahren Heiligtum Gottes.[52] In diesem Sinn erklärt Philo in *QE* II.52 die Belegstelle Ex 25,9 G (25,8 M) dahingehend, dass „jede sinnlich-wahrnehmbare Ähnlichkeit ihren Ursprung in einem intelligiblen Muster [pattern] in der Natur" besitze. Erinnert sich der heutige Leser an Goethes „Alles Vergängliche ist nur ein Gleichnis"[53], so fällt es ihm vielleicht leichter, Philos Gedanken über das Verhältnis zwischen himmlischer Idee und irdischer Wirklichkeit nachzuvollziehen (vgl. *Opif.* 16 – 18).[54]

Diesem kosmischen Tempel Gottes entspreche auf der Erde das eine von Menschenhand gebaute Heiligtum, zu dem sich die Menschen von den Enden der Erde her aufmachen müssen.[55] Das habe zur Folge, dass nur solche, die Gott ihr Opfer reinen Sinnes darbringen wollten, bereit seien, die damit verbundenen Strapazen auf sich zu nehmen (*Spec.* I.67– 68). In der Tat strömten nach Philos Erfahrung viele Tausende aus vielen tausend Städten aus allen Himmelsrichtungen zu den an diesem Heiligtum begangenen Festen „wie zu einer gemeinsamen Zuflucht und einer sicheren Herberge aus einem viel geschäftigen und überaus verworrenen Leben" (*Somn.* I.69). Hier konnten sie sich für wenige Tage in Frömmigkeit und Gottesverehrung im Verkehr mit Gleichgesinnten erholen, dabei mit ihnen bis dahin Unbekannten Freundschaft schließen und durch gemeinsam dargebrachte Opfer ihre Herzen in unzerbrechlicher Treue und Eintracht miteinander verbinden (*Spec.* I.69 – 70).

Dann beschreibt Philo in *Spec.* I.71– 78 den Jerusalemer Tempel mit seinen Vorhöfen und Säulenhallen so, wie er ihn von seinem Besuch (oder wohl eher seinen Besuchen) der Heiligen Stadt in Erinnerung hatte (vgl. *Prov.* II.107): Es ist der prachtvolle Tempel, den Herodes der Große zwischen 20 und 11/9 v. Chr. erbaut hatte[56] und zu dessen Verschönerung Philos Bruder Alexander durch die Stiftung goldener und silberner Beschläge seiner Tore beigetragen hatte (Flav.Jos. *Bell.* V.201– 206). Philos Beschreibung der Lage des Tempels dürfte von Westen her erfolgt sein und nicht aus der Nahperspektive eines von Osten durch das Kidrontal kommenden Pilgers (*Spec.* I.73): „Doch obwohl das Heiligtum auf einem niedrigen

---

52 Vgl. auch *Somn.* I.214 – 215 und dazu Leonhardt-Balzer, *Vorstellungen*, 111 – 114 und zur Sache auch Kaiser, *Philo,* 189.

53 Goethe, *Faust* 2, V. 12104 – 05.

54 Vgl. Runia, *Philo Timaeus*, 158 – 160; ders., *Creation*, 137 – 141 und Kaiser, *Philo*, 167 – 177.

55 Vgl. Jeremias, *Jerusalem* I, 86 – 98.

56 Vgl. Flav.Jos. *Bell.* V.184 – 227; *Ant.* XV.380 – 425; Günther, *Herodes*, 209 – 213 und knapp Bloehdorn, *Umgestaltung*, 120 – 121 sowie den Plan bei Netzer, *Paläste*, 163 und das Foto des Modells 168.

Hügel gelegen ist, ragt es mächtig hervor und bleibt hinter keinem der höchsten Berge zurück. Die herrliche Ausstattung der Gebäude ist weithin sichtbar und erregt das Staunen der Betrachter, zumal der aus der Ferne kommenden Fremden, die es mit anderen öffentlichen Gebäuden vergleichen und von seiner Pracht und Schönheit betroffen sind."

12 Der Tempel in Jerusalem als geistlicher Mittelpunkt der Welt

Kein Zweifel, Philo war davon überzeugt, dass der jüdische Tempel der geistliche Mittelpunkt der ganzen Welt ist und der jüdische Hohepriester zu ihrem Heil seines Amtes waltet.[57] Philo konnte diesen Gedanken auch auf das jüdische Volk als solches beziehen und erklären, dass Gott Israel das Amt des Priesters und Propheten für die ganze Schöpfung anvertraut habe (*Spec.* I.97; vgl. 168; *Spec.* II.162–163; *Spec.* III.131 und *Mos.* I.149).[58] Es nähme sein Amt wahr, indem es als ganzes die Reinigungsriten für Leib und Seele befolge und mithin die Freude an leiblichen Genüssen und zumal sexuellen Gelüsten meide (*Spec.* II.163).[59]

Mochten es vorerst gemessen an der ganzen Menschheit auch nur wenige sein, die sich als „Dazukommende" oder – wie wir heute zu sagen pflegen[60] – als Proselyten dem Judentum anschlössen, so würde sich der Ruhm der Tora doch unter den Völkern verbreiten, sowie die Hemmung in Gestalt der politischen Knechtschaft des Gottesvolkes nicht mehr bestünde: Wenn Gott sein Volk erlösen und in seinem Land versammeln würde (vgl. *QE* II.76), würden die Völker die Tora als ihre Lebensordnung übernehmen (*Mos.* II.44) und erkennen, dass der jüdische Hohepriester nicht allein für Israel, sondern für das ganze Menschengeschlecht bete und opfere (*Spec.* I.97; vgl. 168)[61] und das jüdische Volk für es eine Bedeutung wie die eines Priesters in einem Staat besäße (*Spec.* II.162). Weil die Tora das ähnlichste Abbild der Verfassung der Welt sei (*Mos.* II.51), hielt, wer sie befolge, zugleich die von Gott dem Kosmos als der Weltstadt (μεγαλόπολις) gegebene Ordnung (vgl. *Opif.* 19 und *Decal.* 53 mit *Spec.* I.34).[62]

---

57 Vgl. Werman, *God's House*, 309–320.
58 Vgl. Leonhardt-Balzer, *Worship*, 251 bzw. dies., *Vorstellungen*, 112.
59 Vgl. Leonhardt-Balzer, *Worship*, 259.
60 Vgl. zum Folgenden auch Kaiser, *Philo*, 256–258.
61 Vgl. Leonhardt-Balzer, *Worship*, 220.
62 Vgl. Kaiser, *Philo*, 256–258 und zum stoischen Hintergrund der Vorstellung der Kosmopolis z. B. Cic. *Rep.* III.33 (SVF III.325); Long und Sedley, *Philosophen*, 67 S und dazu Vogt, *Law*, 65–72.

13 Die Zerstörung Jerusalems im Jahr 70 n. Chr. und die Opfer des Jüdischen Krieges

Als Philo diese Sätze schrieb, war der von Herodes dem Großen in neuneinhalbjähriger Bauzeit vergrößerte und kostbar geschmückte Tempel bestenfalls ein halbes Jahrhundert alt.[63] Philo war überzeugt, dass er alle Zeiten überdauern und zum Zentrum für alle Völker der Welt werden sollte. Es blieb ihm erspart, die Kunde von seiner am Ende der Belagerung Jerusalems durch die Römer erfolgten Zerstörung im Jahre 70 n. Chr. und den unermesslichen Leiden seines Volkes zu vernehmen. Sie waren freilich abgesehen von den Verfolgungen der jüdischen Gemeinden in Damaskus und Alexandrien nicht durch Judenhass, sondern durch den fanatischen Willen der Zeloten verursacht, die den Aufstand gegen die Römer entfesselt und sich dann in inneren Kämpfen erschöpft hatten.[64] Nach Flav.Jos. *Bell.* VI.420 betrug die Zahl der während des von 66 bis 70 n. Chr. dauernden jüdischen Aufstands von den Römern gefangenen Juden 97.000, während bei der Belagerung 1.100.000 Menschen umgekommen seien, von denen der größte Teil aus Pilgern bestand, die zum Fest der ungesäuerten Brote (und d. h. des Passa) nach Jerusalem gekommen waren und dort durch den Ausbruch des Krieges festgehalten worden waren. Selbst wenn man die zuletzt genannte Zahl mit Tacitus *Hist.* V.13.3 auf 600.000 herabsetzt, ist sie noch immer schrecklich genug. Während die Alten und Schwachen, die in der Tempelstadt Zuflucht gesucht hatten, von den Eroberern erschlagen wurden, wurden die Jungen und auf ihrer Lebenshöhe stehenden Männer im Frauenhof des Tempels zusammen gezogen. Von ihnen wurden die Jüngsten und Schönsten für den Triumph aufgespart, während Titus von dem Rest alle, die älter als siebzehn Jahre waren, entweder in Ketten in die berüchtigten Bergwerke Ägyptens schickte[65] oder auf die Provinzen verteilte, in denen sie bei Gladiatorenspielen[66] und Tierkämpfen[67] ihr Leben verlieren sollten, während alle, die noch nicht 17 Jahre alt waren, in die Sklaverei verkauft wurden.

---

[63] Vgl. zu ihm Netzer, *Paläste*, 121–123 mit dem Plan 116 und dem Foto des Modells 122 und weiterhin Günther, *Herodes*, 209–213.
[64] Zum Zerfall der jüdischen Freiheitsbewegung der Zeloten während des jüdischen Krieges und ihrem Ende vgl. Hengel, *Zeloten*, 357–374.
[65] Vgl. dazu Rostovtzeff, *Wirtschaftsgeschichte* I, 232–233.
[66] Zum Ursprung der Gladiatorenkämpfe vgl. Wissowa, *Religion*, 466 und zum Verlauf der Kämpfe und der gesellschaftlichen Stellung der Gladiatoren vgl. Knapp, *Römer*, 298–325.
[67] Vgl. Cic. *Off.* II.55 und Tert. *Apol.* 40.2: „Si Tiberis ascendit in moenia, si Nilus non ascendit in arva, si caelum stetit, si terrra movit, si fames, si lues, statim: Christianos ad leonem (Wenn der Tiber die Mauern überflutet, wenn der Nil die Felder nicht überflutet, wenn der Himmel sich nicht rührt, wenn die Erde sich bewegt, wenn eine Hungersnot, wenn eine Seuche wütet. Gleich schreit man: ‚Die Christen vor den Löwen!')." (Übers. Becker, *Tertullian*, 189).

Während der vorläufigen Internierung im Frauenhof des Tempels starben darüber hinaus 11000 Menschen an Entkräftung (Flav.Jos. *Bell.* VI.414 – 419). Dazu kamen die Opfer der während des Krieges erfolgten antijüdischen Pogrome in Damaskus und in Ägypten, die nach Flav.Jos. *Bell.* VII.368 – 369 jeweils 18.000 bzw. mehr als 60.000 Juden das Leben kosteten.[68]

Seither sind ungezählte Leiden über das Volk Gottes gekommen, die in der Ermordung von Millionen jüdischer Bürger in dem von Hitler und seinen Schergen aus rassistischen Gründen verübten Holocaust ihren bisher schrecklichsten Höhepunkt gefunden hat. Auf die Frage, warum Gott diese und andere Gräuel zugelassen hat, die in den beiden Weltkriegen ihren bisherigen Höhepunkt gefunden haben, weiß der Verstand keine Antwort. Der Glaube überspringt den unendlichen Abstand und bekennt mit dem Beter des 73. Psalms (Ps 73,25 – 26):

> Wenn ich nur dich habe,
> so frage ich nichts nach Himmel und Erde.
> Wenn mir gleich Leib und Seele verschmachtet,
> so bist du doch, Gott, allezeit meines Herzens
> Trost und mein Teil.

---

68 Vgl. Kaiser, *Deutung Geschichte* (DCLY 2008), 467 – 470 (= BZAW 413, 189 – 191).

Das Gebet bei Philo von Alexandrien

1 Die Gebetszeiten des hellenistischen und talmudischen Judentums

Nach Dan 6,11 betete der zum Dienst am Hofe des Königs Nebukadnezar auserwählte jüdische Jüngling Daniel dreimal täglich kniend in seinem Obergemach an einem nach Jerusalem weisenden offenen Fenster zu seinem Gott. Dem entspricht die Nachricht im babylonischen Talmud, dass der tägliche Gottesdienst dreimal am Tage stattfand: In der Frühe als Morgengebet, am späten Nachmittag und kurz vor Einbruch der Nacht.[1] Diese drei Gebetszeiten wurden auch vom Urchristentum und vom Islam übernommen, wobei das mittlere Gebet zum Mittagsgebet geworden ist. Dagegen haben die Essener nach Philo *Cont.* 27 nur in der Morgenfrühe und am Abend gebetet, weil sie sich in der ganzen Zwischenzeit geistlichen Übungen in Gestalt allegorischer Schriftauslegungen hingaben (*Cont.* 28). Mithin ist damit zu rechnen, dass auch Philo diese Gebetszeiten eingehalten hat und er dabei das Buch der Psalmen benutzte.

Da sich nach seiner Überzeugung der Kosmos in Harmonie mit dem Nomos, der Tora, und umgekehrt der Nomos in der mit dem Kosmos befindet, sei der Mann, der die Tora befolge, zugleich ein Weltbürger, der sein Handeln nach dem Willen der Natur richte, nach dem der ganze Kosmos gelenkt würde (*Opif.* 1). Moses war für ihn als der Mittler dieser Tora zugleich der älteste Philosoph, von dem alle jüngeren Denker gelernt hätten.[2] Daher sah Philo seine Aufgabe in seinem *Allegorischen Kommentar* darin, den unterhalb des Wortlautes der erdichteten Erzählungen der Tora, die er als Mythen und d. h. erdichtete Erzählungen (Arist. *Poet.* 1450a 4) verstand, liegenden philosophischen Sinn zu erheben. Dafür bot sich ihm die damals in der stoischen Homerauslegung übliche und im alexandrinischen Judentum bereits von dem Verfasser des pseudepigraphischen *Aristeasbriefes* und von Aristoboulos in seinen König Ptolemaios IV. gewidmeten, in Fragen und Antworten bestehenden metaphorischen Auslegungen der Mosesbücher übernommene Auslegung des jüdischen Gesetzes an.[3] Dabei erweist er sich als Mittelplatoniker, indem er das Problem der Verbindung zwischen dem jenseitigen Gott und der irdischen Welt durch die

---

1 Vgl. Elbogen, *Gottesdienst*, 14–106.
2 Vgl. z. B. Chadwick, *Philo*, 139, Anm.5 und dazu *Spec.* IV.61, wo Philo erklärt, dass die griechischen Gesetzgeber von der Tora abhängig sind, und weiterhin z. B. *LA* I.108; *Her.* 214 bzw. *Prob.* 57, wo er es im Blick auf Heraklit bzw. den Stoiker Zenon behauptet; vgl. dazu auch Dillon, *Philo*, 223; Siegert, *Interpretation*, 162–189; Niehoff, *Jewish Exegesis*, 133–151 und Kaiser, *Philo*, 157–158.
3 Vgl. Siegert, *Interpretation*, 133–143.

DOI 10.1515/978-3-11-049265-1-006

Einführung des Logos als Mittler zu lösen versuchte.[4] Unter diesen Voraussetzungen hat Philo die Methode in seinen exegetischen Schriften zunächst in den *Quaestiones et Solutiones in Genesim et in Exodum* (Texte aus Gen 2,4–Ex 28,34)[5] und dann in seiner allegorischen Auslegung von Gen 2,1–41,7 angewandt. Einer Zwischenperiode dürften außer dem wohl vielschichtigen, der Erklärung von Gen 1 gewidmeten Werk *De opificio mundi*[6] vermutlich seine Schriften *Contra Flaccum, De legatione ad Gaium* und die apologetischen *Hypothetica* (*Apologia pro Judaeis*) angehören. Die Schriften der dritten und letzten Epoche zeichnen sich dadurch aus, dass Philo in ihnen zwischen dem Wortsinn der Texte und ihrer allegorischen Auslegung unterscheidet. Von ihnen seien hier nur seine Auslegung des Dekalogs (*De decalogo*) und der speziellen Gesetze I–IV (*De specialibus legibus*) hervorgehoben.[7]

Aus der grundlegenden Voraussetzung, dass die Tora mit dem Gesetz des Kosmos identisch sei, ergab sich für Philo als logische Folgerung nicht nur ihre ewige Gültigkeit (*Mos.* II.14), sondern auch die Gewissheit, dass sie schließlich von allen Völkern angenommen würde, weil sie angesichts des Glanzes ihrer Lauterkeit und des auf ihrer Befolgung beruhenden Wohlergehens freiwillig ihre überkommenen väterlichen Gesetze preisgeben und das durch Moses offenbarte Gesetz befolgen würden (*Mos.* II.43–44).[8] Die Voraussetzung für die Erreichung dieses Zieles in der westlichen Hemisphäre bildete nach Philos Überzeugung die Septuaginta, die er als den für die Griechisch sprechende Welt maßgeblichen inspirierten Bibeltext betrachtete (*Mos.* II.26–27).[9]

2 Die im Folgenden eingeschlagene kontextuelle Methode zur Erschließung seiner Auslegung der Psalmen

Da Philo keine Abhandlung über das Gebet hinterlassen hat, können wir uns dem Thema nähern, indem wir entweder seinen einschlägigen Wortschatz oder die von ihm in seine Schriften eingeflochtene Auslegung einzelner Verse von Psalmen oder anderen biblischen Gebeten untersuchen. Da die Untersuchung der Fülle der Belege

---

4 Vgl. Kaiser, *Philo*, 167–177.
5 Vgl. Siegert, *Interpretation*, 154–162 und 177–178 und Niehoff, *Jewish Exegesis*, 38–74 und 152–168.
6 Vgl. Burkert, *Mythos*, 3–41, bes.13.
7 Vgl. dazu ausführlich Kaiser, *Philo*, 30–40.
8 Vgl. Kaiser, *Philo*, 223 und 263–264.
9 Vgl. seine Wiedergabe der Septuagintalegende *Mos.* II.25–40 und dazu Borgen, *Philo*, 140–143.

für die Terminologie des Betens den vorliegenden Rahmen sprengen würde,[10] müssen wir uns für die zweite Möglichkeit entscheiden, ausgewählte Texte vorzustellen, in denen er Psalmen oder andere biblische Gebete zitiert. Das soll in den folgenden drei Schritten geschehen: 1.) stellen wir seine Zitate aus den Psalmen in ihrem unmittelbaren Kontext vor; 2.) ordnen wir ausgewählte Beispiele in den größeren Zusammenhang seiner jeweiligen Schriften ein, um der Leserschaft einen Eindruck seines Denkens zu geben und 3.) werden zur Abrundung der erzielten Einsichten zwei generelle Äußerungen über die Fürbitte und die Kraft des Gebets aus den *QG* vorgestellt.

---

10 Am häufigsten von den einschlägigen Worten begegnet 111mal in seinen Schriften das Wort εὐχή, Bitte, Gebet, Wunsch sowie 110mal das entsprechende Verb εὔχομαι, dessen Bedeutung vom „sich rühmen" über das „Beteuern" und „Wünschen" bis zum „Bitten" und „Beten" reicht. Seltener sind die verstärkenden Bildungen προσευχή „Anrufung" (19mal) und προσεύχομαι „anrufen" (4mal) belegt. Dagegen ist nur einmal nominal von der fußfälligen Verehrung, der προσκύνησις, aber 35mal von ihrem Vollzug, προσκυνέω, die Rede. Auffallender Weise begegnet das Verb δέομαι („bitten, beten") überhaupt nicht, während das Nomen δέησις („Bitte, Gebet, Bedürfnis") immerhin achtmal belegt ist. Dagegen erscheint das den Vorgang des Bittens verstärkend zum Ausdruck bringende „flehen" (ἱκετεύω) 34mal, das dazu gehörige Nomen ἱκετεία jedoch nur fünfmal. Vom Lob, ἔπαινος, ist 82mal die Rede, wobei die Nebenform ἐπαίνεσις nur einmal erscheint. Wie nicht anders zu erwarten, ist das entsprechende Verb ἐπαινέω häufiger, nämlich 64mal belegt. Das dazugehörige Adjektiv ἐπαινετός, das eine Person oder ihr Verhalten als gelobt oder lobenswert bezeichnet, begegnet 66mal. Dass daneben auch 1mal vom Lobredner, vom ἐπαινετής die Rede ist, sei der Vollständigkeit halber erwähnt. Das Wort ὕμνος („Loblied") ist 52mal belegt, das dazu gehörige Verb ὑμνέω 25mal, der Lobgesang, ὑμνῳδία, immerhin fünfmal und der Hymnensänger, ὑμνῳδός, zweimal. Da Lob und Dank zusammengehören, überrascht es nicht, dass das mehrdeutige Wort χάρις, dessen Bedeutung von der Anmut über die Hulderweisung oder Gnade bis zum Dank oder der Dankbarkeit reicht, 305mal belegt ist, während das entsprechende Verb χαρίζομαι, das zur Bezeichnung einer positiven Handlung dient und eine Bedeutungsspanne vom „Erweisen einer Gnade" oder „Huld" und einem „freundlichen Entgegenkommen" bis zum „Vergeben" und „Verzeihen" umfasst, 108mal in seinen Werken erscheint. Auffallend ist dagegen, dass von der Klage oder dem Klagelied, θρῆνος, (neunmal), dem Vorgang des Klagens, dem θρηνέω (dreimal), dem beklagenswerten Zustand, θρηνώδης, einmal oder dem verstärkenden Jammern, ὀδύρομαι, ebenfalls nur einmal die Rede ist. Vielleicht darf man aus diesem Befund den Rückschluss ziehen, dass es Philo zumal um die positive Beziehung zwischen Gott und Israel bzw. Gott und Mensch gegangen ist, die durch ein tugendhaftes, den Weisungen der Tora folgendes Leben hergestellt und durch ein lasterhaftes Leben zerstört wird. So wird es verständlich, dass Philo auf eine systematische Auslegung der Vorderen und Hinteren Propheten und der anderen Schriften verzichtet hat.

2.1 Philos Psalmenzitate

Philos Vertrautheit mit den Psalmen zeigt sich in der Fülle seiner ihnen ent-
nommenen Zitate: Nach kritischer Überprüfung des von J.W. Earp[11] gebotenen
Kataloges werden Ps 22 (M 23),1 in *Agr.* 50 – 51; Ps 26 (M 27),1 in *Somn.* I.75; Ps 30 (M
31),19 in *Conf.* 39; Ps 36 (M 37),11b in *Plant.* 39; Ps 45 (M 46),5 in *Somn.* II.246; Ps 61
(M 62),12b in *Deus* 82; Ps 64 (M 65),10c in *Somn.* II.245; Ps 74 (M 75),9 in *Deus* 77; Ps
90 (M 91),11–12 in *Deus* 182; Ps 93 (M 94),9 in *Plant.* 29; Ps 100 (M 101),1a in *Deus* 74;
Ps 113 (M 114),12–15 in *Decal.* 73–74 und Ps 113 (M 114),25 in *Fug.* 59 zitiert.

2.2 Die kontextuelle Deutung der Psalmenzitate

2.2.1 Ps 22,1 G in *Agr.* 49–54.
Bei seinen beiden Schriften *De agricultura* (Über den Landbau) und *De plantatione
Noe* (Über die Pflanzung Noahs) handelt es sich um eine Auslegung von Gen 9,20 –
21, die erst nachträglich in zwei Schriften aufgeteilt worden ist. In *Agr.* behandelt
Philo im ersten Teil den Begriff der Landwirtschaft, bei dem zwischen dem
Landbau im wörtlichen und im übertragenen Sinn zu unterscheiden sei (*Agr.* 1–
123). Dann folgt im zweiten Teil eine Untersuchung über den Anfang in der Tu-
gendhaftigkeit, die in drei Abschnitte gegliedert ist: Im ersten wird die biblische
Lehre von den erlaubten und verbotenen Opfertieren allegorisch mit den so-
phistischen Unterscheidungen der Aussageformen verglichen und bestritten, dass
diese den Menschen zur Tugend führen können (*Agr.* 124–145). Im zweiten werden
die Gesetze über die Befreiung vom Kriegsdienst in Dtn 20,5–8 allegorisch dahingehend ausgelegt, dass es in ihnen nicht nur um den Erwerb, sondern auch um
den Genuss der vollen Seligkeit der Tugend gehe (*Agr.* 146–168). Der dritte und
letzte Abschnitt setzt mit einer allegorischen Auslegung von Dtn 22,8 und 8,18 ein
und leitet aus beiden die Warnung ab, sich selbst als den Herrn der Tugend zu
betrachten. Stattdessen gelte es, sich vor absichtlichen Sünden zu hüten und
dessen eingedenk zu bleiben, dass Gott dem Menschen nur selten ein ganzes
Leben ohne Straucheln und Fallen verleihe. So habe auch Noah zwar begonnen,
ein Landwirt zu werden, aber die volle Kunst nicht erreicht (*Agr.* 169–181).

Da die Auslegung von Ps 22 G in den ersten Teil der Rede integriert ist, muss sein
Gedankengang genauer vorgestellt werden: Philo bestimmt zunächst den Unterschied
zwischen dem Landbau im wörtlichen und im übertragenen Sinn dahingehend, dass
es sich im wörtlichen um die Kunst des Ackerbaus im Gegensatz zu dem gewöhnli-

11 Vgl. Earp, *Philo* 10, 261–262.

chen, allein auf eine gute Ernte abzielenden Tun des Landmanns handle (*Agr.* 1–7). In der übertragenen Bedeutung gehe es dagegen um die Kunst, dank der die Seele durch Klugheit (φρόνησις) und Selbstbeherrschung (σωφροσύνη) die Leidenschaften (πάθα) und Laster (κακία) zu beherrschen vermag,[12] worauf sie durch die dialektische, mathematische und physikalische Schulung vorbereitet würde.[13] Auf diese Weise würden die sich selbst überlassenen zerstörerischen Leidenschaften gleichsam zu Pfählen, um das eigene Lager zu verteidigen (*Agr.* 8–19).[14] Daher stellt Philo Noah als den wahren Gärtner Kain als dem Bearbeiter der Erde gegenüber, dem es statt um den Erwerb der Tugend um den der Lust gegangen sei (*Agr.* 20–25). Diesem Gegensatz entspreche der andere zwischen dem Hirten und dem Viehhalter, wenn man unter dem κτηνότροφος, dem Tierhalter, einen schlechten und unter dem guten einen Hirten (ποιμήν) verstehe. Entsprechend ließen sich die irrationalen Seiten des Menschen in Gestalt seiner fünf Sinne und seiner Zeugungsorgane mit dem Vieh vergleichen, die der Lenkung durch den νοῦς, die Vernunft, unterworfen werden müssen, weil sie sich selbst überlassen nach nichts anderem als der Erfüllung ihrer Gelüste trachten. Wer sie nicht unter seine Herrschaft bringt, gleiche dem Tierhalter, während der Hirte dafür sorge, dass die sinnlichen Begierden nur im nötigen Maße befriedigt würden, sodass sich seine Herde nicht zerstreute. So zeichne sich das Verhalten der Hirten dadurch aus, dass sie das Unangenehme, aber Wohltuende, dem Angenehmen aber Schädlichen vorzögen. Eben deshalb könnten auch die Dichter wahre und d. h. weise Könige, denen es um das Wohl ihrer Völker geht, als Hirten bezeichnen (*Agr.* 26–48).

So sei es kein Wunder, dass man nicht nur Königen, Weisen und vollkommen gereinigten Seelen, sondern auch Gott den Allmächtigen selbst als Hirten bezeichnet habe, wie es der prophetische Sänger mit den Worten bezeuge (Ps 22,1 G/ *Agr.* 50): „Der Herr hütet mich, und nichts wird mir mangeln." Sich an dieses Lied zu erinnern, zieme sich für jeden, der Gott liebe. Doch sein Vortrag eigne sich nicht

---

12 Zu seinem ethischen Lieblingsthema der Leidenschaften und ihrer zerstörerischen Folgen vgl. Lévy, *Ethics*, 150–154 und im vorliegenden Band Kaiser, *Aretē*, 83–97 und z. B. in dem Vergleich zwischen Tugend und Laster als Parabel in *Sacr.* 20–40 mit dem Lasterkatalog *Sacr.* 31–32, in dem er 146 negative Eigenschaften des Liebhabers der Lust auflistet; zur Gattung und ihrer Aufnahme in der frühjüdischen Literatur vgl. Wibbing, *Tugend- und Lasterkataloge*, 23–42.
13 Vgl. Diog.Laert.VII.39–40 und zur Bedeutung der Enzyklika Paideia in der Antike vgl. Koller, *Paideia*, 3–21; zu ihrer Rolle bei Philo vgl. *Spec.* II.320; *Congr.* 14–18; *Opif.* 77 und dazu Kaiser, *Philo*, 63–64; zur erzieherischen Rolle der Philosophie *Congr.* 2–22; *LA* III.167; dazu im vorliegenden Band Kaiser, *Aretē*, 83–97 und zur Funktion der Philosophie als Leiterin zur Gotteserkenntnis *Congr.* 74–76. Dass Gott den Menschen auch ohne klassische Bildung Weisheit verleihen kann, hat er ausdrücklich zugestanden, vgl. *Congr.* 37–38 mit *Deus* 67 und *Her.* 272–273.
14 Vgl. Diog.Laert.VII.39–40.

nur für jeden von der Liebe zu Gott erfüllten Menschen, sondern leite auch zur Betrachtung des Kosmos an (*Agr.* 51):

> [...] denn wie eine Herde, so leitet Erde, Wasser, Luft und Feuer samt den sie erfüllenden Pflanzen und Tieren, sterblichen und göttlichen Wesen, überdies den Himmel, die Kreisbewegungen der Sonne und des Mondes, die Wendungen und harmonischen Reigen der anderen Himmelskörper Gott, der Hirt und König, nach Recht und Gesetz, nachdem er seine rechte Vernunft (τὸν ὀρθὸν αὐτοῦ λόγον), seinen erstgeborenen Sohn, zum Leiter eingesetzt hatte, damit sie die Fürsorge für diese heilige Herde wie ein Unterbeamter und Vertreter des Großkönigs übernehme.[15]

Als Belegstelle dafür führt Philo sogleich Ex 23,20 an, wo Gott seinem Volk verheißt, dass er seinen Engel vor ihm her als der größten und vollkommensten Herde des seienden Gottes (τοῦ ὄντος θεοῦ) senden und jedes Einzelwesen mit der die Grenzen des Alls durchdringenden Stimme der Gesinnung (διάνοια) den ersten Vers des 22. Psalms sprechen würde, weil niemand unter der Leitung Gottes an dem Mangel leiden könne, was ihm zukomme, weil er allen Wesen vollkommene Güter in Fülle zu gewähren pflege (*Agr.* 52–53).[16] Philo kann offensichtlich voraussetzen, dass das Buch der Psalmen für seine Leserschaft das Gebetbuch war, in dem sie sich auskannte, weil sie täglich mit seinen Worten betete. Das Neue und Auffallende seiner Auslegung besteht darin, dass nach seiner Überzeugung die ganze Welt den ersten Vers des 22. (23.) Psalms beten müsse, weil Gott nicht nur der gute Hirte seiner Heiligen – und d. h. seines himmlischen und seines irdisches Volkes –, sondern der des ganzen Kosmos oder des Alls (τὰ πάντα) sei. Da aber der transzendente Gott von der Welt als seiner Schöpfung absolut geschieden ist, bedürfe es zu seiner aktuellen Leitung der Welt der rechten Vernunft, des ὀρθὸς αὐτοῦ λόγος, als seinem erstgeborenen Sohn. Er ist der Mittler zwischen der transzendenten Welt Gottes und der von ihm erschaffenen immanenten Welt. Sucht man Philos Konzept des zwischen Gott und Welt vermittelnden Logos eindeutig zu bestimmen, so gerät man angesichts seiner einander widersprechenden Aussagen in Schwierigkeiten.[17] Man darf sie jedoch nicht auflösen, weil man damit seiner angesichts des qualitativen Unterschieds zwischen Gott und Welt notwendig hypothetischen Rede eine unzulässige Eindeutigkeit verliehe. So aber bewahrt Philo, indem er das Problem des Mittelplatonismus der Vermittlung zwischen der transzendenten Monade und der immanenten Dyade lediglich hypothe-

---

15 Übersetzung Heinemann, *Philo Werke* 4, 122 und zu Philos Kosmologie vgl. im vorliegenden Band Kaiser, Kosmologie, 33–44.
16 Vgl. auch *Mut.* 115, wo Philo Ps 22,1 G als Beleg dafür anführt, dass Gott für seine Herde sorgt und eine Fülle von Gaben für sie bereit hält.
17 Zu Philos Logoslehre vgl. oben Anm. 6 und zum Problem des Verhältnisses zwischen Physis und Logos Anderson, *Views*, 143–146.

tisch mittels des Logos löst, die Aseïtät, das dem menschlichen Denken unzugängliche An-sich-Sein Gottes.

Abschließend würdigt Philo den 22. (23.) Psalm dem paränetischen Zweck seiner Abhandlung entsprechend nicht als Vertrauensbekenntnis, sondern als ein Mahnwort, das den Menschen daran erinnern solle, dass seine Seele nicht nach vielen Gütern, sondern nach dem einen und einzigen – und d. h. nach Gott selbst – als dem Inbegriff allen Friedens und aller Seligkeit trachten solle (*Agr.* 54):

> Herrlich ist die Mahnung, die durch den gerade erwähnten Psalm ergeht; denn der Mensch ist in der Tat, während er alle Dinge zu besitzen scheint, unvollkommen und arm, wenn er die Herrschaft des einen verwirft; während die von Gott gehütete Seele, die das eine und einzige besitzt, an dem alles hängt, angemessener Weise keines anderen bedarf, weil sie keinen blinden Reichtum verehrt, sondern auf einen blickt, der sieht und scharf hinblickt.[18]

In *Agr.* 50 – 51 liegt ein Vollzitat von Ps 22,1 G vor, das auf Gottes Leitung des Kosmos bezogen wird. Sich um diesen Psalm zu bemühen, sei für jeden, der Gott liebe, angebracht, für den Kosmos aber sei er es in besonderem Maße. Denn Erde, Wasser, Luft und Feuer samt allen Pflanzen und Lebewesen, die in ihnen sind, seien sterblich oder göttlich. Darüber hinaus glichen die Natur des Himmels und die rhythmischen Umläufe der Sonne, des Mondes und der anderen Sterne einer Herde, die Gott als Hirte und König nach Recht und Gesetz mittels seines wahren Logos und erstgeborenen Sohnes, als sei er sein Stellvertreter, leite, gleichwie es heißt: „Siehe, ich bin es, der ich meinen Engel vor dir her sende, damit er dein Antlitz behüte auf dem Wege" (Ex 23,20).[19] Daher solle der ganze Kosmos als die größte und vollkommenste Herde des seienden Gottes sagen: „Der Herr weidet mich, mir wird nichts mangeln." So bezieht Philo das Bekenntnis zu Gott als dem guten Hirten auf den Logos, als den Mittler zwischen Gott und der von ihm geschaffenen Welt. Im Hintergrund steht die statische Kosmologie seines Vorgängers Eudoros von Alexandrien, die er zugunsten der biblischen Lehre von der Erschaffung der Welt mobilisiert hat.[20]

---

18 Zur *visio* als Quelle des tugendhaften Lebens vgl. auch *Abr.* 25 und zur Himmelsreise der Seele *Opif.* 69 – 71 und *Spec.* I.37 – 50 und dazu Borgen, *Philo*, 237 – 240 und zum Unterschied zwischen frevelhaftem Streben, den Himmel zu stürmen, und dem legitimen Aufstieg der Seele zu Gott vgl. z. B. *Conf.* 111 – 114 mit *Mos.* I.162 und dazu Borgen, *Philo*, 194 – 205.
19 Vgl. auch *QE* II.13 zu Ex 23,20 – 21: „Der Engel ist eine intellektuelle Seele oder vielmehr reine Vernunft, völlig unkörperlich, gemacht als Diener Gottes, und eingesetzt für bestimmte Bedürfnisse und den Dienst am Geschlecht der Sterblichen, weil es wegen seiner verderblichen Natur unfähig war, die von Gott zugewiesenen Gaben und Wohltaten zu empfangen. Denn es war unfähig die Fülle (Seiner) guten (Gaben) auf sich zu beziehen. Daher wurde der Logos notwendigerweise zum Richter und Mittler bestimmt, der ‚Engel' genannt wird."
20 Vgl. Kaiser, *Philo*, 167 – 174 und zum Logos als Schöpfungsmittler 174 – 175.

2.2.2 Ps 26,1 G in *Somn.* I.75

In *Somn.* I.75 wird Ps 26,1 G („Der Herr ist mein Licht und mein Heil") auf Gott als das Ziel des Lebens der Frommen bezogen. Der Sache nach geht es in diesem Buch in 2–188 um die Auslegung von Jakobs Traum von der Himmelsleiter in Gen 28 (und in 189–256 um den von den gefleckten Böcken in Gen 31,11–13). Für das Verständnis des ersten Traums ist nach Philos Meinung entscheidend, dass sich Jakob von dem „Brunnen des Eides" (Beerscheba) auf die Reise nach Haran begibt und bei Sonnenuntergang einen Platz findet, wo er sein Haupt auf einen der dort liegenden Steine betten kann (Gen 28,10): Dabei sei die Quelle Symbol der Erkenntnis (ἐπιστήμη), die mit viel Mühe erworben werden müsse, von der jedoch der Mensch dank der Kürze seines Lebens bestenfalls die Anfangsgründe erkenne, während der Eid, den man zur Versicherung einer Aussage leistet, darauf hinweist, dass die Weisheit ihrem Wesen nach ohne Ende und Grenze sei (*Somn.* I.4–13). Dass aber gerade der letzte der von Abraham und Isaak gegrabenen Brunnen (Gen 21,25; 26,19–23) den Namen „Eid" erhalten habe, verweise allegorisch darauf, dass das Universum aus den vier Elementen Feuer, Erde, Luft und Wasser bestehe, wobei die Luft für den Wechsel der Jahreszeiten verantwortlich sei (*Somn.* I.14–20). Dagegen sei uns die Natur des Himmels ebenso unbekannt wie das Licht der Sterne, wobei der Name des vierten Brunnens „Eid" darauf hinwiese, dass kein Sterblicher eines der himmlischen Probleme zu lösen vermag. Nicht anders verhielte es sich mit der Natur der vier Sinneswahrnehmungen, obwohl wir zum Beispiel die Eigenart der Gehörswahrnehmungen zu unterscheiden wissen. Ebenso wenig wüßten wir auch, wo im Leib das Denken (ὁ νοῦς) seinen Platz hat, denn ob es im Kopf oder im Herzen wohnt, ist umstritten[21] (*Somn.* I.32). Zwar hätten wir Menschen Sinneswahrnehmungen, über deren Ergebnis wir nachdenken können, ohne ihre Funktionsweise zu kennen. Wenn wir erfahren, dass Terach mit seinem Sohn Abraham das Land Chaldäa verließ und nach Haran zog, so ginge es nicht um ihre Ortsbewegungen, sondern um das Aufgeben astrologischer Spekulationen zugunsten des Ernstnehmens der Sinneswahrnehmungen und nicht zuletzt um die Selbsterkenntnis, die uns von der eigenen Nichtigkeit als der Vorbedingung der Gotteserkenntnis zu überzeugen vermag (*Somn.* I.55–60). Gott, der allen Sinneswahrnehmungen entzogen ist, rede Jakob wie vorher Abraham an, ohne dass die Sinne ihn wahrnehmen können. Gott selbst aber ist, wie es Ps 26 (M 27),1 festhält „mein Licht und mein Retter". ER ist das Urlicht allen Lichtes, das jedem Urbild vorausgeht (*Somn.* I.75). Dem Menschen aber erscheint sein eigenes Leben in seiner Vision wie eine Leiter, auf der es nach oben und nach

---

21 Plat. *Tim.* 44d 2–8 plädierte für den Kopf bzw. das Gehirn (Plat. *Tim.* 73c 6–d 2), Arist. *Part. An.* II.7.652a 28 für das Herz; vgl. Kaiser, *Philo*, 205–206.

unten geht. Während der Weise nach oben strebe und in olympischen Höhen wohne, weil er gelernt hätte, dort seine Zuflucht zu suchen, seien die Tiefen des Hades das Versteck der Schlechten (*Somn.* I.150 – 151). So endet der Rundblick über die Erkenntnismöglichkeiten des Menschen für die Frommen bei Gott als ihrem Retter und für die Schlechten in der Gottesferne oder den Tiefen der Unterwelt.[22]

2.2.3 Ps 30,19 G in *Conf.* 39 – 40

In *De confusione linguarum* 39 berichtet Philo, dass die Hilflosen, die sich mangels eigener Schulung der Widerlegung der glaubwürdig erscheinenden Spitzfindigkeiten der Sophisten nicht gewachsen fühlten, Zuflucht bei dem einzig Weisen suchten und ihn um seinen Beistand anriefen. „So wie es einer der Freunde des Moses in den Hymnen betend aussprach (Ps 30,19 G): ‚Stumm werden sollen die betrügerischen Lippen.‘" Daraus zieht Philo in *Conf.* 40 die praktische Folgerung, dass man die Zusammenkünfte der Sünder fliehen und das Bündnis mit den Freunden der Einsicht (φρόνησις) und Erkenntnis (ἐπιστήμη) suchen müsse.

2.2.4 Ps 36,11 G in *Plant.* 39

Die in Ps 36,11b vorliegende Benennung des Garten Edens oder Überflusses wird in *Plant.* 39 als ein Symbol der Seele gedeutet, die ihre eigene Vernunft in der Ekstase zum Singen einer Hymne aufruft, wobei die angerufene Vernunft allein im Herrn zu finden ist.

2.2.5 Ps 61,12b G in *Deus* 82

An der Feststellung in Ps 61,12 – 13 G, dass Gott einmal (oder einst) geredet und der Beter diese beiden Dinge gehört habe, dass die Stärke Gott gehöre und Gott Erbarmen habe und jeden nach seinen Werken richten werde, interessiert Philo in seiner Schrift *Quod Deus sit immutabilis* nur das „einmal", das er auf eine unvermischte Monade bezieht, während „zweimal" dem Gemischten gleiche. Gottes Wort sei demgemäß kein tönender Schlag einer Stimme gegen die Luft oder mit irgendetwas vermischt, sondern körperlos und nackt, von einer Monade nicht verschieden. Dagegen würde menschliches Sprechen durch die entsprechenden Organe bewirkt und sein Ergebnis sei eine harmonische Mischung von Konsonanten und Vokalen mit dem Charakter einer Dyade. Daher habe der Gesetzgeber

---

22 Vgl. Kaiser, *Philo*, 261 – 263.

der Menge der ungerechten Gedanken mit Recht die Gedanken des Gerechten gegenübergestellt, die obwohl der Zahl nach wenige seien, größere Kraft besäßen.

2.2.6 Ps 64,10c G und 45,5 G in *Somn.* II.245–248

Philo erklärt in *Somn.* II.246–247, dass das Wort Ps 64,10c, der Fluss Gottes sei voller Wasser, sinnlos wäre, wenn es sich auf irgendeinen realen Fluss dieser Erde bezöge. Gemeint sei vielmehr der Logos Gottes, der voller Weisheit sei und sich nie erschöpfe, weil er von einer ewig fließenden Quelle gespeist würde.[23] Auch die Aussage in Ps 45,5, dass mächtige Strömungen die Stadt Gottes erfreuten, ließe sich nicht wörtlich verstehen, weil die heilige Stadt und ihr Tempel ebenso fern von einem Strom wie einem Meere liege. Daher besitze der Vers eine allegorische Bedeutung, nach der Gottes Stadt in einem Sinne die Seele des Weisen sei, in der Gott wie in einer Stadt wandelt (*Somn.* II.248), und im anderen Sinne die Welt selbst, die Gottes Trank pausenlos empfängt und die allezeit vom göttlichen Logos geordnet werde. So zeigt es sich immer erneut, wie zentral für Philos Denken die Lehre vom Logos als Schöpfungsmittler gewesen ist.

2.2.7 Ps 74,9 G in *Deus* 77

Und wenn es in Ps 74,9 heiße, dass sich in der Hand des Herrn ein Becher un-gemischten Weins voll gemischt befand, so sei nach *Deus* 77 das Gemisch nicht ungemischt. Gemeint seien die Kräfte Gottes, die im Blick auf ihn selbst unge-mischt, aber für erschaffene Wesen gemischt seien.

2.2.8 Ps 79,6 G und Ps 41,4 G in *Migr.* 157

Nachdem Philo in *Migr.* 156 festgestellt hatte, dass Verehrer der Tugend so bewegt seien, dass sie beim Beweinen der Missgeschicke der Unweisen aus eingeborenem Mitgefühl Tränen vergössen, erklärt er in *Migr.* 157, dass die Freude die beste aller Empfindungen sei und so ergreifend wirken könne, dass sie Tränen vergössen. In ähnlicher Weise könne aber auch ein unerwartetes positives Ereignis dazu führen, dass die Betroffenen zu weinen begönnen. Als literarischen Beleg dafür verweist Philo auf Hom. *Il.* VI.484 und eigenartiger Weise auch auf Ps 79,6 G („Du wirst uns mit Tränenbrot speisen") und Ps 41,4 G („Meine Tränen waren meine Speise bei Tag und bei Nacht"). Er legt beide Stellen dahingehend aus, dass Tränen, die aus dem Lachen des Innersten des Herzens kämen, eine Nahrung für den Verstand seien,

---

23 Vgl. dazu Kaiser, *Philo*, 174–177.

wenn sie die Folge der Liebe Gottes seien, welche die Klage eines erschaffenen Wesens in den Lobpreis des Unerschaffenen verwandelt habe.

2.2.9 Ps 79,7 G in *Conf.* 52 und Ps 36,4 G in *Plant.* 39 und *Somn.* II.242–243

Nach *Conf.* 52 findet sich der Mensch in beständigem Streit seines Strebens nach Tugend und Wissen mit seinen Nachbarn in Gestalt seiner Begierden, seiner Feigheit und Ängstlichkeit, wie sie durch seine Sinnlichkeit vermittelt würden. Dass es sich nicht anders verhalten kann, geht nach Philos Überzeugung aus Ps 79,7 G (80,7 M) hervor, wo es heißt, dass Gott „uns in den Streit mit unseren Nachbarn gesetzt hat" (*Conf.* 52). Über den Rat, die Sünder zu fliehen, führt seine kurze Auslegung des Namens des Garten Eden in *Plant.* 39 als Symbol der scharfsichtigen Seele hinaus, die weiß, dass es nichts Angenehmeres gibt als den Dienst des einzigen Weisen, nämlich Gottes, einem Dienst, der in eine himmlische Ekstase führen kann.

Zu demselben Ergebnis führt seine Auslegung von Ps 36,4 G in *Somn.* II.241–243. Hier geht Philo von einer allegorischen Auslegung von Gen 2,10 aus, wo es heißt, dass ein Fluss aus dem Garten Eden ausgeht, den Garten zu tränken, der sich in vier Arme teilt: Der Name Eden, der „Wonne" bedeute, weise auf die Weisheit des Seienden (und d. h. Gottes) hin, wobei die Weisheit das Ergötzen Gottes und Gott das Ergötzen der Weisheit sei, wie es Ps 36,4 G (37,4 M) zum Ausdruck bringe. Das göttliche Wort (ὁ θεῖος λόγος) steige aus der Quelle der Weisheit wie ein Fluss herab, um die himmlischen Sprosse und Pflanzen der die Tugend liebenden Seelen zu tränken, die demnach der Garten (Eden) sind. Dabei teile sich das Wort in die vier Tugenden,[24] so dass der Weise, der sie besitze, von Natur aus ein König sei (*Somn.* II.243).

2.2.10 Ps 83,11 G in *Her.* 290

In *Quis divinarum rerum heres sit* (Wer ist der Erbe der göttlichen Dinge?) 290 beruft sich Philo für seine Überzeugung, dass ein einziger in Tugend verlebter Tag besser als zehntausend Jahre seien, auf Ps 83,11 G: „Denn besser ist ein einziger Tag in deinen Vorhöfen als (sonst) Tausende". Dabei generalisiert er stillschweigend die tempeltheologische Aussage, wobei die Analogie die Deutung erträglich erscheinen lässt.

---

24 Vgl. auch *LA* I.63, wo die vier klassischen Tugenden der φρόνησις, σωφροσύνη, ἀνδρεία und δικαιοσύνη, der Klugheit, Besonnenheit, Tapferkeit und Gerechtigkeit namentlich genannt werden.

2.2.11 Ps 90,11–12 G in *Deus* 182

In diesem Fall geht es um den Gegensatz zwischen den irdisch und den himmlisch Gesinnten. Jenen steht der Engel Gottes nach Num 22,31 im Wege, während der λόγος θεῖος, der Engel Gottes, ihre Füße bewahrt und alle vor ihnen liegenden Hindernisse beseitigt, sodass sie ohne zu stolpern auf gebahnter Straße wandern können.

2.2.12 Ps 93,9 G in *Plant.* 29–30

Dass Gott selbst dem Menschen einen Leib als Träger der Sinnesorgane und weiterhin die geistigen Fähigkeiten gegeben hat, die ihn zu mannigfachen Fertigkeiten und nicht zuletzt zur Sicherheit in den Wissenschaften und in der Tugendlehre befähigen, wird nach Philos Überzeugung durch Ps 93,9 belegt: „Der das Ohr eingepflanzt hat, sollte der nicht hören, der das Auge gebildet hat, nicht sehen?" Dabei setzt er sich großzügig darüber hinweg, dass hier von Gottes und nicht des Menschen Vermögen die Rede ist (*Plant.* 29–30).

2.2.13 Ps 100,1 G; 74,9 G und 61,12 G in *Deus* 70–85

In seiner Schrift *Deus* geht es in den Abschnitten 70–85 um Gottes Zorn als Quelle des Schlechten und Gottes Gnade als die des Guten. Da kein Mensch vor Gott bestehen könnte, wenn er sich nicht über die Sünder erbarmte, heiße es in Ps 100,1 G: „Von Erbarmen und Recht will ich dir singen" (*Deus* 74–75). Da sein Erbarmen älter als sein Strafen sei, sei Gottes Verhalten „gemischt", wie es Ps 74,9 G (*Deus* 77) besage. „Ein Becher ist in der Hand des Herrn voll einer Mischung unvermischten Weins." Das bedeute, dass Gott seine Kräfte in Bezug auf sich selbst ungemischt, in Bezug aber auf die Schöpfung gemischt verwende, weil es für die Sterblichen unmöglich sei, seine unabgeschwächten Kräfte zu ertragen (*Deus* 78–81). Dem oben genannten Psalmvers entspräche das anderwärts gesagte (Ps 61,12 G; *Deus* 82): „Der Herr hat einmal gesprochen, diese beiden Dinge habe ich gehört." Dem Ungemischten entspräche die Monade, dem Gemischten die Dyade. Gottes ton- und gestaltloses Wort sei eine völlig unvermischte Monade, während die irdische Sprache mittels hoher und tiefer Töne gebildet werde und also eine Dyade sei. So habe Moses, stellt Philo in einem Gedankensprung zu dem ausgelegten Text Gen 6,8 fest, der Menge der Ungerechten durchaus richtig den einen Gerechten gegenübergestellt (*Deus* 85).

2.2.14 Ps 113,13–16 G in *Decal.* 72–74

In *Decal.* 72–74 geht es um die Torheit der Bilderdiener. Zu ihnen müsse man freimütig sagen, dass die besten Gebete und das Ziel des Glücks darin bestünden,

Gott gleich zu werden (vgl. *Fug.* 63 mit dem Hinweis auf Plat. *Tht.* 176a–b).[25] Das würde in ihrem Fall bedeuten, dass sie, die sie zu ihren Bildern beteten, die (gemäß der Beschreibung in Ps 113,13 – 15, vgl. auch *Spec.* II.255) weder Augen haben, um zu sehen, noch Ohren, um zu hören, noch Nasen, um zu atmen oder um zu riechen, noch Hände, um etwas zu ergreifen oder Füße, um zu laufen.

2.2.15 Ps 113,25 G in *Fug.* 58 – 59

Im Zusammenhang seiner Überlegungen, warum Gott in seinem Gesetz so ausführlich über die Flucht eines Mörders gehandelt und ihm, wenn die Tat nicht beabsichtigt war, eine Zuflucht an seinem Altar eingeräumt hat, er jedoch das Asylrecht verliere, wenn er seinen Nächsten hinterlistig ermordet habe (Ex 21,12 – 13), stößt sich Philo an der verstärkenden Aussage in Ex 21,15, dass er „durch den Tod getötet werden solle". Daher fragte er sich, ob ein Mensch anders als durch seinen Tod sterben könne (*Fug.* 54). Darüber nachdenkend fand er die Lösung, dass die Schlechten, auch wenn sie lange lebten, bereits tot seien, da ihrem Leben die Tugend fehle (*Fug.* 55). Ein langes Leben aber bestünde in der Liebe zu Gott dem Herrn (Dtn 30,20). So sei den Priestern Nadab und Abihu als Ersatz für ihre vergängliche Existenz eine unerschaffene verliehen worden, weil der Herr sich durch die, die ihm nahe sind, heiligen lasse (Lev 10,2). Demgemäß könne ein Leichnam nicht in Gottes Gegenwart kommen und die Toten nach Ps 113,25 Gott nicht loben, sondern nur die Lebenden (*Fug.* 59).

Fragen wir nach dem Gesamteindruck, den Philos Verwendung der Psalmenzitate hinterlässt, so erscheint sein Verfahren mehr oder weniger assoziativ, weil die vorausgesetzten Entsprechungen zwischen dem Psalmwort und seiner Auslegung sich über dessen eigene kontextuelle Bedeutung hinwegsetzen, wobei sie sich nur selten auf eine textgemäße Analogie berufen kann. Andererseits zeichnet sich ein Denken ab, in dem mythische Aussagen anthropologisch und theologische kosmologisch interpretiert werden.

---

25 Vgl. Plat. *Tht.* 176b 1 – 3; *Leg.* 713e 3 – 714a 2; Kaiser, *Philo*, 235; Roloff, *Gottähnlichkeit*, 198 – 206.

3 Die Auslegung von Moses Bitte in Ex 15,17 – 18, Gott möge sein Volk zu dem Berg seines Heiligtums führen, in *Plant.* 46 – 60

Der *Erste Teil* der kleinen Schrift über die Pflanzung Noahs (*De plantatione Noe*) ist deutlich in drei Abschnitte gegliedert:[26] In dem 1.) handelt er a) von Gott als dem Pflanzer der Welt und des Menschen (*Plant.* 1–27) und b) von der göttlichen Ausrüstung des Menschen zu einem tugendhaften Leben (*Plant.* 28–72). Der 2.) handelt von Abraham als dem Urbild des Weisen als Pflanzer der Frömmigkeit (*Plant.* 73–92), während der 3.) und letzte den durchschnittlichen Menschen als Pflanzer der mittleren Pflichten (Lev 19,23–44) vorstellt (*Plant.* 93–138).

Bei dem *Zweiten Teil* handelt es sich formal um eine Prunkrede über den Weinbau als eine Unterart der Landwirtschaft, wie ihn der gerechte Noah betrieben habe. Auch er ist deutlich in drei Abschnitte gegliedert: Im 1.) werden die falschen Ansichten der Philosophen über die Trunkenheit vorgestellt (*Plant.* 139 – 148). Der 2.) führt zunächst den Nachweis, dass auch der Weise der Trunkenheit fähig ist (*Plant.* 149 – 172), um dann das Zeugnis der Philosophen und Ärzte dafür anzuführen, die den Unterschied zwischen einem Rausch mit oder ohne sinnlosem Benehmen bestreiten (*Plant.* 173 – 174). Dann folgt im 3.) und letzten Abschnitt eine fragmentarische Auseinandersetzung mit gegenteiligen Ansichten (*Plant.* 175 – 177), während der Schluss der Rede verloren ist.

Der im vorliegenden Zusammenhang wegen seiner allegorischen Auslegung der Bitte Moses' in Ex 15,17–18 relevante Abschnitt *Plant.* 40 – 49 steht im Zusammenhang der allegorischen Auslegung von Gen 2,8, wo es heißt, dass Gott einen Garten in Eden gen Morgen pflanzte und den Menschen in ihn hineinsetzte. Die Aussage, dass das Paradies im Osten liege, weise darauhin, dass so, wie die Strahlen der aufgehenden Sonne den ganzen Himmelskreis ausfüllen, die Strahlen der Tugend über das ganze Reich der Seele die Fülle reinen Glanzes aufleuchten lassen (*Agr.* 40). Mithin seien die von Gott zur Aufnahme der Tugend befähigten Seelen dadurch ausgezeichnet, dass Gott ihnen den wahren Menschen in uns – und d. h. den Geist – verliehen habe, der sie in die Lage versetze, tugendhaft zu denken.[27] Daher sei der Mensch der „mittlere Geist" und d. h. der zur Belehrung über die Tugend ebenso fähige wie bedürftige Mensch. Die Bäume des Lebens und der Erkenntnis des Guten und des Bösen in Gen 2,9 bezögen sich also auf die Fähigkeit des Menschen, durch ein tugendhaftes Leben zu Unsterblichkeit und Ruhm zu gelangen oder durch ein schlechtes einen

---

26 Zum Aufbau der Schrift vgl. Heinemann, *Philo Werke* 4, 147 – 152 bzw. Colson, *Philo* 3, 207 – 211.
27 Gott selbst hat den Menschen nach seinem Ebenbild und also gut geschaffen. Für seine Verführbarkeit zum Bösen und zum Laster sind die Helfer verantwortlich, die Gott an seiner Erschaffung beteiligt hat; vgl. *Opif.* 72 – 75.

schmachvollen Tod zu finden (*Agr.* 45).[28] Die Bitte Moses in Ex 15,17–18, die sich nach der Rettung im Meer auf die Führung in das verheißene Land bezieht, wird nun allegorisch ausgelegt (Ex 15,17–18):

> Bringe sie hin und pflanze sie ein
> auf dem Berg deines Erbes,
> an deiner bereiteten Wohnstatt,
> die du errichtet hast, Herr,
> (an dem) Heiligtum, Herr,
> das deine Hände bereitet haben.
> Der Herr herrscht als König für immer
> und ewig und noch (mehr).

Bei dem „Berg des Erbes" handelt es sich nach Philos Ansicht um das Geschaffene als Gottes Besitz und Erbgut als sinnliches Abbild eines geistigen Urbildes.[29] Dabei seien unter seinen „Händen" seine weltbildenden Kräfte zu verstehen (*Plant.* 50). Manche aber hätten gemeint, das Erbgut Gottes sei das Gute, von dem Moses wünschte, dass es ihm zu teil würde. Um es zu erkennen und sich durch es leiten zu lassen, bedürften die Menschen (so wie Kinder durch die Lehren der Weisheit zu lernen anfingen) der Einpflanzung in den hohen himmlischen Logos – und d. h. in den ὀρθὸς λόγος – als dem Mittler zwischen Gott und den Menschen (*Plant.* 52–53):[30]

> Denn dieser ist das bereitete Los und das vollendete Haus, die geeignetste Wohnung, das ‚Heilige, das du geschaffen'; denn du, o Herr, bist der Schöpfer des Guten und Heiligen, wie umgekehrt das Vergängliche (Ursache) des Schlechten und Gemeinen (ist).[31] Herrsche also durch angemessene Zeit über die zu dir flehende Seele und lasse sie keinen Augenblick ohne deine Leitung; denn fortgesetzter Dienst bei dir ist der höchsten Herrenstellung, nicht bloß der Freiheit vorzuziehen.

Das besondere Erbe Gottes aber bestehe in der Schar der weisen Seelen, die ganz scharf blicken und ein tadelloses, unversehrtes Seelenauge besitzen, das sich niemals schließt, sondern stets offen ist und gespannt schaut, sodass sie stets

---

28 Vgl. auch *Opif.* 153–154; *LA* I.56–59 und *QG* I.6.8.
29 Vgl. Opif. 15–76 und dazu im vorliegenden Band Kaiser, *Aretē*, 83–97.
30 Vgl. *Agr.* 41.
31 Vgl. auch Philos Auslegung von Gen 1,26 in *Opif.* 65–88, bes. 74–75; *Fug.* 68–72; *Mut.* 30–31; ferner *LA* I.40–41, wonach Gott nur die tugendhaften, ihm selbst verwandten Wesen sowie die indifferenten, weder guten noch bösen schuf. Daher schuf er den zum richtigen Handeln fähigen Menschen. Dagegen war er nicht der Urheber des Bösen, der Laster und der lasterhaften Handlungen des Menschen. Daher zog er zu seiner Erschaffung auch noch andere als Mitarbeiter heran; vgl. auch Plat. *Tim.*41a–d 3und *Leg.* 897c 4–d 2; dazu Runia, *Creation*, 239–241 und vor allem Termini, *Potenze*, 139–165.

tugendhaft handeln (*Plant.* 58). So ist der konkrete Sinn der Bitte Moses, das befreite Israel in das heilige Land zu führen, von Philo ganz in den Schatten der Allegorese gerückt, die von der Bestimmung der Seele handelt, durch die Teilhabe an der wahren Vernunft tugendhaft zu handeln und dadurch des ewigen Lebens würdig zu werden.[32]

4 Die Macht des Gebetes nach *Migr.* 121–124

Bei Philos Schrift *De migratione Abrahami* (Über Abrahams Wanderung) handelt es sich um eine allegorische Auslegung von Gen 12,1–6. Sie lässt sich großzügig in zwei Teile gliedern: Der 1.) umspannt 1–147 und handelt von den sechs Geschenken, die Gott Abraham machte, als er ihm befohlen hatte, Land und Leute zu verlassen, um ihn ins Land Kanaan zu führen. Dabei bestand das erste Geschenk in der Reinigung an Leib und Seele zur Selbsterkenntnis (*Migr.* 1–52), das zweite im Wachstum seiner Seele zum Guten (*Migr.* 53–69), das dritte in dem Segen, das Beste zu denken und es anderen mitzuteilen (*Migr.* 70–85), das vierte in seinem großen Namen, der ihn den anderen als sittliches Vorbild erscheinen ließ (*Migr.* 86–105), das fünfte in dem Segen, den er erhielt, weil er segenswert war (*Migr.* 106–117) und das sechste darin, dass alle Teile seiner Seele des göttlichen Segens teilhaftig wurden, weil der gesunde Nous die Menschheit erhält, so dass der von Gott begnadete Mensch die Säule der menschlichen Gesellschaft ist, um dessen Erhaltung wir beten müssen (*Migr.* 118–124). Als Abraham ging, wie es ihm Gott befohlen hatte, folgte er der stoischen Maxime „gemäß der Natur zu leben",[33] so dass er mit seinen Worten und Taten stets der rechten Vernunft, dem ὀρθὸς λόγος, folgte (*Migr.* 127–147).

Der zweite Teil, der von dem Aufenthalt Abrahams in der Fremde handelt, deutet zunächst die Notwendigkeit der Trennung Abrahams von Lot als dem Symbol des sittlichen Schwankens, dem sich zu entziehen die Leitung durch die Engel und die Erreichung des Ziels der Weisheit zur Folge hat (*Migr.* 148–175). Indem Abraham Chaldäa und damit das Land der Astrologen verließ, welche die Welt mit Gott gleich setzen, bekannte er sich zur Leitung des Alls durch den göttlichen νοῦς (*Migr.* 176–186). Indem er Haran als das Höhlenland der sinnlichen Wahrnehmung verließ, öffnete er sich für die geistige Welt Gottes, dessen νοῦς die Welt erschaffen hat und der nur denkend erkannt wird (*Migr.* 187–197). Wenn es heißt, dass er Haran im Alter von 75 Jahren verließ, so bezeichne die Zahl

---

32 Zu Philos Lehre vom Endziel des Lebens vgl. *Her.* 285–286; *Spec.* IV.230–238 mit *Agr.* 100; *Abr.* 55; *Praem.* 27.165; *QG* III.11; IV.2; dazu im vorliegenden Band Kaiser, *Aretē*, 83–97.
33 SVF I.179 / Diog.Laert. VII.87 / LS 63 C.

75 die Grenze zwischen Wahrnehmbarkeit und Vernünftigkeit, zwischen dem Älteren und dem Jüngeren, dem Vergänglichen und dem Unvergänglichen. Denn die Zahl 70 repräsentiere das Prinzip Geistigkeit und Unvergänglichkeit, die den Sinnen entsprechende Fünfzahl aber Sinnlichkeit und Jugend.[34] Ihre Rolle im Leben der Patriarchen und des Moses zu bedenken, füllt den Schluss der Abhandlung aus (*Migr.* 199–225).

Auf welche Umwege muss sich der Leser begeben und mit welcher Aufmerksamkeit den verschlungenen Denkwegen dieser Auslegung von Gen 12,1–6 folgen, um die gewichtigen Aufforderungen in *Migr.* 124 nicht zu übersehen:

> Beten wir daher darum, dass – gleichsam die Säule des Hauses – der Nous in der Seele, der gerechte Mann aber im Menschengeschlecht zur Heilung von Krankheiten verbleibe. Denn ist der Nous gesund, so hat man kein Recht, an der vollständigen Erlösung (σωτηρία) zu verzweifeln; deshalb, glaube ich, reicht der erlösende Gott seine heilkräftigste Arznei, seine gütige Macht, dem flehenden Verehrer dar und ermahnt ihn, sie zur Rettung der Kranken zu benutzen, mit ihr die Wunden der Seele zu bestreichen, die Unverstand, Ungerechtigkeit und die ganze andere Menge der Übel feindselig aufreißt.[35]

So wie um Abrahams Willen alle Geschlechter der Erde gesegnet werden, ist der tugendhafte Gerechte, in dem die gesunde Vernunft wohnt, gleichsam in Fortsetzung Abrahams die tragende Säule der Menschheit, die Gott zu jeder Zeit benutzt, die verdunkelte Tugend ans Licht zu bringen (*Migr.* 125). Allein, dass dies geschieht, will nach Philos Überzeugung von Gott erbeten sein. Oder anders ausgedrückt: Philo glaubte an die Kraft der Fürbitte, weil er wusste, dass Gott in allen Nöten angerufen sein will.

5 Vom Gebet und der Fürbitte der Gerechten nach den *Quaestiones in Genesim* I.70 und IV.70

Wenden wir uns abschließend dem Thema des Gebetes in *QG* I.70 und IV.70 zu, so gewährt der erste Beleg einen Einblick in den Unsterblichkeitsglauben Philos, während der zweite noch einmal an die Macht der Fürbitte appelliert.

In *QG* I.70 lautet die zu Gen 4,10 gestellte Frage: „Was ist die Bedeutung der Worte: ‚Die Stimme deines Bruders schreit nach mir aus der Erde?'" Philos Antwort lautet:

> Das ist besonders lehrreich; denn die Gottheit hört die Frommen, selbst wenn sie gestorben sind, weil sie weiß, dass sie ein körperloses Leben führen. Aber von den Gebeten der

---

34 Vgl. Arndt, *Zahlenmystik*, 167–171.
35 Zum Problem des Messianismus bei Philo vgl. Termini, *Philo's Thought*, 96–97.

> Schlechten wendet sie ihr Antlitz ab, auch wenn sie sich der Blüte ihres Lebens erfreuen, indem sie bedenkt, dass sie dem wahren Leben abgestorben sind und ihren Leib wie ein Grab mit sich schleppen, damit sie ihre elende Seele in ihm begraben.

Die Antwort auf die Frage, wessen Gebete von Gott erhört werden, lautet mithin grundsätzlich: Die der Frommen oder Gerechten, und das ohne Unterschied, ob sie leben oder bereits gestorben sind.[36] Für die Sünder gilt das Gegenteil: Ihre Gebete werden von Gott nicht erhört, weil sie in seinen Augen bereits gestorben sind. Der physische Tod vollzieht mithin lediglich den mit der ethischen Verwahrlosung bereits eingetretenen tödlichen Zustand der Gottesferne.[37] Daher gilt der Satz, dass der Leib der Kerker bzw. das Grab der Seele ist,[38] in besonderer Weise für alle Menschen, die sich statt für die Tugend für das Laster entschieden haben.[39]

In *QG* IV.70 beantwortet Philo die durch Gen 20,17–18 gestellte Frage, warum Gott den König Abimelech von Gerar, seine Frau und seine Mägde aufgrund des Gebetes Abrahams heilte, so dass sie wieder zeugungsfähig waren. Seine Antwort lautet:

> Wenn der (himmlische) Vater jemandem etwas Gutes zu tun wünscht, so betrachtet er es als eine besondere Gnade gegenüber dem Weisen, wie es hier der Fall ist: Denn es scheint, dass er wegen der Gebete, die der Weise [Abraham] dargebracht hatte, Vergebung der unwillentlichen Sünden des Hauses gewährte, obwohl keiner seiner Angehörigen (darum) gebetet hatte. Darüber hinaus lehrt (die Schrift) einen Grundsatz, der ebenso gut für die Richter wie für die Gerichteten ist, (nämlich) dass der erstere nicht sogleich niederschmettern oder im voraus die Sünder bestrafen sollte, sondern gleich am Anfang den, der sich vergangen zu haben scheint, sanft überreden und zu versöhnen suchen sollte; und im Blick auf die anderen, sollten sie den Gerichtshof bitten, nicht allen und für immer eine Strafe aufzuerlegen.

Fragen wir, welche Auskunft dieser Abschnitt über Philos Verständnis der Fürbitte erteilt, so lässt sich generell auf den Wahrspruch Spr 15,29 verweisen: „Fern ist der Herr den Frevlern, aber das Gebet der Gerechten hört er." Speziell ist jedoch hinzuzufügen, dass es um die Fürbitte eines Gerechten für Menschen geht, die sich

---

36 Vgl. auch *Abr.* 55.

37 Vgl. *Opif.* 164; *Spec.* IV.91; *LA* I.105–107; ferner *Somn.* I.151; *Praem.* 152 und *Congr.* 157; dazu Wasserman, *Death*, 60–67 bzw. im vorliegenden Band Kaiser, *Aretē*, 83–97 zu den Gemeinsamkeiten mit der Beurteilung extremer Immoralität bei Philo und Platon Wasserman, *Death*, 67–76 und zu Philos Eschatologie Wolfson, *Philo* I, 395–423.

38 Vgl. Plat. *Gorg.* 493a 1–3; *Phaid.* 81c 4–11; Weish 9,15; *Cher.* 114; *Gig.* 31; *Somn.* I.139; *LA* I.108; Plut. *Is.* 553a; Plot. *Enn.* 9.58–62 (Harder). Zum Problem, ob die Gleichung von Leib und Grab pythagoreisch oder platonisch ist, vgl. Riedweg, *Pyhtagoras Leben*, 37–42, der sie für platonisch erklärt, mit Burkert, *Religion*, 440–448, der mit Recht auf die Bezeugung der Seelenwanderungslehre bei Pindar, Empedokles und Herodot und damit ins 5. Jh. v.Chr. verweist, womit ihr vorplatonisches Alter gesichert ist.

39 Vgl. auch *Opif.* 164; *Spec.* IV.91 mit *LA* I.105–107.

unwissend versündigt haben. Die aus diesem Grundsatz abgeleitete Anweisung für die Richter verlangt von ihnen, die Angeklagten vorab von ihrer Schuld zu überzeugen, so dass sie einsehen können, warum sie bestraft werden. Generell aber sollten sie (so ist wohl der abschließende Satz zu verstehen) zurückhaltend und keineswegs vorschnell ihre Urteile fällen. Damit wird der weise Richter in gewisser Weise dem weisen Fürbitter an die Seite gestellt und seine Aufgabe als die eines Beichtvaters umschrieben.

So können wir zusammenfassend sagen, dass Philo 1.) davon überzeugt war, dass Gott die Gebete der Gerechten erhört, 2.) ihre Zwiesprache mit ihm auch im Tode nicht endet, 3.), dass die Fürbitte des Gerechten Gott dazu veranlassen kann, unwissende Sünden zu vergeben und 4.) die Frommen ihn darum bitten sollten, einen Mann zu erwecken, der die Frevler zur Tugend zurückrufen kann.

6 Die Bedeutung des Gebets bei Philo

Eine mit Philos Kunst der Allegorese nicht vertraute Leserschaft dürfte bei der ersten Begegnung mit seinen Werken vor ihr zurückschrecken. Dass es sich bei dieser Methode keinesfalls um eine schrullige Erfindung Philos handelt, sondern sie ein Erbe der stoischen Homerexegese gewesen ist, die bereits von dem Verfasser des *Aristeasbriefes* benutzt war, der die Legende von der wunderbaren Übereinstimmung der siebzig Übersetzer der Tora ins Griechische berichtet, sei angemerkt.[40] Wer sich auf seine Deutungen einlässt, dürfte bald bemerken, dass sie einen Denker bezeugen, für den die Einheit der Wahrheit in ihrer geschichtlichen Mannigfaltigkeit feststand, sodass es darauf ankam, sie unterhalb der Oberfläche der biblischen Texte als der vermittelten Offenbarung des Willens des transzendenten Gottes zu entdecken. Wer ihren oft gewundenen und verschlungenen Gedankengängen folgt, lernt einen Denker kennen, dem es darum ging, die Menschen seiner Zeit aus ihrer Verstrickung in ein der Lust und dem Laster ergebenes Leben zu befreien, indem er sie zur Einsicht zu führen suchte, dass nur ein tugendhafter Wandel dem Leben einen ewigen Sinn zu verleihen vermag. Dabei war er sich bewusst, dass dieses Ziel nur mit Gottes Hilfe erreicht werden kann und also erbeten sein will. Gewiss stand das Gebet nicht im Vordergrund seines Denkens. Dass es aber dessen selbstverständlichen Hintergrund bildete und er die Bekanntschaft mit dem Psalmenbuch bei seiner jüdischen Leserschaft voraussetzen konnte, hoffen wir mit den hier ausgewählten Beispielen gezeigt zu haben.

---

40 Vgl. Niehoff, *Jewish Exegesis*, 19–37.

Aretē und *Pathos* bei Philo von Alexandrien

1 Philo als Ausleger der Tora und mittelplatonischer Denker

Es ist kein Zufall, dass es bis heute umstritten ist, ob man den in der ersten Hälfte des 1. Jh. n. Chr. wirkenden jüdischen Schriftgelehrten Philo von Alexandrien lediglich als einen Exegeten oder auch als einen Philosophen bezeichnen und zu den Vertretern des Mittleren Platonismus rechnen darf. Das liegt daran, dass es sich bei dem überwiegenden Teil seiner je nach Zählung 48 ganz oder fragmentarisch erhaltenen Schriften um Auslegungen ausgewählter Texte der fünf Bücher Moses handelt.[1] Als Angehörigen einer der reichsten und einflussreichsten jüdischen Familien in Alexandrien standen ihm offensichtlich ausreichende Möglichkeiten offen, ein breites und fundiertes griechisch-hellenistisches Bildungsgut zu erwerben. Dabei wurde sein philosophisches Denken vor allem durch Platon und seine späten Nachfolger in der Leitung der Akademie Xenokrates und Polemon sowie durch Eudoros von Alexandrien, den Begründer des Mittleren Platonismus,[2] und nicht zuletzt durch den Stoizismus beeinflusst.[3] Dazu kommen phythagoreische Motive, bei denen es unklar ist, ob sie lediglich als ein akademisches Erbe zu betrachten sind oder sich in ihnen ein neues Interesse am Pythagoreismus in Alexandrien spiegelt.[4] In ähnlicher Weise wird man zögern, Philos Zahlenmystik einseitig auf platonische oder pythagoreische Einflüsse zurückzuführen.[5]

---

1 Vgl. die Zusammenstellung bei Borgen, *Philo*, 46–79 bzw. Siegert, *Interpretation*, 166–168, sowie den Index der Bibelzitate von Earp, *Philo* 10, 189–268; zu den *QG* und *QE* in *Philo. Supl.* I–II (LCL 380) fehlt ein solcher, dafür sind in beiden Bänden die jeweils ausgelegten Texte am Anfang der Abschnitte angegeben.
2 Vgl. Dörrie, *Eudoros*, 25–39.
3 Philos Überzeugung, dass ein endliches Wesen notwendig sündhaft ist, erklärt seine Tendenz zur Herabsetzung der Sinnlichkeit. Ihr kam die strenge stoische Ethik entgegen, nur dass er deren ungebrochenes Vertrauen auf die Leistungsfähigkeit der Tugend durch das Vertrauen auf den transzendenten Gott und seine Offenbarung in der Tora ersetzt hat; vgl. dazu Zeller, *Philosophie* 3/2, 449–455.
4 Vgl. Frede, *Neupythagoreismus*, 879–880, und Riedweg, *Pythagoras Leben*, 162.
5 Vgl. z. B. Philo, *Opif.* 13.47–50 und 89–102; *Decal.* 20–23 sowie zur Bedeutung der Zahlen und Proportionen bei Platon z. B. *Tim.* 35b–36b; dazu Zeller, *Philosophie* 2/1, 777–784 und zum pythagoreischen Verständnis der Zahlen als den Elementen der Welt Arist. *Frg.* 13 (Ross), dazu Riedweg, *Pythagoras* (2), 649–653 und ders., *Pythagoras Leben*, 162.

DOI 10.1515/978-3-11-049265-1-007

2 Philos Lehre von Tugend und Leidenschaft als Mitte seines Denkens

Dass wir mit der Frage nach seiner Lehre von Tugend und Leidenschaft in das Herz seines Denkens vorstoßen, gibt bereits die Sprachstatistik zu erkennen: Denn in seinen erhaltenen griechischen Schriften und seinen nur in Armenischer Sprache erhaltenen Kommentaren zu den beiden ersten Büchern der Bibel finden sich 954 Belege für ἀρετή (Tugend) und 536 für πάθος (Affekt, Leidenschaft). Beider Zahl wird nur noch durch θεός (Gott) mit 2753 Einträgen übertroffen. Wie sein zeitlicher Vorgänger Eudoros von Alexandrien war er von der absoluten Transzendenz des ὑπεράνω θεός, des „überdrobigen" Gottes überzeugt.[6] Diese Ähnlichkeit kann der Mensch nach seiner Überzeugung nur durch ein tugendhaftes Leben erzielen, in dem er seine Affekte beherrscht.

3 Philos Lehre von der Leidenschaft und der Begierde

Die Leidenschaft (πάθος) beurteilte er „als eine der Natur widersprechende Bewegung der Seele" (*Spec.* IV.79). Sie bewirke, dass der sinnliche Teil der Seele die Oberhand über den vernünftigen gewinne (*LA* I.72). Sie bestehe in einem Verlangen (ἐπιθυμία) nach dem, was man nicht besitzt, was aber als gut erscheint. Seine gefährlichste Form stelle das sexuelle Luststreben dar, weil die ἡδονή, das Streben nach Lust, die Wurzel aller weiteren Begehrlichkeiten sei (*LA* I.73): Philo wurde nicht müde beide zu geißeln. Dabei reichen seine Beispiele von der Hab- und Ruhmsucht, dem Streben nach einem öffentlichen Amt bis zur Befriedigung sexueller und kulinarischer Gelüste: Richte sich das Verlangen auf Geld, so mache es die von ihm Betroffenen zu Dieben, Beutelschneidern, Spitzbuben, Bettlern, Betrügern gegenüber ihren Gläubigern, Menschen, die ihnen anvertrautes Gut unterschlügen und Bestechungen annähmen und selbst vor Tempeldiebstählen nicht zurückschreckten (*LA* I.86 – 87).[7] Ginge es ihnen um Ruhm und Ehre, so

---

6 Vgl. Eudor. *frg.* 4 Mazz. mit *LA* III.175; *Conf.* 136 mit Berufung auf Plat. *Tht.* 176b mit der Angleichung an Gott soweit es einem Menschen möglich ist (Eudor. *frg.* 25 Mazz.; *Fug.* 63). Zum platonischen Gedanken der Angleichung an Gott und dem Nachweis, dass ihn Platon nicht von Pythagoras übernommen hat, vgl. Roloff, *Gottähnlichkeit*, 198 – 200. Erst der Neuplatoniker Jamblichus (vgl. Jambl. *V. Pyth.* 86), bestimmt als Ziel der pythagoreischen Philosophie, die Menschen dahin zu führen, dass sie in ihrer ganzen Lebensgestaltung Gott folgten.

7 Vgl. auch den Lasterkatalog *Sacr.* 32, in dem er 147 negative Eigenschaften des Liebhabers der Lust auflistet und zur Gattung und ihrer Aufnahme in der frühjüdischen Literatur Wibbing, *Tugend- und Lasterkataloge*, 23 – 42.

würden sie zu angeberischen, hochmütigen und in ihrem Verhalten unzuverlässigen und unsteten Menschen, die durch das, was man zu ihrer Schande oder
ihrem Lob rede, deprimiert oder übermütig würden und in ihren Freund- und
Feindschaften sprunghaft seien. Strebten sie nach einem Amt, so seien sie par-
teiisch, unzuverlässig, hochfahrend, starrsinnig, Feinde ihrer Heimat, mitleidslos
gegen Schwächere, unversöhnliche Feinde derer, die gleich stark wie sie selbst
seien und Schmeichler gegenüber denen, die mächtiger als sie selbst seien, – eine
Charakteristik, die dem heutigen Leser nicht fremd erscheinen dürfte (*LA* I.89).
Ginge es ihnen aber um schöne Leiber, so seien sie Verführer, Ehebrecher, Kna-
benschänder und auf Zuchtlosigkeit und Geilheit versessen. Überdies sollte man
sich daran erinnern, dass das Verlangen auch zu einem zuchtlosen Umgang mit
der Zunge führe und dadurch unendliche Schwierigkeiten schaffe, indem es
darauf aus sei, was gesagt werden müsse, zu verschweigen, und was verschwiegen
werden müsse (vgl. auch *Flacc.* 51), zu sagen, um jeweils das andere anzuklagen
(*LA* I.90). Richte sich das Verlangen aber auf den Bauch, so produziere es Völlerei,
Unersättlichkeit, Schwelgerei und einen verzärtelten und üppigen Lebenswandel,
der sich in Trunksucht, Leckerhaftigkeit, Unmäßigkeit und dergleichen äußere
und die Betroffenen wie gierige kleine Hunde um die Speisesäle und Tische treibe
und zu einem Leben führe, das elender als der Tod sei (*LA* I.91). Wohl den um-
fangreichsten Tugend- und Lasterkatalog der Weltliteratur hat Philo *Sacr.* 27 – 32
vorgelegt, denn hier stellt er 50 tugendhaften Verhaltensweisen 149 lasterhafte
gegenüber (*Conf.* 46 – 48). Es kann kein Zweifel daran bestehen, dass Philos
Denken über Tugend und Laster[8] und die Tugend als den einzigen Weg zu einem
glücklichen Leben durch die Stoa bestimmt war.[9] Cicero hat ihre Anweisung in
Parad. II zusammengefasst: „In quo virtus sit, ei nihil deest ad beate vivendum
(Wer Tugend besitzt, dem fehlt nichts, um glücklich zu leben).“[10]

---

8 Zur stoischen Lehre von den Affekten vgl. Cic. *fin.* III.35; Stob. *Ecl.* II.88 / SVF III.378 / LS 65 A;
vgl. auch Cic. *fin.* III.64; *Tusc.* IV.34 – 35 / LS 61 O und weiterhin Cic. *Tusc.* IV.10 – 11; dazu
Forschner, *Ethik*, 11 – 144 und Steinmetz, *Stoa*, 547 – 548 (Zenon), 576 (Kleanthes), 615 – 618
(Chrysipp) und 691 – 692 (Poseidonios).
9 Zur stoischen Lehre von den Tugenden vgl. Diog.Laert. VII.115 / SVF III. 431 / LS 65 F; und z. B.
den Lasterkatalog Stob. Ecl. II.91.19 / SVT III.395 und den pythagoreischen bei Jambl. *V. Pyth.* 78.
– Zum Verhältnis Philos zur Stoa vgl. im vorliegenden Band Kaiser, *Aretē*, 83 – 97.
10 Vgl. auch Diog.Laert. VII.102 – 103 / LS 58 A; Cic. *Acad.* I.36; Stob. *Ecl.* II.57 / SVF I.190; Cic.
fin. III.26 und zur stoischen Ethik und Lehre vom Guten und vom Glück z. B. Long, *Philosophy*,
179 – 209; Forschner, *Ethik*, 171 – 182 und ders. *Glück*, 45 – 79.

4 Philos Erklärung der Anfälligkeit des Menschen für die Laster und der relative Wert leiblicher und äußerer Güter

Die anthropologische Wurzel für die Anfälligkeit des Menschen für das Begehren nach Lust suchte Philo zum einen in der Unvollkommenheit des irdischen Menschen, an dessen Erschaffung gemäß dem ποιήσωμεν, dem „Lasset uns Menschen bilden" in Gen 1,26 außer Gott auch ihm unterstellte Kräfte mitgewirkt hätten, zum anderen darin, dass die Begierde seine Vernunft außer Kraft setze.[11] Die Erzählung von der Vertreibung aus dem Paradies in Gen 3 erklärte er mittels einer eigenartigen Verbindung von geschichtlicher Berichterstattung und anthropologischen Reflexionen als ein geschichtliches Ereignis, in dem die seelische Ausstattung des Menschen erfolgt sei (*Opif.* 72–75). Der aus Seele und Leib bestehende erste irdische Mensch, der nach seinem Urbild im vorausgegangenen κόσμος νοητός erschaffen war (vgl. auch *QG* I.8), war nach seiner Überzeugung zugleich der vollkommenste Mensch aller Zeiten (*Opif.* 139–140). Er war der einzige Bürger der Welt, die als ganze seine Polis und Heimat war,[12] sodass er ohne alle Feinde lebte (*Opif.* 142). Ihre Verfassung hätte für die ganze Welt gegolten. Sie hätte dem Wesen der Natur, dem ὀρθὸς λόγος τῆς φύσεως[13] entsprochen und wäre durch eine göttliche Ordnung (θεσμός) oder ein göttliches Gesetz (νόμος) geleitet worden. Zu ihr hätten außer dem ersten Menschen auch unsichtbare und unkörperliche

---

11 Auf seine Deutung von Gen 1,1–2,4a(5) als Schöpfung der ersten, vollkommenen Welt, die allein in Gottes Vernunft existierte und auf diese Weise die Ideen zu den Gedanken Gottes machte, während die zweite, von der die in Gen 2,4b(6)–25 die Rede ist, ein endliches Abbild ist (*Opif.* 36), kann hier nicht eingegangen werden. Entscheidend war es, dass Philo den Logos als Vermittler zwischen Gott bzw. der Welt der Ideen und der gegenwärtigen Welt einfügte. Zur Vielfalt seiner Aussagen über den Logos, der ihn bald als Eigenschaft und bald als ein Wesen neben Gott erscheinen lässt, vgl. Siegfried, *Philo*, 219 und Zeller, *Philosophie* 3/2, 418–426, der mit Recht dafür eintritt, die Spannungen nicht aufzulösen. Das gilt auch für die Spannung, die zwischen der Vorstellung von Gottes Allgegenwart und der eines Vermittlers zwischen ihm und der Welt besteht; vgl. dazu Termini, *Potenze*, 89 und weiterhin die Zusammenstellung und Diskussion aller einschlägigen Texte durch Colpe, *Logoslehre*, 91–97. Zu Philos Lehre von der ersten Schöpfung vgl. im vorliegenden Band Kaiser, *Kosmologie*, 33–44; zu seiner Ablehnung der stoischen Lehre vom Weltenbrand und seiner eigenen von der Ewigkeit der geschaffenen Welt vgl. *Opif.* 171 mit *Aet.* 89–90 und dazu Cooper, *Chrysippus*, 103–104.

12 Zum Vergleich der Welt mit einer Polis vgl. mit Termini, *Potenze*, 107, Anm.35 auch Ps.Arist. *Mund.* 396b; *LA* III.99; *Cher.* 120–121.127; *Post.* 5.7; *Somn.* II.248; *Abr.* 71; *Spec.* I.13; II.45; *Praem.* 41; zu dem mit der Seele *LA* III.44; *Sacr.* 126; *Conf.* 107; *Somn.* II.250 und zu dem mit der Tugend *LA* III.1, vgl. auch 244; *Deus* 103 und *Migr.* 18; vgl. auch *LA* III.2.

13 Der ὀρθὸς λόγος ist die richtige Vernunft, die alles durchdringt und der gemäß der Mensch handeln soll; vgl. Diog.Laert.VII.67 / LS 63 C (vgl. auch SVF III.4) und zur Geschichte des Begriffs Pohlenz, *Stoa* II, 35–36.

Geistwesen gehört, die ihn auf der Treppe der Tugenden dem Ziel der Ähnlichkeit mit Gott entgegen geführt hätten (*Opif.* 143–144, vgl. Eudor. *frg.* 25 Mazz.). Aber diese Stellung hätte der Mensch durch seinen Sündenfall verloren.

In der Auslegung von Gen 2–3 liegen geschichtliche Ereignisse und auf dem Wege der Allegorese erhobene anthropologische Befunde eigentümlich ineinander. Die Rede der Schlange sei nichts anderes als das Verlangen nach Lust (ἡδονή) gewesen: Wer der Liebe zur Lust verfallen sei, der ernähre sich nicht länger von der himmlischen Speise der Tugenden, sondern würde zur Erde hinab gezogen, sodass er allen oben bereits zitierten Lastern verfalle.[14] Dabei übersah Philo keineswegs, dass die durch die Sinne erzeugte Lust des Mannes beim Anblick der Frau seine Annäherung leitet und die Fortpflanzung bewirkt (*Opif.* 161–162). Darin sah er an und für sich kein Übel, weil die Menschen sonst ausstürben. Nur sollten reife Männer nach der Erfüllung ihrer bürgerlichen Pflichten über dieses Stadium hinausgelangen und ein kontemplatives Leben führen. So ging es ihm nicht um die Ausrottung, sondern um die Bändigung der Begierde durch die ἐγκράτεια, die Selbstbeherrschung.[15]

Wenn in der biblischen Erzählung vom Sündenfall die Frau den Mann um seinen Verstand bringe, so repräsentiere der Mann den νοῦς, die Vernunft,[16] und die Frau die αἴσθησις, die Sinnlichkeit. Daher sei die männliche Seite der Seele mit dem ἡγεμονικόν, dem führenden, wahren und eigentlichen Menschen identisch (*Opif.* 139; *Her.* 213; *Fug.* 71–72.131; vgl. *QG* I.10), den er mit dem Paradies gleichsetzen konnte (*Opif.* 154, vgl. *QG* I.10). Ihm stellte er die Sinnlichkeit oder αἴσθησις als den weiblichen Teil der Seele gegenüber (*Post.* 135). Die Lust aber wende sich zunächst an die verführerischen Eindrücke, welche die Sinne vermitteln und damit die Vernunft übertönen, sodass sie aus ihrem Herrn zu ihrem Sklaven würde. Sie ist mit der die Frau verführenden Schlange identisch (*Opif.* 165). Entsprechend hätten die Ureltern für den Preis der Lust so teuer bezahlen müssen, wie es in Gen 3,10–19 berichtet wird (*Opif.* 167–168). Hätte die Frau statt der Begierde nach Lust die Tugend erwählt, so wäre sie unsterblich geworden. Indem sie die Lust vorzog, hätte sie ein flüchtiges und sterbliches Leben erwählt (*Opif.* 156).

---

14 In *QG* I.32–37 stellt Philo zwar in Frage, dass Tiere jemals sprechen konnten, schreibt aber den ersten Menschen und so auch der Frau eine Wahrnehmungsfähigkeit zu, die sie auch wortlose Botschaften verstehen ließ, wobei die Schlange sich an die Frau als leichter als ein Mann verführbares Wesen wandte.

15 Vgl. dazu die Definition der Selbstbeherrschung SVF III.264.

16 Der νοῦς verlieh dem Menschen Denken, das in der Seele durch Wahrnehmung, αἴσθησις und Leidenschaften, πάθα, unterstützt, seine Urteilskraft begründet (*LA* II.5; vgl. auch *Somn.* II.5–7), seine Erinnerung ermöglicht (*LA* III.37–38) und das Vermögen der Sprachbildung enthält (LA II.15).

Als geschichtlich betrachtete Philo das in Gen 2–3 Berichtete, weil es die Sterblichkeit des Menschen begründete. Konkret sei es das Verlangen nach ἡδονή, nach Lust, gewesen, das dem Menschen das Gefallen an der himmlischen Speise der Tugenden geraubt und ihn an den Lastern Gefallen finden ließ (*Opif.* 156; vgl. auch Plat. *Tim.* 69c 5–d 6; 77b 4–6).

Dabei übersah Philo keineswegs, dass dieses Verlangen eine doppelte Bedeutung besitzt, denn es ist nicht nur für die Fortdauer des menschlichen Geschlechts (*Opif.* 161) sondern auch als Wurzel aller durch die Sinne vermittelten Freuden unentbehrlich (*Opif.* 162).[17] Andererseits deutet er das Verlangen als Gegenteil der Selbstbeherrschung, die mit Einfachheit und Bedürfnislosigkeit verbunden ist – und daher die Wurzel aller auf Lustgewinn abzielenden Geschäftigkeiten (*Opif.* 164).

So stellt Philo seine Leser vor die Wahl, sich für die Tugend oder das Laster und d.h. zwischen der Liebe zu Gott und der Selbstliebe zu entscheiden (*Sacr.* 2–4). Damit sei es auch ein für alle mal deutlich, welchen Preis die Anhänger der Lust zu entrichten hätten: Erst meinten sie sich einem harmlosen Vergnügen hinzugeben, dann aber zögen sie das Schlechte der Tugend vor (*Opif.* 170).[18]

So sehr Philo sich mit seiner schroffen Gegenüberstellung zwischen Tugend und Laster in der Nähe der Stoiker befindet, so ausgleichend hat sich bei ihm der Einfluss von Platons *Timaios* auf seine Lehre von den πάθα, den Leidenschaften, ausgewirkt:[19] Ganz abgesehen von der Notwendigkeit der αἰσθησείς, der Sinneswahrnehmungen, für das alltägliche Leben (vgl. *LA* II.5–6 mit Plat. *Tim.* 47b 4–c 2) erkannte er, dass z.B. χαρά, die Freude, und ἡδονή, die Lust, für die Dauer des menschlichen Geschlechts nötig sind (vgl. *Tim.* 42a 6–7). Weiterhin würden Schmerz und Furcht die Seele vor unangebrachter Sorglosigkeit bewahren (vgl. *Tim.* 69d 2–6 und 70a 2–7), während sich der Zorn als eine notwendige Waffe zur Verteidigung erweise. Sie alle seien dem Menschen im Sinn von Gen 2,18 von Gott als Helfer an die Seite gestellt (*LA* II.5–6). Der Unterschied zwischen dem legitimen und illegitimen Gebrauch der Affekte liegt offensichtlich in der Art ihres Gebrauchs oder (wie es bei Platon konkret heißt) darin, dass sie der Anweisung der Vernunft gehorchen (*Tim.* 70a 4–7). Entsprechend räumte Philo in einer Allegorese von Gen 9,21 ein, dass ein Mensch, der die vielfältigen Lebensbeziehungen allein auf die Tugend beschränkte und weder den leiblichen Gütern wie Gesundheit, Schönheit und Kraft noch den äußeren wie Reichtum und Ehre Raum

---

17 Vgl. Runia, *Creation*, 377–379.
18 Vgl. auch die allegorische Deutung von Gen 3,14–15 in *QG* I.48.
19 Zu ihrer Einteilung nach dem stoischen Vorbild vgl. Lévy, *Ethics*, 156–159.

gewähre, sich gleichsam die Weite der Welt verschließe. Es komme nur darauf an, dass er diese Güter nicht mit den wahren verwechsle: Im Haus der leiblichen und äußeren Güter dürfe sich der Mensch nur als Gast aufhalten, während er bestimmt sei, im Haus der Seele und ihres wahren Guten zu wohnen (*Sobr.* 59).

Eine Ethik, die den seelischen, leiblichen und äußeren Gütern dieselbe Bedeutung als Quellen des Glücks zuschreibt, hat Philo in einer allegorischen Auslegung von Josephs buntem Rock (vgl. Gen 37,3) in *Det.* 7–9 als einen ethischen Flickenteppich gedeutet. Denn er schließe die ihrer Natur nach streng voneinander getrennten seelischen, leiblichen (wie z. B. Gesundheit, Schönheit und Kraft) und äußeren Güter (wie z. B. Freunde, Besitz und Ruhm) zu einem einzigen vollkommenen und vollständigen Guten zusammen. Mithin betrachte er die einzelnen Güter den kosmischen Elementen vergleichbar als Teile, die erst durch ihre Vereinigung zu einem vollkommenen Ganzen würden. Er hätte aber, um zu einer richtigen Einsicht zu kommen, zu Männern senden sollen, welche die Ansicht vertreten, dass allein das, was der Seele eigentümlich ist, für das wahre Gute (τὸ καλὸν ἀγαθόν) zu halten sei, während die leiblichen und die äußeren Güter nur indirekt als solche bezeichnet werden könnten.[20] Das eigentümlich Gute der Seele aber, so können wir ergänzen, ist ihre Tugend. Vermutlich dachte Philo bei der abgelehnten Dreigüterlehre an einen Peripatetiker wie Theophrast (ca. 372–288 v. Chr.) der sich in der Nachfolge seines Lehrers Aristoteles (Arist. *eth. Nic.* 1177a 12–21; 1177b 24–26 und 1178a 23–1178b 7, bes. 1178a 23–25)[21] radikaler als dieser zu ihr bekannt zu haben scheint und es dabei in Kauf nahm, dass ein so definiertes Glück dem Schicksal ausgeliefert ist (Cic. *fin.* V.12.85–86; *Tusc.* V.24–25).[22] Denn mit der Güterlehre des Begründers der Alten Akademie Antiochos von Askalon (geboren ca. 120 v. Chr.) stimmt das Gesagte nicht überein: Er unterschied nämlich zwischen dem seelischen Guten und dem vollendeten Guten, zu dem auch die leiblichen und äußeren Güter gehören (Cic. *fin.* IV.81; *Tusc.* V.22; vgl. Arist. *eth. Nic.* 1178b 33–1179a 10).[23] Wir halten fest: Das wahre Gute besteht nach Philos Überzeugung im Besitz der Tugend. Sie ist zugleich die Bedingung der εὐδαιμονία, des Glücks.[24] Dagegen dürfte es sich bei den Männern, welche die richtige Lehre

---

20 Vgl. Platons Einteilung der Tugenden in göttliche und menschliche, Plat. *Leg.* 631b 3–d 6.
21 Zur aristotelischen Lehre vom Glück vgl. Ackrill, *Aristotle*, 39–62 und Forschner, *Glück*, 15–21.
22 Zur Ethik Theophrasts vgl. Wehrli, *Peripatos*, 508–513.
23 Vgl. Görler, *Antiochos*, 961–965 und zum Problem der Bekanntschaft Philos mit Antiochos von Askalon Dillon, *Philo*, 223–224.
24 Vgl. auch den von Cicero zitierten stoischen Grundsatz Cic. *Parad.* II: „in quo virtus sit, ei nihil deest ad beate vivendum (Wer Tugend besitzt, dem fehlt nichts glücklich zu leben)." Vgl. dazu oben S. 85.

vertreten, um Platoniker handeln, die auf den Spuren ihres Meisters den Trefflichsten und Gerechtesten – und d. h. den Mann, der vollkommen tugendhaft ist – für den Glücklichsten hielten (vgl. Plat. *Rep.* 580b 8–c 5 und 591c 5–592a 4).

5 Philos Lehre von den Tugenden und ihren Arten

In *Quod Deus sit immutabilis* hat Philo die Tugend ähnlich wie Aristoteles in der *Nikomachischen Ethik*[25] formal als das Mittlere zwischen zwei Extremen bezeichnet: So seien die ἀνδρεία, die Männlichkeit, die Mitte zwischen Wagemut und Feigheit, die Besonnenheit (σωφροσύνη) die zwischen Leichtsinn und Zurückhaltung, die Einsicht (φρόνησις) die zwischen Hintersinnigkeit und Torheit und die Frömmigkeit (εὐσέβεια) die zwischen Dämonenfurcht und Gottlosigkeit (*Deus* 164).[26] Wie nicht anders zu erwarten, standen in seinen einschlägigen Lehren die vier klassischen Tugenden der Umsicht, Mannhaftigkeit, Gerechtigkeit und Selbstbeherrschung obenan (*LA* I.62–65). Wenn er die ἀνδρεία, die Männlichkeit, vor allem als Charakterstärke deutete, die sich auch durch persönliche Leiden nicht beugen lässt (*Virt.* 5–6), aber sich im Notfall auch im Kampf um die Freiheit des eigenen Landes bewährt, blieb er dabei auf der Linie von Ps.Plat. *Def.* 412a 3–b 2.

Weiterhin rechnete er auch die Menschenliebe (φιλανθρωπία) – oder wie die Lateiner übersetzten, die *humanitas* – zu den Tugenden (*Virt.* 51–174).[27] Ihr Lob war seit dem 4. Jh. v.Chr. von Männern wie Platon, Xenophon, Isokrates und Aristoteles besungen. Ihre Rolle als hellenistische Herrschertugend wurde noch im jüdischen *Aristeasbrief* unterstrichen.[28] Philo fand sie in den biblischen Geboten zur Versorgung der Armen (*Virt.* 83–98)[29] und zum Schutz entlaufener Sklaven vorgebildet (*Virt.* 124, vgl. Dtn 15,16). Darüber gehöre zur Menschenliebe die uneingeschränkte Annahme der Proselyten in die eigene Glaubensgemein-

---

25 Vgl. Arist. *eth. Nic.* 1106b 36–1107a 15 und schon Plat. *Phil.* 64d 9–65a 5; *Rep.* 284a 5–c 3und 310a 1–311e 6, vgl. Dirlmeier, *Ethik*, 310 und dazu Wolf, *Mesoteslehre*, 83–108.

26 Zu Philos Lehre von den Tugenden vgl. Lévy, *Ethics*, 146–171, bes. 150–159. Zur εὐσέβεια und πίστις als Tugenden, die das Denken in Übereinstimmung mit der unvergänglichen Natur bringen vgl. *Migr.* 132.

27 Vgl. Winston, *Ethical Theory*, 391–405.

28 Vgl. *Aristeasbrief* 265 und 290; Plat. *Euthyphr.* 3d 7; vgl. *Leg.* 713d 6; Ps.Plat. *Def.* 412e 11–13; Xen. *Kyr.* I.IV.1; Isok. V.114 und Arist. *eth.Nic.* 1155a 20 mit Ps.Arist. *Virt.* 1251b 3 sowie zu Abraham als Menschenfreund TestAbr II.2.4.

29 Vgl. *Virt.* 82 mit Ex 22,25; Lev 25,36–37; Dtn 23,19; *Virt.* 83 mit Lev 25,35; Dtn 15,10; *Virt.* 86 mit Lev 25,37 und *Virt.* 88 mit Lev 19,13; Dtn 24,14–15.

schaft (*Virt.* 102–104; Eph 2,19).[30] Eine Religion, die ihren Anhängern darüber hinaus ein rücksichtsvolles Verhalten gegen Tiere und Pflanzen gebiete, beweise, wie unangebracht die gegen sie gerichteten Vorwürfe der Menschenfeindlichkeit seien (*Virt.* 141–148).[31]

Besonders beachtenswert ist, dass er auch die μετάνοια, die Umkehr[32] der Seele zu Gott, als eine Tugend betrachtet: Sie *müsse* jedermann ausüben, weil nur Gott ohne Sünde sei, *könne* aber auch von jedermann ausgeübt werden (*Virt.* 175–186).[33] Ihre segensreichen Wirkungen zeigten sich bei den Proselyten, deren Leben nach ihr statt durch Gelüste und Unrecht durch ein weises und tugendhaftes Verhalten bestimmt würde (*Virt.* 182–183). Damit ist bereits gesagt, dass Philo den stoischen Schicksalsglauben nicht teilte und die Astrologie ablehnte (*Abr.* 69; *Migr.* 181; *Her.* 300–301). Die Freiheit des Menschen besteht nach Philos Überzeugung anders als die stoische nicht allein darin, sich der schicksalhaften Notwendigkeit zu beugen,[34] sondern in der positiven Wahlfähigkeit, die ihn von allen Pflanzen und Tieren unterscheidet (*Deus* 45–48). Der Mensch aber ist dann wahrhaft frei, wenn er Gott allein als seinen Führer erwählt und sich bei seinem Handeln als Stellvertreter Gottes betrachtet (*Prob.* 20). Gottes Vorsehung be-

---

30 Vgl. auch *Flacc.* 121 und dazu Borgen, *Philo*, 208–209 und zu Abrahm als dem ersten Proselyten Virt. 219.

31 Zu den gegen das Judentum erhobenen Vorwürfen des Apollonios Molon bei Flav.Jos. *Ant.* II.258, dass die Juden Menschen mit anderen religiösen Ansichten und Lebensweisen abwiesen (Flav.Jos. *Apol.* 121) bzw. den ähnlichen Vorwürfen bis hin zu dem des Tacitus, *Hist.* V.4.2.3, der den inneren Zusammenhalt der Juden und ihre wechselseitige Hilfsbereitschaft lobt, sie aber V.5.5.2 trotzdem des gegen alle anderen Menschen gerichteten Hasses („adversus omnes alios hostile odium") bezichtig; vgl. die Zusammenstellungen bei Feldman und Reinhold, *Jewish Life*, 384–386; zu den ihnen vorgeworfenen Gräueltaten und ihrer Lüsternheit 386–387, ihrem Mangel an Bildung, ihrer barbarischen Verfassung und charakterlichen Minderwertigkeit 388–395 und zu Philos Zurückweisung der Vorwürfe gegen die Tora unter der Voraussetzung ihrer Identität mit dem Weltgesetz *Spec.* II.162–167. Zu Umfang und Auswirkungen des Pogroms gegen die Juden in Alexandrien in den Jahren 38–40 n.Chr. vgl. *Flacc.* 54–96; *Legat.* 114–131 und dazu Smallwood, *Legatio*, 233–250 sowie den Überblick über die Lage der Juden in Ägypten von Ptolemaios II. bis zur selbstmörderischen Revolution der Jahre 115–117 n.Chr. Borgen, Philo, 30–37.

32 Zum biblischen Hintergrund vgl. Graupner und Fabry, ‏שוב‎ / *šûb*, 1118–1176.

33 Vgl. auch Lévy, *Ethics*, 152.

34 Sen. *Ep.* 107.10 / SVF I.527 / LS 62 B: „Ducunt volentem fata, nolentem trahunt (Den Willigen führt das Schicksal, den Unwilligen schleppt es davon)." Vgl. auch Cic. *fat.* 41–43 und dazu Rist, *Philosophy*, 112–132 sowie die gründliche Analyse von Bobzin, *Determinism*, 243–313, bes. 255–274, Wicke-Reuter, *Providenz*, 44–47 und zuletzt Meyer, *Fate*, 71–92. Die göttliche Voraussicht oder Pronoia bezeichnet die Vernünftigkeit des Weltplans (Phil. *Prov.* II.48 / SVF I.509), die Heimarmene oder das Fatum, die Gesetzmäßigkeit allen Geschehens, Diog.Laert. II.149 / SFV II.915.

schränkt sich bei Philo anders als bei den Stoikern auf die Stiftung der Weltordnung (*Opif.* 128), um damit den Menschen ein Handlungsfeld zu eröffnen (*Opif.* 9).[35] Aber als der Allwissende sehe er freilich alles Kommende voraus (*Deus* 29). Zu den Rätseln seines Waltens gehört es, dass Gott dem Einen unerschütterliche Standhaftigkeit und Selbstbeherrschung (καρτερία καὶ σωφροσύνη) verleiht und sie dem Anderen vorenthält, sodass er der Lust (ἡδονή) und den Leidenschaften (πάθα) zur Beute fällt (*LA* I.88).

Als weitere Tugenden nennt er die εὐγένεια, die Wohlgeborenheit oder die adlige Abkunft. Sie wird bei ihm aus dem Adel der Herkunft zu einem solchen einer Gesinnung, die Selbstbeherrschung und Gerechtigkeit miteinander verbindet: In diesem Sinne könne ein Sklave edel und ein schlechter Sohn guter Eltern unedel sein (*Virt.* 189–190; vgl. *Virt.* 226–227). Die Königin und Herrscherin über alle Tugenden aber waren nach Philos Überzeugung die Frömmigkeit (εὐσέβεια) und die Heiligkeit (ὁσιότης), weil sie die rechte Art der Gottesverehrung (θεράπεια) lehren, auf der aller Segen ruht (*Spec.* IV.147; vgl. *Praem.* 53). In diesem Sinne konnte er auch die πίστις, das Gottvertrauen (*Virt.* 216; vgl. *Migr.* 44; *Praem.* 27–49 und Ps.Plat. *Def.* 413c 4–5) bzw. die θεοσέβεια, die Gottesfurcht, zum Inbegriff aller Tugenden erklären (*Opif.* 154).

6 Philos Lehre vom doppelten Weg zur Tugend

Auf die Frage, wie der nun gleichsam von Natur den Lüsten verfallene junge Mensch den Weg zur Tugend fände, verweist Philo auf das klassische gymnasiale Bildungsprogramm. Zunächst lehre ihn die Gymnastik körperliche Haltung, dann disziplinieren Grammatik, Arithmetik, Geometrie und Musik seinen Geist und verliehen ihm gleichzeitig einen Sinn für Harmonie und Gerechtigkeit (*Spec.* II.230; *Congr.* 14–16). Daraufhin lerne er durch die Rhetorik und Dialektik seinen Gedanken Ausdruck zu verleihen und fremde Gedanken zu prüfen (*Congr.* 17–18). Entscheidend aber sei, dass der Schüler diese Fächer von Anfang an nicht um ihrer selbst willen, sondern (wie Philo es selbst getan hätte) als Vorbereitung auf die Philosophie betriebe: In *Opif.* 77 hatte er genauer erklärt, dass die Betrachtung der Himmelserscheinungen den Menschen zur Philosophie und damit als sterbliches Wesen zur Unsterblichkeit führe. In seiner Erziehungsschrift begnügte er sich mit der Feststellung, dass die Philosophie den Schüler zur Weisheit (*Congr.* 20–22; vgl.

---

35 Die Frage, ob die Freiheit des Menschen bei Philo unbegrenzt oder begrenzt ist, vgl. Wolfson, *Philo*, 436, der sie für unbegrenzt hält, und Winston, *Doctrine*, 184, der auf *Deus* 48 verweist und also für die Begrenztheit des Menschen plädiert, weil Gott sonst einen zweiten Gott erschaffen hätte.

LA III.167) und damit zur Gotteserkenntnis geleite (*Congr.* 74–76). Weisheit aber definierte er mit einem stoischen Zitat als „Kenntnis der göttlichen und menschlichen Dinge und ihrer Gründe" (*Congr.* 79; SVF II.36). Wer dieses Ziel erreicht habe, wisse, dass er keine Ursache zur Überheblichkeit besitze, denn wahre Einsicht bestehe darin, dass selbst die Tugend ohne Gottes Leitung nichts Gutes bewirken könne (*Det.* 61). Aber Philo wusste auch, dass Gott die Weisheit Menschen auch ohne Schulbildung verleihen kann, indem er ihnen eine natürliche Standhaftigkeit verleiht, die sie ohne Mühe auf den Weg zur Tugend führt und auf ihm erhält (*Congr.* 37–38), denn er ist auch für die Seele der beste Arzt (*Deus* 67; *Her.* 272–273).[36] So umgreift und unterstützt Gottes Handeln das Tun und Lassen des Menschen.

7 Philos Lehre von den drei Lebensaltern und ihren Gütern

Um Philos Lehre von Tugend und Laster sowie von der Angleichung an Gott als dem eigentlichen Lebensziel (*Fug.* 63) angemessen zu verstehen, muss man sie im Horizont seiner Güterlehre und der Beurteilung der besonderen Pflichten der drei Lebensalter bedenken:[37] Auch wenn die jungen Männer die Beherrschung ihrer Triebe gelernt hätten, gehöre es zu ihrem Alter dank ihrer ἐπιθυμία, ihrer Begierde, für die Erhaltung des menschlichen Geschlechts zu sorgen. Die Männer aber sollten sich ebenfalls nicht sogleich dem meditativen Leben hingeben, sondern zunächst ihren Aufgaben als Hausverwalter und Bürger gerecht werden (*Fug.* 38). Dabei dürfen und müssen körperliche Güter (wie Gesundheit, Schönheit und Kraft) und äußere Güter (wie Besitz, Ruhm und Ehre) eine Rolle spielen (*Sobr.* 59–61). Schließlich wäre es eine gekünstelte Einengung der Beziehungen des Menschen zu seiner Umwelt, wenn sie sich nur mit den seelischen Gütern begnügten. Entscheidend sei jedoch, dass man sich Zeit seines Lebens nicht an diese Güter verliere und sich ihres relativen Charakters bewusst bliebe (*Sobr.* 67–69). Es kommt also ganz darauf an, wie man diese Güter gebraucht: So könne ein Reicher durch die Art seines Umgangs mit seinem Besitz als Gegenbild zu einem sklavischen Geizhals wie ein Prasser und Verschwender wirken, indem er freigebig Freunde unterstützte, dem Vaterland Schenkungen gewährte und den Töchtern mittelloser Eltern durch eine Mitgift die Heirat ermöglichte, kurz indem er sein

---

36 Vgl. dazu Lévy, *Ethics*, 159 und 164–165.
37 Vgl. immerhin das in dem aus der Ptolemäerzeit stammenden *Pap. Insinger* 17.23–18.3 über die Lebensalter Gesagte: Nach ihm verbringt der Mensch von seinen ihm von Thot gegebenen 60 Jahren 10 Jahre als Kind, 10 weitere in der Ausbildung, 10 weitere, um sich den nötigen Besitz zu verschaffen, 10 weitere, in denen er noch keinen Rat erteilt.

Eigentum fast als ein Gemeingut behandelte. Ebenso wenig solle sich jemand, der eine angesehene öffentliche Stellung einnehmen und dadurch den Guten Sicherheit verschaffen kann, vom Beifall der Menge abwenden, denn dadurch könnte er dem Ehr- und Prahlsüchtigen ein Bein stellen, der sein Ansehen lediglich missbrauchen und den Schlechten den Aufstieg ermöglichen würde. Und ebenso wenig brauche, wer sich zu beherrschen verstehe, Einladungen zu üppigen Gastmählern auszuschlagen, weil er auf diese Weise den Unersättlichen beschämen könne (*Fug.* 28–32). So gelte es die, die sich über die bürgerlichen Beschäftigungen und Erwerbstätigkeiten ebenso wie über Ruhm und Lust erhaben dünken und ein einsames Leben erstreben, zu fragen, bei welchen Erwerbstätigkeiten sie sich um ein gerechtes Verhalten bemüht, bei welchem Besitz sie sich als mäßig und bei welchem ehrenvollen Amt sie sich als bescheiden erwiesen und ob sie nicht erkannt hätten, wie nützlich die Tätigkeit im öffentlichen Leben, in der πολιτεία ist (*Fug.* 35). Die *vita contemplativa* (zu deren Lob Philo soviel zu sagen wusste und als deren Ideal ihm die sich aus Männern und Frauen zusammensetzenden Therapeuten dienten, die im Südwesten des Meroitischen Sees ihr Einsiedlerleben führten)[38] sollte um der Erhaltung der Menschheit und des Wohlstands und der Ordnung in den Gemeinden willen erst auf die *vita activa* folgen. Daher lautet sein grundsätzlicher Rat (*Fug.* 38): „Macht euch erst mit der Tugend gegen die Menschen vertraut, damit ihr auch die gegen Gott erreicht."

Von Menschen, die wie die Kyniker Verwahrlosung ihres Leibes mit Selbstbeherrschung verwechseln,[39] hat Philo nichts gehalten (*Det.* 19). Die äußerliche und innere Grundpflege des Leibes hielt er für unverzichtbar: Der Mensch braucht eigentlich für seinen Lebensunterhalt nicht mehr, als was ihm die Natur reichlich anbietet: Brot, Wasser und Gartenfrüchte (*Virt.* 6–8; *Praem.* 99; vgl. auch *Opif.* 79). Entscheidend ist nach seiner Überzeugung, dass die dem Jünglingsalter entwachsenen Männer nicht vergessen, dass sie nur Fremdlinge auf dieser Erde sind. Denn sie sind aus einer anderen Welt gekommen und werden nach einem tugendhaften Leben auch wieder in sie zurückkehren (*Cher.* 119–120).

---

38 Zur Siedlung und Zusammensetzung der Gruppe der Therapeuten vgl. Taylor, *Women*, 74–104 und knapp Brown, *Body*, 38–39. Zu den heidnischen und zumal neuplatonischen Lebensgemeinschaften vgl. Seeck, *Untergang* 3, 139–174; Brown, *Antiquity*, 54–80; zur christlichen Askese und dem altchristlichen Mönchtum Müller und von Campenhausen, *Kirchengeschichte* 1, 498–523 und Brown, *Body*, passim und zur philosophischen Lebensgemeinschaft Augustins in Cassiacum und Hippo Regius Brown, *Augustine*, 108–120 bzw.123–138.
39 Vgl. zu ihnen Döring, *Sokrates*, 267–321.

8 Philos Lehre vom Endziel des Lebens

Dem grundlegenden Unterschied zwischen dem Tugendhaften und dem Schlechten entspricht nach Philos Lehre bestimmt sowohl sein zeitliches wie sein ewiges Heil. Der Tugendhafte konnte erwarten, dass er im Alter auf ein wahrhaft glückliches Leben zurückblicken könne, das ebenso Wohlergehen des Leibes wie der Seele in Gestalt günstiger Lebensumstände und eines guten Rufes, Gesundheit und Stärke des Leibes und Freude an den Tugenden enthielte (*Her.* 285 – 286; vgl. auch *Spec.* IV.230 – 238). Als Ausleger der Tora konnte er nicht übersehen, dass über dem Gehorsam gegen ihre Gebote die Verheißung eines Heils steht, das Wohlfahrt des Leibes, guten Ertrag der Felder und Weingärten und inneren und äußeren Frieden umspannt (Dtn 28,3 – 14).[40] Nach dem Tode aber bestimmte der Unterschied zwischen dem Tugend- und dem Lasterhaften beider ewiges Ergehen: Das Leben des Unbeherrschten ist in den Augen der Rechtschaffenen schon zu dessen Lebzeiten schlimmer als der Tod (*Opif.* 164; vgl. *Spec.* IV.91). Daher müsse man zwischen dem Tod, den alle Menschen erleiden und bei dem sich die Seele vom Leib trennt, und dem Tod der Seele unterscheiden: Dieser trete bereits bei dem Abfall von der Tugend zum Laster (κακία) ein. Denn dann würde die Seele gleichsam in ihren Leidenschaften begraben sein (*LA* I.105 – 106). Wer sich einem lasterhaften Leben ergeben habe, sei damit bereits gestorben (*LA* I.107).[41] Andererseits bewirke Selbstbeherrschung (καρτερία) über die zeitlichen Segenswirkungen hinaus das vollendete Gut der Unsterblichkeit (*Agr.* 100; vgl. auch *Plant.* 37). Denn wenngleich die Natur des Menschen vergänglich ist, so sei doch die Tugend (bzw. die tugendhafte Seele) unvergänglich (*Abr.* 55). Dabei trage der Mensch selbst die Verantwortung für sein Endgeschick, weil ihm die Wahl zwischen Gut und Böse, Tod und Leben gegeben sei (vgl. Dtn 30,15 – 20 mit *Deus* 50).

Ein jüngstes Gericht hat Philo ebenso wenig erwähnt wie die Auferstehung der Toten.[42] Stattdessen unterschied er zwischen dem Schicksal, das den Lasterhaften, den Frommen und den zwischen beiden Stehenden im Augenblick ihres Todes zuteil wird (*Praem.* 152). Von ihnen hielt er den Tod der Sünder und damit den ihrer Seelen für endgültig. Vermutlich hat er das Wort Τάρταρος, Unterwelt, als Aufenthaltsort der Seele nach dem Tode nur metaphorisch verwendet, weil ihm

---

40 Zum biblischen Verständnis des Heils vgl. Stendebach, שלום / šālôm, 12 – 46 bzw. umfassend Schmid, šālôm. passim bzw. ders., *Frieden* II, 605 – 610.
41 Vgl. Wasserman, *Death*, 51 – 77, die auch den platonischen Hintergrund erhellt.
42 Vgl. auch Wolfson, *Philo* I, 395 – 423 und zu Philos Vergeltungslehre Termini, *Philo's Thought*, 106 – 109; zum Problem des Messianismus bei Philo 96 – 97.

mythische Vorstellungen als solche verdächtig waren und von ihm allegorisch gedeutet wurden (vgl. *Somn.* I.151 mit *Praem.* 152 und *Congr.* 157).[43]

Entsprechend hat er auch kein Wort über die Auferstehung der Toten am Ende der Tage verloren, sondern sie durch die platonische Lehre vom Aufstieg der Seele der Tugendhaften in himmlische Höhen ersetzt (Plat. *Phaidr.* 247a–249b). Die mystische Vereinigung mit Gott, die der Weise in seiner vollständigen Hingabe an Gott als ein übersinnliches, nur ihm selbst wahrnehmbares (vgl. *Praem.* 27.165) Licht erfährt (*QG* IV.2; *QE* II.39), ist für den Betroffenen das höchste Glück (*QG* IV.2). Sie wird ihm zur Nahrung der Seele, weil er in ihr die Unsterblichkeit vorwegnimmt (vgl. *LA* III.2.6 mit *Deus* 46). So werden die Seelen der Frommen in die überhimmlischen Höhen zurückkehren, von denen sie zur Erde hinab gefahren waren, um sich mit einem Leib zu verbinden. Von ihnen wird ein Teil ganz von den Strudeln des Irdischen verschlungen (vgl. Plat. *Tim.* 43a 6–7), während sich andere gegen den Strom stemmen und aus ihm auftauchen, um dorthin zu streben, woher sie gekommen sind und wo ein Teil der Geister geblieben ist, um Gott für immer zu dienen (*QG* III.11; vgl. auch Plat. *Tim.* 42b 3–5).[44] Die noch nach ihrer Rückkehr an ihren Herkunftsort strebenden Seelen aber geben sich einer Philosophie hin, deren ganzer Zweck es ist, dem Leben im Leibe abzusterben, damit ihnen eine höhere und unsterbliche Existenz in der Gegenwart des wahrhaft Unsterblichen und Unerschaffenen zuteil wird (*Gig.* 13–15; vgl. auch *Plant.* 22). So war für ihn die παλιγγενεσία, die Wiedergeburt,[45] nichts anderes als der Vorgang der Befreiung der Seele aus dem Kerker des Leibes (*Cher.* 114):

> Woher aber kam die Seele, wohin wird sie gehen, wie lange wird sie mit uns zusammen leben? Können wir sagen, was ihr Wesen (οὐσία) ist? Wann aber haben wir sie empfangen? Vor der Geburt? Aber damals hat es uns noch nicht gegeben! (Was aber) nach dem Tode? Aber dann werden wir nicht mehr die mit dem Leib verbundenen solchen (ποιοί) sein, sondern uns als leib- und qualitätslose im Wartezustand auf die Wiedergeburt befinden.

Philo hat aus pädagogischen Gründen im Blick auf das Leben nach dem Tode die schroffe Gegenüberstellung des Loses der Gerechten und der Frevler bei seinem

---

43 Zu Philos negativem Verhältnis zum Mythos vgl. *Opif.* 1–2 und dazu Kamesar, *Interpretation*, 75–76 und zu seiner allegorischen Deutung 78–82.

44 Zur Vorstellung von den Engeln bzw. Sternen als Dienern Gottes bei Philo und im vorrabinischen Judentum vgl. Termini, *Philo's Thought*, 101–103 und weiterhin Mach, *Engelglaube*, 163–173 bzw. 173–184.

45 Philo hat das Wort sonst nur im übertragenen Sinn verwendet, so *Post.* 124 auf die Läuterung der Seele durch die Weisheit, *Aet.* 9.47.75.85.93.99.103 und 107 auf die stoische Lehre von der Wiederkehr aller Dinge nach dem Weltbrand und in einer König Agrippa in den Mund gelegten Rede gegenüber Gaius (Caligula) auf die Begnadigung durch den Kaiser.

Reden vom Schicksal nach dem Tode in den Vordergrund gerückt: Die Gerechten werden ewig leben und die Frevler den ewigen Tod erleiden. Aber bei allem Eifer, mit dem er das Endgeschick der Toren und der Weisen einander gegenüberstellte, hat er wenigstens einmal in *Somn.* I.138 auch an die wandlungsfähigen, vermutlich zwischen den Guten und den Schlechten stehenden Seelen gedacht, die an ihren Leib gebunden sind und zu bestimmten Zeiten und Umläufen (der großen Weltuhr) auf die Erde zurückkehren. So hat er eine kleine Tür zum platonischen Gedanken der göttlichen παιδεία oder Erziehung offen gelassen, die auch die Seelen der Besserungsfähigen einschließt und zu ihrer Vollendung führt.

Hoffnung und Freude, Kummer und Furcht
bei Philo von Alexandrien

1 Der fundamentale Gegensatz zwischen Tugend und Laster in Philos ethischem Denken

Philos ethisches Denken wurde unter stoischem Einfluss durch den fundamentalen Gegensatz zwischen ἀρετή und πάθος, zwischen Tugend und Leidenschaft, bestimmt.[1] Man braucht nur den Lasterkatalog in *Sacr.* 32 zu lesen, in dem er 146 Laster des φιλήδονος, des Liebhabers der Lust zusammenstellt, denen nur 34 in *Sacr.* 27 erwähnten Tugenden gegenüberstehen, um zu erkennen, mit welcher Leidenschaft er die Leidenschaften als Quelle aller Übel im Leben des Einzelnen und der Völker befehdete.[2]

Philo hat den inneren Zusammenhang der Leidenschaften in *LA* II.99 am Beispiel eines vierbeinigen Pferdes verdeutlicht: „Die Leidenschaften", so führt er hier aus, „gleichen einem Ross. Denn die Leidenschaft ist wie das Pferd ein vierbeiniges Lebewesen (und also) temperamentvoll (ὁρμητικός), voll Selbstbewusstsein und von Natur unruhig. Im Gegensatz dazu liebt das Prinzip der Selbstbeherrschung (σωφροσύνη) es, die Leidenschaft zu beißen, zu verwunden und zu zerstören." Die Selbstbeherrschung ist mithin das einzige Mittel, um sich von der Knechtschaft der Leidenschaften zu befreien.[3] Um dieses Ziel zu erreichen, muss sich der Mensch Gott als seinem einzigen Führer anvertrauen. Denn dann wird er weder vom Eros noch von Furcht oder Kummer beherrscht, während er widrige Zufälle vornehm erträgt (*Prob.* 20–25). Anders verhält es sich bei den „Schlechten", deren Liebe dem Geld, Ruhm oder Vergnügen gilt und die mithin Knechte ihrer Leidenschaften sind (*Prob.* 21).

---

1 Zur stoischen Lehre von den Leidenschaften vgl. z.B. Long, *Philosophy*, 175–178 bzw. Forschner, *Ethik*, 114–139 und dazu die Belege bei Long und Sedley, *Philosophen*, 450–460 (Nr. 61) bzw. dies., *Philosophers* II, 373–382 (Nr. 61).
2 Vgl. Wibbing, *Tugend- und Lasterkataloge*, 27–29 und im vorliegenden Band Kaiser, *Aretē*, 83–97.
3 Vgl. Ps.Plat. *Def.* 411e 6–412a 2und weiterhin z.B. Plat. *Phaid.* 68c 8–11; *Rep.* 430e 6–7; *Leg.* 696b 4und als stoische Parallelen z.B. Diog.Laert. VII.92 / SVF III.265 mit Plut. *Sto. Rep.* 1034d / SVF I.563.

DOI 10.1515/978-3-11-049265-1-008

2 Die Grundstimmungen der Seele

Bei der Behandlung der Ethik Philos treten in der Regel hinter den eine zentrale Rolle spielenden Leidenschaften solche Affekte zurück, die sich angemessen als Grundstimmungen der Seele bezeichnen lassen. Zu ihnen gehören die in diesem Sinn nur ein einziges Mal erwähnte Seelenruhe (ἡσυχία) (nur *Ebr.* 97; vgl. aber *Conf.* 37; *Fug.* 136 und *Mut.* 251), die Leidenschaftslosigkeit (ἀπάθεια) als Folge der Freiheit von den Leidenschaften und als Bedingung vollständigen Glücks (*LA* II.102)[4] und vor allem die paarweise zusammengehörenden Grundstimmungen der Hoffnung (ἐλπίς) und Freude (χαρά), der Traurigkeit (λυπή) und Furcht (φόβος), wobei das erste Paar das Leben fördert, während das zweite das Leben hemmt.[5] Dazu kommt die Angst (δεῖμα) als Gefühl für eine unbekannte, die ganze Existenz ergreifende Bedrohung. Nachdem über Tugend und Leidenschaft / Laster in anderem Zusammenhang die Rede war,[6] soll in der vorliegenden Studie der Nachdruck auf diesen Grundstimmungen liegen.

3 Hoffnung und Freude

Umfassend hat sich Philo über die Freude (χαρά) in *LA* III.86 und *Praem.* 11–14 geäußert.[7] In *LA* III.86 erklärt er, dass die Freude eine Hochstimmung (εὐπάθεια) der Seele sei, die nicht erst als anwesende ihre Kraft entfalte, sondern bereits als erhoffte erheitere. Sie besitze nämlich insofern einen Vorrang, weil andere Güter nur das Ihre bewirkten, während die Freude sowohl ein selbständiges als auch ein mit anderem verbundenes Gut sei, das sich allen zuselle. So freuen wir uns über Gesundheit, Freiheit, Ehre und andere gute Dinge, sodass man in der Tat sagen könne, dass es kein Gut gebe, das nicht mit Freude verbunden sei.

Der Begriff der εὐπάθεια stammt aus der stoischen Ethik. Nach Diog.Laert. VII.115 (SVF III.431 / LS 65 F) rechneten die Stoiker die Freude, die Vorsicht (εὐ-

---

4 Vgl. Diog.Laert.VII.117 / SVF III.448: „Den Weisen erklären sie [die Stoiker] für leidenschaftslos (ἀπάθη), weil er den Leidenschaften keinen Angriffspunkt biete" und Epic. *Rat. Sent.* XVII: „Der Gerechte ist am unerschütterlichsten, der Ungerechte voll äußerster Unruhe."

5 In der stoischen Lehre wurden Begierde, Furcht, Traurigkeit und Lust als die ihrer Art nach ersten Leidenschaften bezeichnet. Dabei stünden Begierde und Furcht an erster Stelle, weil die Begierde sich auf das, was gut erschiene, und die Furcht auf das, was schlecht erschiene, bezöge. Lust träte ein, wenn das Begehrte erlangt sei, und Traurigkeit, wenn es nicht gelänge, das Begehrte zu erhalten (Stob. *Ecl.* II.88.6 / SVF III.378 / LS 65 A).

6 Vgl. dazu oben Anm. 2 und überhaupt im vorliegenden Band Kaiser, *Aretē*, 83–97.

7 Zu ihrer umstrittenen Frühdatierung und inzwischen neu zur Diskussion gestellt durch Kaiser, *Glück*, 169–230.

λάβεια) und das Wünschen (βούλησις) zu ihnen. Dabei beurteilten sie die Freude im Gegensatz zur Lust als einen vor der Vernunft gerechtfertigten Gemütszustand, während sie die Vorsicht der Furcht gegenüberstellten. Entsprechend würde der Weise zwar vorsichtig sein, sich aber niemals fürchten. Das Wünschen beurteilten sie als Gegensatz zum Begehren. Das Wünschen aber sei mit Wohlwollen, Freundlichkeit, Herzlichkeit und Liebe verbunden, während zur Vorsicht Achtung und Reinlichkeit und zur Freude Vergnügtheit, Heiterkeit und Seelenruhe gehörten (Diog.Laert. VII.116). Im Hintergrund der stoischen Psychologie steht die Überzeugung, dass der Mensch als vernünftiges Wesen für seine Leidenschaften verantwortlich sei,[8] worin ihnen Philo der Sache nach zustimmte (vgl. z.B. *LA* II.97–102; III.151–156).

Die umfassendste Behandlung der Hoffnung hat Philo in *Praem.* 11–14 vorgelegt: Hier erklärt er, dass sie gleichsam der Same sei, den Gott in den Acker der vernünftigen Seele, der λογικῇ ψυχῇ, gelegt hätte, weil sie als solche die Quelle lebensbejahender Unternehmungen sei (*Praem.* 11):

> In der Hoffnung auf Gewinn rüstet sich der Geschäftsmann für die vielfachen Formen des Verdienens. In der Hoffnung auf eine glückliche Fahrt durchfährt der Kapitän die weiten Meere. In der Hoffnung auf Ruhm erkürt der Ehrgeizige die Politik als Sorge für die gemeinsamen Angelegenheiten. Durch die Hoffnung auf Kampfpreise und Kränze bewegt sind die Athleten bereit, die gymnastischen Wettkämpfe zu erdulden. Die Hoffnung auf Glück treibt auch die eifrig nach Tugend Suchenden an, nach Weisheit zu streben, weil sie glauben, auf diese Weise die Natur des Seienden zu erkennen und in Übereinstimmung mit der Natur zu handeln[9] und so die bestmögliche Vollendung des theoretischen und des praktischen Lebens zu erzielen, die den, der sie gewinnt, glücklich macht.[10]

In *Praem.* 161 definiert Philo die Hoffnung (ἐλπίς) als Vorfreude (wörtlich als „Freude vor der Freude", χαρὰ πρὸ χαρά). Ihr fehle zwar die Vollkommenheit der eigentlichen Freude, weil sie unvollständig sei, aber dafür lindere sie das Elend der Sorgen, indem sie die künftige Fülle des Guten verkünde.[11] Die Freude selbst aber teilte er in *Spec.* II.55 in zwei Arten auf: Die eine sei unvermischt und rein, denn sie enthalte nichts, was ihr entgegengesetzt sei. Sie besitze nur Gott und kein anderer. Die andere, mit Sorgen vermischte empfange der Weise als größte Gabe, wenn die

---

8 Vgl. Long und Sedley, *Philosophen*, 503 (Nr. 65).
9 Vgl. Diog.Laert. VII.87–89; Cic. *fin.* III.31; IV.14 / SVF I.179 / LS 63 B–C und dazu Pohlenz, *Stoa*, 116–118 und Gould, *Chrysippus*, 168–171.
10 Vgl. Anderson, *Views*, 135–139 und zum Verhältnis zwischen dem Gesetz der Natur und dem Mosaischen Gesetz 139–143.
11 Vgl. Ps.Plat. *Def.* 416a 21: „Hoffnung ist Erwartung des Guten."; Arist. *eth. Nic.* 1168a 13–14: „Freude ist die Wirkung eines Anwesenden, Hoffnung die eines Kommenden, Erinnerung die eines Gewesenen (Angenehmen und Geschätzten)."

erfreulichen Aspekte die unerfreulichen überträfen. Die unerschöpfliche Quelle der Freude aber sei die Tugend, denn sie statte den Rechtschaffenen mit Lachen und Heiterkeit aus, sodass seine Freude ohne Trübsal sei (*LA* III.217).

Wahrhaft gebildete Menschen (ἀστεῖοι) besäßen daher Freude und Hoffnung als ihren glücklichen Anteil, weil ihre Hoffnung in Gott gegründet sei, sodass sie unter allen Umständen Gutes von ihm erwarteten. Umgekehrt lebten schlechte Menschen (wie das Beispiel Kains Gen 4,12b lehrt) ständig in der Erwartung von Kummer und Schrecken (*Det.* 140). Menschen, die hofften, sie könnten den Himmel stürmen und Gottes ewiges Königtum zerstören (Gen 11,4) wurden (und würden) von ihm samt ihren Irrlehren niedergeworfen (*Somn.* II.284–285). Abgesehen davon aber sei Gott großzügiger als die Menschen, die sich von denen abwendeten, die um eines Vorteils willen ihre Freundschaft suchten: Denn er fördere nicht nur die, die ihn um seiner selbst willen ehrten, sondern auch die, die ihn um ihrer selbst willen ehrten, weil sie sich davon einen Vorteil versprächen. Die erste Gruppe erhielte von ihm Gaben der Freundschaft, die zweite behandele er nicht als Freunde, aber auch nicht als Fremde (*Abr.* 127–128).

Hoffnung und Freude aber hingen innig zusammen. Denn der Hoffnung komme die Freude als ein glücklicher Zustand der Seele gleich, weil sie nicht allein die Erledigung anstehender Aufgaben erleichtere, sondern zugleich ein Gegenstand der Hoffnung sei, sodass sie die Gegenwart durch eine Vorwegnahme erhelle.[12] So erweisen sich die Freude und die Hoffnung als miteinander verbunden: Denn wir freuen uns auf das erhoffte Gute und jubeln, wenn sich die Hoffnung erfüllt. Mithin löse eingetretene Freude Hoffnung aus, während Hoffnung auf erwarteter Freude beruhe. Dagegen bewirke ein gegenwärtiges Übel Traurigkeit (λυπή) und seine Erwartung Furcht (φόβος) (*Mut.* 161–163).[13] Das Hoffen gehört zusammen mit der Freude zu den Eigenschaften des Weisen, wobei die Erfüllung der erhofften Erwartungen von Gott abhängt (*Det.* 138–139).

Wollte jedoch jemand alles auf einmal haben, so erwiese er sich damit als hoffnungslos, weil er nicht darauf vertraute, dass Gott bereit sei, ihm auch künftig Gutes zuteil werden zu lassen (*LA* III.164). In ähnlicher Weise würde zu Schanden, wer sich über Krankheiten, Alter und Tod erhaben dünke oder wer auf Beute hoffend sie schon verteilen wollte, weil er sich damit Gott überlegen wähnte (*Cher.* 75–76). Wer ohne Mühen über unbegrenzten Reichtum, großen Ruhm oder große Körperkräfte verfüge und seine Seele daran hänge, hätte das Bessere mit dem Wertlosen vertauscht. Denn er gäbe dadurch zu erkennen, dass ihm die

---

12 Vgl. die Definitionskette Arist. *Mem.* 449b 27: „Wahrnehmung bezieht sich auf Gegenwärtiges, Hoffnung auf Zukünftiges und Erinnerung auf Gewesenes."
13 Zum Gegensatz von Lust und Kummer und dem doppelten Charakter der Hoffnung bzw. Erwartung als Furcht bzw. Zuversicht vgl. auch Plat. *Leg.* 644c 6–d 3.9 h.

Weisheit fehle: Der Weise nimmt solche Gaben an, weil sie sein Leben erleichtern, aber er macht sie nicht zu seinem Lebensinhalt (*Gig.* 37–39).[14] Doch mag ein Mensch auch noch so weise oder gar von Gott erwählt wie Moses sein, so könne niemand als Gott selbst die Fragen nach seiner Natur beantworten, sodass er sich an Gott selbst wandte, weil er allein sie zu beantworten vermag: Aber Gott verwies ihn in seiner Antwort (Ex 33,23) auf seine Rückseite, auf alles, was Gott nachfolgt, weil, wer sein eigentliches Wesen (τὴν ἡγεμονικὴν οὐσία) schaute, erblinde (*Fug.* 164–165).

Anders verhielte es sich mit den Hoffnungen, die ein Frommer mit der Erfüllung seines Gelübdes verbinde, denn sie könnten sich erfüllen und machten ihn zu Gottes Schuldner, dem er dann sein Gelübde bezahlen müsse, weil nicht ihm selbst, sondern Gott die Krone der Ehre gebührt (*Sacr.* 53; vgl. auch *Post.* 97).

In *Abr.* 15–16 hat Philo die Hoffnung als den von der Natur bestimmten Torhüter an den Pforten der im Inneren thronenden Tugenden bezeichnet, zu denen niemand gelange, der nicht vorher der Hoffnung seinen Tribut entrichtet hätte. Daher hätten die Gesetzgeber in allen Ländern sich darum bemüht, die Seelen der Freien durch die Gesetze mit angenehmen Hoffnungen zu erfüllen. Wer aber ohne solche Hilfen froher Hoffnung würde, der hätte sie aufgrund eines von selbst erkennbaren Gesetzes der Natur erlernt, hinter dem Gott selbst verborgen ist (vgl. *Fug.* 169–172).[15]

4 Gott als Grund der Erfüllung der Hoffnung

Auch wenn es nach dem Gesagten gewiss ist, dass die Hoffnung das Leben der Menschen bestimmt, ist damit noch nicht ausgemacht, dass sie statt auf ihre eigenen Kräfte zu vertrauen, Gott als den Grund ihrer Hoffnung erkennen.[16] Denn, wie Philo in *Praem.* 12–13 darlegt, gebe es einerseits Menschen, die sich wie ihre eigenen Feinde benähmen, indem sie sich durch Schlechtigkeit oder Leichtsinn ruinierten, während andere die Hoffnung in Wahrheit mehr aus Selbstliebe denn aus Frömmigkeit schätzten, indem sie sich selbst als Quelle ihrer sittlichen Handlungen (κατορθώματα) betrachten. Aber in Wahrheit sei nur der allein des Beifalls wert, der seine Hoffnung auf Gott sowohl als Quelle seiner Existenz wie

---

14 Vgl. Winston und Dillon, *Treatises*, 256–257 und zu *Gig.* 39 auch Hom. *Od.* II.604; III.30 und V.193.
15 Vgl. Anderson, *Views*, 115–118.
16 Vgl. Wolfson, *Philo* I, 187–188.

auch als der einzigen Kraft betrachte, die in der Lage sei, ihn vor Kummer und Zerstörung zu bewahren.[17]

Verglich man das Leben mit einem Wettkampf und fragte dann, welcher Lohn dem, der den Kranz gewonnen hat, angeboten wird, so erwiese es sich, dass auch der Sieger ein Mensch und als solcher ein Gemisch aus sterblicher und unsterblicher Natur und darüber hinaus ein Wesen sei, das sich nicht selbst erschaffen, sondern sich selbst empfangen habe. Ihn nennen die Chaldäer Enōs, und Enōs bedeutet ins Griechische übersetzt ἄνθρωπος. Würde der das ganze menschliche Geschlecht bezeichnende Namen einem einzigen als besonderer Lohn als Eigenname zugelegt (Gen 4,26), so würde dadurch hervorgehoben, dass man überhaupt keinen als einen Menschen betrachten dürfe, der seine Hoffnung nicht auf Gott setze (*Praem.* 13–14; vgl. *Det.* 138; *Abr.* 12–14). Wahre Menschlichkeit ist nach Philos Überzeugung mithin in seiner auf Gott gesetzten Hoffnung begründet.

5 Die Schreckensherrschaft von Traurigkeit und Furcht

In *Her.* 268–271 geißelt Philo die Folgen der körperlich verwurzelten vier Leidenschaften (πάθη). Solange von ihnen die Lust (ἡδονή) herrsche, sei das Denken aufgeblasen und flüchtig. Wenn die Begehrlichkeit (ἐπιθυμία) regiere, erfülle ein sehnsüchtiges Streben nach unerfüllten Hoffnungen die Seele. Denn wenn die Seele dürste, aber nicht trinken dürfe, litte sie gleichsam Tantalusqualen. Unter der Vorherrschaft der Traurigkeit (λύπη) ziehe sie sich schreckhaft zusammen, wie Bäume, die ihre Blätter abschütteln und verdorren, weil ihre Blüte und Frische verdorrt ist. Wenn aber Furcht die Herrschaft gewinnt, denke niemand daran, auf seinem Platz zu bleiben, sondern mache er sich in der Erwartung auf die Flucht, dass er allein dadurch Sicherheit gewinnen könne. Denn während die Begehrlichkeit auch dann eine anziehende Kraft auf das erstrebte Objekt ausübe, wenn es sich unserem Zugriff entzöge, gebäre die Furcht dagegen einen Sinn der Befremdung, der ihren Gegenstand absondere. Der Vorrang der hier benannten Leidenschaften versklave die von ihnen ergriffenen, bis Gott als Schiedsrichter und Richter eine Trennung zwischen dem Übel und dem Misshandelten bewirke, die für den einen die volle Freiheit bedeute, während er andere für ihre Untaten zur Verantwortung ziehe.[18]

---

17 Zum Problem der Datierung der Schrift vgl. Bendemann, *Philo*, 15–20.
18 Vgl. DK 68 B 292 (Demokrit): „Unsinnig sind die Hoffnungen der Unverständigen." Vgl. auch DK 68 B 3 (= Kirk; Raven und Schofield, *Philosophen*, 468 [Nr. 593]) mit Mansfeld und Primavesi, *Vorsokratiker*, 678–679.

So wie die Furcht der Traurigkeit und der Geruch dem Geschmack vorausgehen, geht nach *Mut.* 163–164 die Hoffnung der Freude voraus. Als Beispiel dafür führt Philo in *Mut.* 165 den hungrigen oder durstigen Wanderer an, der beim plötzlichen Anblick einer Quelle oder mit Früchten beladener Bäume, noch ehe er isst oder trinkt oder auch nur Wasser schöpft oder eine Frucht abbricht, von einer vorausgehenden Hoffnung auf den bevorstehenden Genuss erfüllt wird.

Generalisierend konnte Philo in *Det.* 95–96 erklären, dass der Mensch nach Gottes Ausspruch (Gen 4,11) durch nichts so vom rechten Wege abgelenkt würde wie durch alles, was von der Erde stamme, denn der irdische Anteil eines jeden erwiese sich als die Ursache der meisten Missgeschicke. Solange diese Kraft frisch und lebendig sei, erschiene sie als stark und gesund, wenn aber irgendeine schlechte Macht als gesund ausgegeben würde, verlören wir die Selbstkontrolle und hießen die Lust willkommen, kehre jedoch die Selbstbeherrschung zurück, so beklagten wir unsere Lebensweise, weil wir einsähen, dass wir durch die Bevorzugung der Lust vor der Tugend unser unsterbliches Leben[19] durch das Sterbliche unterjocht hätten (*Det.* 95). Als eigentliches Einfallstor des Kummers erwiesen sich die Sinne: Denn *erblicke* jemand Schönheit, so würde er durch die Pfeile einer gewaltigen Liebe verwundet. *Höre* er dagegen vom Tod eines Verwandten, so würde er durch Kummer gebeugt. Vielfach bewirke der Gaumen und d. h. das *Schmecken* den Niedergang, indem es ihn mit einer Fülle von Genüssen bedrücke, ganz zu schweigen von den *sexuellen Erregungen*, die ganze Städte und Länder und weite Landstriche der Erde zugrunde gerichtet haben, wie es eine Menge von Dichtern und Geschichtsschreibern bezeugen (*Det.* 99; vgl. *Spec.* III.15–19).

In *Praem.* 71–72 unterscheidet Philo zwischen zwei wohltätigen und zwei schädlichen Leidenschaften der Seele: Die beiden wohltätigen bestünden in der ἡδονή, der freudvollen Lust, und in der ἐπιθυμία, dem Verlangen, die beiden schlechten in gegenwärtiger oder erwarteter Traurigkeit (λυπή) und in der Furcht (φόβος). Die beiden ersten werden als wohltätig bezeichnet, weil sie mit Hoffnung verbunden sind, die beiden zuletzt genannten nähmen (wie das Beispiel Kains zeige) einen Brudermörder gefangen, auf dem der Fluch des Seufzens und Klagens liege, sodass er von jeder Hoffnung abgeschnitten sei. Ein solcher Mann gliche in seiner Furcht und seinen Sorgen jemandem, den eine Flut ergriffen habe, deren Wellen über ihm zusammenschlügen. Daher lasteten auf den Rechtsbrechern und Genussmenschen die ihnen in Lev 26 geltenden Flüche, sodass sie in Furcht und

---

19 Zum Streben des Weisen und Frommen nach der Unsterblichkeit der Seele vgl. *Virt.* 9; *Spec.* II.262; zu ihrem Erlangen nach einem gerechten Leben *Praem.* 110; *Legat.* 91; *QG* I.51. III.57; IV.66; *QE* I.15; II.114 und dazu Kaiser, *Philo*, 259–263.

Panik versetzt, vergeblich den über sie von Gott verhängten Schrecken zu entgehen suchen (*Praem.* 147–149).

6 Die Furcht als schlechte Beraterin des Menschen

In *Opif.* 79 nennt Philo den φόβος, die Furcht, eine schlechte Beraterin, obwohl er – wie sein Urteil in *LA* II.8 zu erkennen gibt – durchaus auch ihre positive Aufgabe kannte. In seiner allegorischen Auslegung von Gen 3,14 in *LA* III.107–113 identifiziert er die verfluchte Schlange mit der ἡδονή, der sinnlichen Leidenschaft, die er weiterhin als vernunftlose Reaktion auf die sinnliche Wahrnehmung eines Leibes definiert. Doch während die Begierde das Verlangen nach Sinnenlust erwecke, würde die Furcht durch ihre Abwesenheit erzeugt. In *LA* III.250 legt er Gen 3,18 aus. Dabei erklärt er jede Leidenschaft für ein Gestrüpp, weil sie ein dreifaches enthielte: So gehörten die Lust, das Lusterregende und das Lustempfinden, die Begierde, das Begehrte und das Begehren, der Kummer, das Kummervolle und das Kummererregende und eben auch die Furcht, das Furchtbare und das Fürchten zusammen. Am Beispiel des gottlosen Kain, der seine Tage seufzend und zitternd verbrachte, könne man die Auswirkungen der vier Leidenschaften erkennen, wobei das, was ihn erwartete, Furcht, und was er gerade erlebte, Kummer in ihm erzeugte (*Det.* 119). Während fromme und zugleich gebildete Menschen (ἀστεῖοι) Freude und Hoffnung als ihr glückliches Teil erhielten und in jeder Lage Gutes erwarteten, lebten schlechte Menschen stets in Kummer und Ängsten (λύπαις καὶ φόβοις), wobei sie angesichts gegenwärtiger Übel seufzten und angesichts bevorstehenden zitterten (*Det.* 140).

7 Angst als Ausdruck bedrohten Daseins

Für die Angst stellt die griechische Sprache das Wort δέος zur Verfügung, dessen Bedeutung auf den ersten Blick je nach seinem Kontext zwischen Furcht und Angst zu wechseln scheint. Halten wir uns an die Unterscheidung zwischen der Furcht als einer Reaktion auf eine erkannte und abschätzbare und der Angst als die auf eine ebenso unbestimmte wie kraftvolle Auslieferung an das Nichts, wie sie seit Kierkegaards und Heideggers Differenzierung geläufig geworden ist,[20] so lässt es sich nachweisen, dass die einschlägigen Belegstellen δέος durchgehend von der

---

20 Vgl. Kierkegaard, *Angst*, 39–44 und Heidegger, *Sein und Zeit*, 184–191.

Angst handeln, weil es in ihnen ausdrücklich um die Angst vor dem Tod oder der nichtenden Kraft des Göttlichen oder des Numinosen geht.

Mustern wir die Belegstellen, so entspricht die in *Her.* 23 überlieferte Wendung δέος καὶ φόβος der deutschen „Furcht und Schrecken", ist aber trotzdem mit „Angst und Schrecken" zu übersetzen. Denn konkret handelt es sich hier um die Fähigkeit Gottes, beides hervorzurufen, um auf diese Weise seine Herrschaft und Macht gegenüber den Menschen zum Zuge zu bringen. Mithin ist das mit der Angst verbundene Moment der Unheimlichkeit der Begegnung mit dem Göttlichen gegeben. In *LA* I.84 geht es um das Gefühl, ein gewähltes Ziel nicht zu erreichen. Da es unbestimmt ist, dürfte die Übersetzung von δέος mit „Angst" ebenfalls gerechtfertigt sein. Das dürfte auch für *Migr.* 170 zutreffen, wo es um das Empfinden geht, das die Seele beim Aufstieg zur Betrachtung des Seienden erfüllen sollte, denn sie vermag nicht abzuschätzen, welche Irrgänge sie dabei erwarten. Während δέος in *Abr.* 186 zu einer allgemeinen Ursache für das Kinderopfer erklärt wird, behandelt *Abr.* 188 die besondere Motivierung Abrahams durch einen göttlichen Befehl, sodass in beiden Fällen nicht von einem δέος vor Menschen und also von Menschenfurcht die Rede sein kann, sondern um die Angst vor der dunklen Macht des Göttlichen bzw. des Numinosen. Da es sich bei Jakobs an Joseph gerichteten Tadel wegen seiner Traumerzählungen (Gen 37,10) in *Jos.* 9 um eine Reaktion handelt, die einen Erziehungsfehler vermeiden soll, ist das Moment der Unbestimmtheit der Befürchtungen gegeben, sodass die Übersetzung von δέος mit Angst auch in diesem Fall gerechtfertigt ist. Ähnlich verhält es sich in *Jos.* 189, wo Philo Jakob unterstellen lässt, Benjamin könne auf der Reise nach Ägypten in Erinnerung an das Schreckliche, was seinem Bruder Joseph widerfahren war, lebend aus δέος, aus Angst, den Tod erleiden. Es handelt sich also um einen Fall von Todesangst.

In *Spec.* II.4 geht es um die Ängste, die bei Beobachtern und Verursachern zögernd abgelegter Eide erweckt werden, die dabei beide gleichsam einen numinosen Schauer erleiden. Aus der Angst (ὡς δέος εἶναι), gewohnheitsgemäß den Leidenschaften zu verfallen, solle wer auf diese Weise angefochten ist, nach seiner Bekehrung in die Fremde ziehen (*Praem.* 18). Diesem Rat entspricht die Befürchtung, dass bei einem, dessen Seele gerade erst gesundet ist, die gewohnten Leidenschaften wieder hervorbrechen (*Praem.* 21). Nichts, so erfahren wir in *Prob.* 22, versklave den Geist eines Menschen stärker als die Angst vor dem Tode (τὸ ἐπὶ θανάτῳ δέος).

In *Mos.* I.46 gehe es darum, dass die Gegner Moses bei „seinem Großvater" (d. h. dem Pharao) verdächtigen, um in ihm die Angst zu erwecken, dass jener ihm vorzeitig seine Herrschaft wegnehmen würde. Dagegen wäre Moses nach *Mos.* I.77 angesichts seines in eine Schlange verwandelten Stabes so in Angst geraten, dass er geflohen wäre, wenn ihn Gott nicht daran gehindert hätte (Ex 4,3 – 4). Dagegen bekamen es die Hofleute Pharaos mit der Angst zu tun, als der Stab, mit dem Aaron auf den Nil geschlagen hatte, zu einer Schlange geworden war, ein Mirakel, das freilich die ägyptischen Magier sogleich wiederholten (vgl. Ex 7,8–11 mit *Mos.* I.91–92). In *Mos.* II.251 begegnen δέος und φόβος in der Eröffnung der Mahnrede, die Moses vor dem Zug durch das Rote Meer an sein Volk richtet, unmittelbar nacheinander: „δέος ist angebracht, φόβος ist nahe und eine große Gefahr". Da die Gefahr in ihren konkreten Zügen nicht abschätzbar war, sich das Meer aber unheilvoll vor ihm erstreckte, ist δέος auch in diesem Fall angemessen mit Angst zu übersetzen. Die verbleibende Unsicherheit spiegelt sich in den Übersetzungen von Badt und Colson. Badt übersetzt: „Die Furcht ist durchaus berechtigt, der Schrecken nahe und groß die Gefahr."[21] Colson setzt freier ein: „Alarm[22] you needs must feel. Terror is near at hand: the danger is great."[23] Als sich das Volk Israel auf seinem Zug durch die Wüste Syrien näherte, löste es bei den betroffenen asiatischen Völkern nach *Mos.* I.263 einen φοβερὸν δέος, eine gewaltige Angst aus.

Dagegen begegnen in *Spec.* zwei Belege, in denen δέος mit „Gefahr" zu übersetzen ist. So geht es in *Spec.* I.120 um die Darbringung der Erstlinge. Sie sollten gemäß Lev 22,10 unmittelbar dem zuständigen Priester übergeben werden, weil sonst die Gefahr (δέος) ihrer Profanierung bestünde. Dieselbe Bedeutung besitzt das Wort auch in *Spec.* III.165–166: Hier geht es dem Kontext gemäß um die von manchen Gesetzgebern erlassene Bestimmung, dass die Kinder und andere Familienangehörige von Verrätern und Tyrannen hingerichtet werden sollen. Philo aber besteht in Übereinstimmung mit Dtn 24,16 darauf, dass Geburt (und Verwandtschaft) an sich kein gesetzloser Akt ist und eine Gefahr (δέος) nur von dem ausgeht, der selbst gesetzlos gehandelt hat (*Spec.* III.166).

Abschließend seien Belegstellen vorgeführt, die auf den ersten Blick mehrdeutig erscheinen, sodass man zunächst zögert, ob man δέος mit Furcht oder Angst zu übersetzen habe, aber nach einigen Überlegungen trotzdem für die zweite Möglichkeit sprechen: Denn Sara wurde nach *Spec.* II.55 von ihrer Angst (δέος) durch Gottes Gnade befreit, die sie ergriffen hatte, weil sie nach der ihr trotz ihres hohen Alters erteilten Ankündigung der Geburt eines Sohnes gelacht hatte (Gen 18,12). Wer nach *Spec.* III.29 eine Ausländerin heiratete, hatte Anlass zur Angst, weil er damit in eine gottlose bzw. götzendienerische Welt hineingezogen wurde. Die Zeugen der Hinrichtung eines Magiers aber wurden dadurch von der Angst vor seiner numinosen Schadensmacht befreit (*Spec.* III.102). Die Zeugen der Abschlachtung von 24000 Mann durch die Leviten als Strafe für ihren Tanz um das Goldene Kalb wurden dadurch zur

---

21 Badt, *Philo Werke* 1², 356.
22 Hier wird es mit der Bedeutung „Angst, Unruhe" verwendet.
23 Colson, *Philo* 6, 575.

Vernunft gebracht, weil sie Angst vor demselben Schicksal bekamen (*Spec.* III.126). Die Zeugen der Hinrichtung von Verrätern wurden dadurch in Angst vor demselben Schicksal versetzt (*Spec.* III.166). Die Alexandriner, die ihre Steuern nicht bezahlt hatten, waren aus Angst vor den zu erwartenden Strafen der Steuereinnehmer aus der Stadt geflohen (*Spec.* III.159). Nach Dtn 20,5–9 sollten wohl doch die Ängstlichen und nicht die Furchtsamen vom Kriegsdienst befreit werden (*Virt.* 23).[24] Ein Dieb aber wäre nach *Spec.* IV.6 sein eigener Ankläger, weil ihn sein Gewissen verklagt und er sich wegen seines schimpflichen Tuns schämt und fürchtet.[25] Aus Scham hält er sich der Bestrafung wert, während der Gedanke an die Strafen δέος, Angst, einflösse. Einem Autor, der zwischen δέος und φόβος unterschieden hat, sollten wir auch als Übersetzer folgen.

8 Kummer und Sorgen als Folgen vernunftloser Leidenschaften

Die Frage, warum die Menschen durch Kummer und Sorgen (λύπαι) geplagt werden, beantwortet Philo mit einem Hinweis darauf, dass sie von vernunftlosen Gelüsten (ἡδοναί) wie der Gefräßigkeit und Wollust sowie dem Streben nach Ruhm, Reichtum und Macht beherrscht würden, sodass sie – seit die ersten Menschen ihre ursprüngliche Tugend verloren hatten (vgl. *Opif.* 167)[26] – ihren Lebensunterhalt mit harter Arbeit gewinnen müssen. Dabei würden ihre sittlichen Antriebe durch Furcht als schlechte Ratgeberin zugunsten von Feigheit, Ungerechtigkeit und andere Laster verdrängt werden. Würden ihre Leidenschaften und Begierden durch Maßhalten und Selbstbeherrschung gemildert und alle Ungerechtigkeit durch Gerechtigkeit ersetzt, würde Gott sie wie am Anfang durch selbst gewachsene Güter versorgen (*Opif.* 79–81).[27]

9 Das Stöhnen als Ausdruck des Schmerzes wegen enttäuschter Bosheit oder der Bereitschaft zur Umkehr

Philo definiert das Stöhnen in *LA* III.211 zunächst ganz neutral als Ausdruck starker oder gesteigerter Schmerzen, um dann festzustellen, dass es sowohl durch die enttäuschte Begierde, einem Anderen zu schaden, wie durch die Reue über ein

---

24 Vgl. Wilson, *Philo*, 126–128.
25 Vgl. auch Bosman, *Conscience*, 169–170.
26 Vgl. Runia, *Creation*, 385–389.
27 Vgl. Runia, *Creation*, 251–253.

in Torheit und Ungerechtigkeit verbrachtes Leben ausgelöst werden könne (*LA* III.211; vgl. auch *QG* I.72). Im zweiten Fall wäre es mithin ein Ausdruck der Bußfertigkeit, die den Betroffenen veranlasse, Gott zu bitten, ihm die Umkehr zu ermöglichen (*LA* III.211): „Unselig sind wir, die wir solange mit der Krankheit des Unverstandes, der Torheit und des Unrechts behaftet gewandelt sind." Aber diese Einsicht führe nicht automatisch zu einem neuen und besseren Lebenswandel. „Denn vielen Seelen, welche die Umkehr wünschten, wurde sie von Gott nicht zugestanden, sodass sie wie von einer ihren Lauf ändernden Strömung (wie Lots Weib) zurückgerissen wurden." Wer sich erst einmal an das Sündigen gewöhnt habe, dessen Wille zur Umkehr könne so schwach sein, dass er trotz seiner momentanen Reue auf seine alten Pfade zurückkehrte (*LA* III.213). Für einen Menschen könne es jedoch kein größeres Unglück und keine größere Unsicherheit (ἀπορία) als die geben, von Gott verlassen und aufgegeben zu sein, sodass er seine Tage unter Seufzen und Zittern verbringe, weil er sich vor allem fürchte, was ihn erwarte (*QG* I.73).

10 Die Hoffnung auf Gottes Vergebung für unwillentlich begangene Sünden

In seiner allegorischen Auslegung der biblischen Bestimmungen über die sechs Freistädte (Num 35,9 – 29) in *Fug.* 87– 99 kommt Philo auf Gottes Vergebung für unwillentlich begangene Sünden zu sprechen: Wer sich in einem solchen Fall befinde, solle ohne Atem zu schöpfen zum Wort Gottes als der Quelle aller Weisheit eilen, damit er vom Tode erlöst das ewige Leben als Preis gewönne.[28] Wer weniger gut zu Fuß sei, solle sich an die die Welt erschaffende Kraft wenden, die Moses θεός (Gott) nenne, um seinen Schöpfer zu lieben, dem er sein Dasein verdanke. Wer dazu weniger bereit sei, den nötige Gottes königliche Macht, weil die Furcht vor dem Herrscher die Macht besitze, den Untertan zu bessern und zu ermahnen, wenn die Freundlichkeit eines Vaters dies nicht vermöge.[29] Wem aber der Schöpfer und Herrscher zu fern dünke, der könne sich an die gnädige Macht wenden, die Pflichten auferlege und Verbotenes untersage (Fug. 99):

> Denn der, der unterstellt, dass die Gottheit nicht unerbittlich, sondern von Natur freundlich ist, wird selbst wenn er früher gesündigt hat, danach in Hoffnung auf Vergebung Buße tun. Und wer bedacht hat, dass Gott der Gesetzgeber ist, wird, indem er allen seinen Bestimmungen gehorcht, glücklich werden. Dabei wird der letzte der drei eine dritte und letzte

---

28 Vgl. dazu oben Anm. 16.
29 Zu Wahrnehmungen des unsichtbaren Gottes vgl. Andersen, *Views*, 158– 162.

Zuflucht erreichen, die Abwendung von Übeln, auch wenn er keinen Anteil an Gottes hauptsächlichen guten Gaben erhält.

11 Die Notwendigkeit der Affekte im Leben des Menschen[30]

Philo bewies ein gesundes Urteilsvermögen, indem er Anregungen aus Platons *Timaios* aufnehmend darauf hinwies, dass es sich bei den Wahrnehmungsfähigkeiten um notwendige Tätigkeiten der Seele handelt, denn das Sehvermögen lasse die Dinge und ihre Farben erkennen, das Gehör Töne, der Geruchssinn Düfte wahrnehmen und der Tastsinn Glattes und Raues unterscheiden (*LA* II.2–4; vgl. Plat. *Tim.* 47b 4–e 2). Weiterhin sorgten die Lust (ἡδονή) und die Begierde (ἐπιθυμία) dafür, dass die Menschheit nicht ausstirbt (vgl. immerhin Plat. *Tim.* 42a 6–7 mit *LA* II.8),[31] während Furcht und Zorn sich im Leben des Einzelnen als durchaus sinnvoll erweisen können:[32] Denn Furcht vermag die Seele vor unangebrachter Sorglosigkeit zu warnen (vgl. Plat. *Tim.* 64e 4–7 und 69c 5–d 6), während Zorn sich als notwendiges Mittel der Selbstverteidigung und gegebenenfalls auch der Erziehung und der Durchsetzung politischer Überzeugungen erweist (vgl. Plat. *Tim.* 69d 2–6 mit *LA* II.8; *Mos.* I.321–322).[33] Sie seien dem Menschen nach Gen 2,18 als Helfer zur Seite gestellt. Der Unterschied zwischen einer sittlich erlaubten und unerlaubten Hingabe an die Affekte liegt in der Art ihres Gebrauchs und letztlich darin, ob sie der Anweisung der Vernunft, des λόγος gehorchen oder nicht (Plat. *Tim.* 70a 2–7). So maßlos Philo dem heutigen Leser bei seinen Ausfällen gegen das Laster erscheinen mag, dessen verderblichen Auswirkungen er angesichts einer dekadenten Wohlstandsgesellschaft rücksichtslos beim Namen nannte, so besonnen und menschlich, ja wahrhaft fromm erweist er sich dem geduldigen Leser.

---

30 Vgl. im vorliegenden Band Kaiser, *Aretē*, 83–97.
31 Vgl. auch Eudor. *frg.* 28 Mazz.
32 Nach *Praem.* 71 sind die ἡδονή, die Freude / Lust, und die ἐπιθυμία, das Begehren, die beiden positiven Gemütsbewegungen, denen Kummer und Furcht als die beiden negativen gegenüberstehen.
33 Sachgemäß ist Philos in *Migr.* 210–211 erteilter Rat, dem Zorn und der Wut zunächst nachzugeben, um auf diese Weise die Selbstbeherrschung zurück zu gewinnen.

Gesundheit und Krankheit bei Philo von Alexandrien[1]

1 Gesundheit als höchstes unter den vergänglichen Gütern[2]

Wenden wir uns dem im Folgenden im Mittelpunkt stehenden Thema von Philos Beurteilung von Gesundheit und Krankheit und dem Verhältnis zwischen Arzt und Patient zu, so gilt es zunächst festzustellen, dass das Problem von Gesundheit und Krankheit in Philos Sicht ein spezifisch menschliches bzw. kreatürliches ist. Denn da der unerschaffene Gott weder Körperteile noch Organe besitze, brauche er sich auch nicht um seine Gesundheit zu sorgen (*Deus* 57). Auch wenn Gesundheit und Krankheit in der Nachfolge von Heraklits Lehre[3] zum Lauf und Wesen der realen Welt gehörende Gegensätze sind (*Her.* 207–212), besitze die Gesundheit einen eindeutigen Vorrang gegenüber der Krankheit, der dazu nötigt, sie von allen natürlichen Gütern an die erste Stelle zu setzen und die Krankheit entsprechend als eine Schädigung des Lebens zu betrachten. Daher erklärte er die Gesundheit in *LA* III.177–178 in ihrer einfachen Gestalt als eine Gabe Gottes und in der bis vor wenigen Jahrzehnten als ein fremdes Werk betrachteten, wie eine Sammlung von Entwurfsskizzen anmutenden Schrift *De aeterinate mundi* oder *Über die Ewigkeit der Welt* unumwunden für einen natürlichen Zustand. Denn so wie der Kosmos nach der Dauer des Ganzen strebe, gelte das auch für seine Teile, so dass auch beim Menschen Gesundheit gegenüber Krankheit und Zerstörung die natürliche Beschaffenheit des Daseins sei (vgl. *Aet.* 37 mit 116).[4]

Dass es sich bei der Gesundheit trotzdem um ein relatives Gut handelt, ging nach Philos Überzeugung schon daraus hervor, dass sie kein exklusiver Besitz des Tugendhaften ist, sondern er sie mit fluchbeladenen und sündhaften Menschen teilt (*Post.* 159). Trotzdem beurteilte er alle irdischen Kräfte, denen wir die natürlichen Güter unseres Lebens verdanken, als Mittel der schaffenden Kraft Gottes. Das gelte nicht allein für Wachstum und Gedeihen auf den Feldern, sondern auch für die

---

1 Robert Jütte zum 60. Geburtstag
2 Zu Philos Lehre von den Werten vgl. auch Wolfson, *Philo* II, 297–303.
3 Vgl. DK 1951 K 22 B 10; Mansfeld-Primavesi 4.46–61.
4 Um Nähe und Unterschied zum medizinischen Denken zu markieren, seien die beiden Definitionen der Gesundheit nach Galen *De differentiis morborum* (zit. nach Gal. *Meth. Med.*) zitiert: „Gesundheit liegt vor, wenn die Funktionen (ἐνέργειαι) des Leibes mit der Natur (κατὰ φύσιν) übereinstimmen" bzw. „Gesundheit gibt es, wenn die Konstitution (κατασκευή) der Organe, mittels deren der Leib tätig ist, sich mit der Natur in Übereinstimmung befinden." (Gal. *Meth. Med.* I.7.59K). Zu dem griechischen Arzt und Philosophen Galenos (129 bis ca. 216 n.Chr.) vgl. ausführlich Johnston und Horsley, *Galen* 1, IX-CLIV bzw. knapp Nutton, *Galenos*, 748–756.

DOI 10.1515/978-3-11-049265-1-009

Kinderzeugung und (was wir weiterhin im Sinn behalten müssen) ebenso für die ärztliche Kunst, die für die Gesundheit der Kranken sorge (*Deus* 87–88; vgl. auch *Mut.* 221 und Sir 37,1–8). Sie aber käme erst zum Zuge, wenn der Mensch seine ursprüngliche Gesundheit verloren hätte, denn dann überließe Gott die Heilung der ärztlichen Kunst und dem ärztlichen Geschick, obwohl er auch in diesem Fall der eigentliche Helfer bliebe (*LA* III.177–178). Entsprechend meldete Philo im Blick auf die Fähigkeit der Ärzte, Leben zu erhalten, den Vorbehalt an, dass die eigentliche Macht über Tod und Leben nicht in ihrer Gewalt, sondern in der Macht Gottes stünde, der sie ihnen gegebenenfalls verliehe (*Spec.* I.252): „Denn die Ärzte sind hinfällige und sterbliche Wesen, die nicht in der Lage sind, ihre eigene Gesundheit zu sichern, und deren Kräfte nicht allen oder auch nur denselben Patienten durchgehend nützen, sondern manchmal sogar sehr schaden, während es einen anderen gibt, der mit der Macht über solche Kräfte und die, die sie ausüben, versehen ist.“

Den natürlichen Gütern hat Philo in *Conf.* 21–23 in Übereinstimmung mit der seit Platon geläufigen Dreiteilung der Seele in Geist bzw. Vernunft (νοῦς bzw. λόγος), Mut (θυμός) und Begierde (ἐπιθυμία) (Plat. *Rep.* 438a; *Phaidr.* 246a)[5] jeweils spezifische Übel zugeordnet: So litte der Geist an den Folgen unvernünftiger Handlungen in Gestalt von Unverstand, Feigheit Zügellosigkeit und Ungerechtigkeit, während der Mut zu wütender Tollheit und die Begierde zu unbesonnenen Liebesakten entarten könnte. Seien alle drei Teile erkrankt, so komme es zu den schlimmsten Freveltaten, wie es allegorisch in Gen 7,11 beschrieben würde.[6]

5 Vgl. Irwin, *Plato's Ethics*, 190–191 zur Aufnahme der Vorstellung bei Aristoteles; zu der auf ihr beruhenden Oikeiosislehre der Stoiker Forschner, *Ethik*, 142–159.
6 Zu Philos Kritik an den Gastmählern als Demonstration des Reichtums vgl. *Somn.* II.60–61; *Ebr.* 217–222 und zu den sich in ihnen spiegelnden homoerotischen Exzessen *Spec.* III.37–39. Als prominentestes Beispiel für ein dem Laster ergebenes Leben hat Philo den Kaiser Gaius, genannt Caligula, in *Legat.* 14 vorgestellt: „Schon im achten Monat seiner Herrschaft war er ernstlich erkrankt, denn er hatte seine bisherige Lebensweise, die zu Lebzeiten des Tiberius strenger und darum gesünder war, jetzt mit einem Leben der Ausschweifung vertauscht; Schwere Getränke, schwer verdauliche Delikatessen, unersättliche Gier, mochte auch der Bauch noch voll sein, heiße Bäder zu ungewöhnlicher Stunde, künstliches Erbrechen, und sofort wieder Saufereien, begleitet von Schlemmereien, Unzucht mit Knaben und Weibern und was sonst noch, Seele und Leib zerstörend, über ihn vereint Macht ergriff. Der Lohn des Maßhaltens aber ist Gesundheit und Kraft, der Maßlosigkeit aber Schwäche und Krankheit, die hart am Rande des Todes verläuft.“ Zum Genussleben des jungen Herrschers vgl. Winterling, *Caligula*, 71–79.

2 Die enzyklopädische Bildung als Anweisung zu einem tugendhaften und gesunden Leben

Philo war davon überzeugt, dass ein tugendhafter Mensch damit rechnen könnte, dass ihn Gott vor Krankheiten beschützte. Daher betrachtete er ein tugendhaftes und daher Gott wohlgefälliges Leben als unabdingbare Voraussetzung für ein wahres und dauerhaftes Glück. Entsprechend hat er in seiner Abhandlung *De Praemis et Poenis* (*Praem.* 64–65) erklärt, dass eine gut veranlagte, gut unterrichtete und durch gründliche Übungen an die Grundsätze der Tugend gewöhnte Seele infolge ihrer Sittsamkeit Gesundheit, Macht und leibliche Schönheit gewönne. Der Leib würde durch natürliche Anlage, Lernen und fleißige Übung ein vollkommener Wohnsitz der Tugenden.[7] Zur vollen Entwicklung der seelischen und leiblichen Anlagen des Menschen führte nach Philos Überzeugung eben die klassische gymnasiale Ausbildung, in der die Jünglinge nicht nur ihren Leib, sondern auch ihre Seele ertüchtigen, so dass sie zu gesunden und urteilsfähigen Männern heranwüchsen (*Congr.* 143–150).[8] Indem er Gesundheit und Schönheit des Leibes zu den Gütern rechnete, setzte er sich von der stoischen Ethik ab,[9] während er sich gleichzeitig Aristoteles und seiner Schule näherte (vgl. *Ebr.* 201–202).[10]

3 Gesundheit als Lohn der Selbstbeherrschung

Dass Gesundheit das Ergebnis einer eisernen Selbstdisziplinierung angesichts der lustvollen Versuchungen ist, hat Philo am Beispiel einer Mandel illustriert, deren süßer Kern erst nach dem Knacken der harten Schale erreichbar ist. So wie man sie knacken muss, um an ihren süßen Kern zu gelangen, müsse, wer gesund bleiben wolle, einen harten Kampf mit seinen Gelüsten führen (*Mos.* II.182–185):

> (182) Das muschelförmige Äußere einer Nuss ist bitter, die inneren Lagen, welche die Frucht wie eine hölzernen Schutz umgeben, sind außerordentlich fest und hart, und da die Frucht durch beide eingeschlossen ist, ist es nicht einfach, zu ihr zu gelangen. (183) Darin findet (Moses) ein Beispiel für das Handeln der Seele, das er nach seiner Überzeugung zu Recht zur Ermutigung der Seele zur Tugend benutzen kann, indem er lehrt, dass ihrer Erlangung Mühe vorausgehen müsse; denn bitter, abstoßend und hart ist die Mühe, aus der das Gute erwächst,

---

7 Vgl. Wolfson, *Philo* II, 197–198.
8 Vgl. dazu auch Kaiser, *Philo*, 63–64 und 241–242.
9 Zur ausschließlichen Identifikation des Glücks bei den Stoikern mit der Tugend vgl. Irwin, *Development*, 321–326.
10 Vgl. Sharples, *Philo*, 71–73 und zur aristotelischen Lehre vom Glück Irwin, *Development*, 115–140 bzw. Flashar, *Aristoteles*, 67–106.

sie darf nicht abgemildert werden. (184) Denn wer die Mühe flieht, flieht auch das Gute; wer aber geduldig und mannhaft die Beschwerden aushält, der eilt zur Seligkeit. Denn die Tugend kann nicht in Weichlingen, seelisch verweichlichten und leiblich durch tagtäglich fortgesetzte Schwelgerei entnervten Menschen wohnen. Daher betreibt sie wegen schlechter Behandlung bei ihrer Herrin, der rechten Vernunft (τὸν ὀρθὸν λόγον) ihre Entlassung und zieht von dannen. (185) Doch um das Wahre zu sagen, die hochheilige Vereinigung der Einsicht, Selbstzucht, Tapferkeit und Gerechtigkeit[11] läuft denen nach, die nach einem strengen und harten Leben in Enthaltsamkeit und Standhaftigkeit gepaart mit Einfachheit und Anspruchslosigkeit streben. Denn durch sie schreitet unsere bedeutendste innere Fähigkeit, das vernünftige Denken, zu kräftiger Gesundheit und zum Wohlbefinden fort, indem sie den schweren Widerstand des Leibes niederwirft, den Trunksucht und Verfressenheit und Geilheit und andere unersättliche Gelüste stärken, welche die Üppigkeit des Fleisches erzeugen, die Gegnerin des klaren Denkens.

Dass ein gesundes Leben in der Regel die Folge einer harten und mühevollen Selbstdisziplinierung ist, hat Philo auch in anderem Zusammenhang unterstrichen: Wer nach ihm strebe, der müsse gleichsam die Idee der Selbstbeherrschung (καρτερία) geschaut haben. Denn gegen die tödlichen Zauber der Lust und die durch sie ausgelöste Zügellosigkeit (ἀκολασία) wäre Besonnenheit (σωφροσύνη) das wirksamste Gegengift (*Agr.* 98).

4 Die Notwendigkeit zur Umkehr bei dem seinem Wesen nach sündhaften Menschen als Mittel der Erhaltung von Schönheit und Gesundheit

Trotzdem sind Schönheit und Gesundheit vergängliche Güter, da die Menschen für Krankheiten anfällig sind (*Jos.* 130): „Währt Schönheit nicht nur einen Tag, die, noch ehe sie erblüht ist, verwelkt? Ist Gesundheit nicht unsicher wegen der Schwächen, die zum Angriff bereit sind? Wird Stärke nicht leicht zu einer Beute der Krankheiten, die aus tausend Gründen entstehen? Oder ist die Untrüglichkeit der Sinne nicht unbeständig, weil sie durch das Eintreten eines kleinen rheumatischen Schmerzes gestört werden kann?" Mithin stellt sich die Frage, wie beider Verlust so lange wie möglich hinausgezögert werden kann. Um Philos Antwort zu verstehen, muss man sich daran erinnern, dass Gerechtigkeit und Leben nach biblischer Vorstellung unauflöslich zusammenhängen (vgl. z. B. Spr 12,21; 13,9 und Ps 37,11).[12] Aber gleichsam als ihren Zwilling ordnet er ihr die Buße zu, weil allein Gott vollkommen sündlos ist. Der seinem Wesen nach sündhafte Mensch muss sich daher vor dem allein vollkommenen

---

11 Bei ihnen handelt es sich um die vier klassischen Tugenden der griechischen Ethik.
12 Vgl. Kaiser, *Gott Israels*, 270–274.

Gott demütigen, indem er ihm seine Sünden bekennt und damit zu Gott umkehrt. Daher hat Philo in seiner Schrift *De virtutibus* die klassischen vier Tugenden der Besonnenheit, Mannhaftigkeit, Gerechtigkeit und Weisheit nicht nur um die Philanthropia oder Menschenliebe (*Virt.* 51–174)[13] und die vornehme Abkunft (*Virt.* 187–227)[14] sondern auch um die Umkehr oder Buße (*Virt.* 175–186)[15] ergänzt. Sie nimmt nach Philos Urteil unter allen Tugenden deshalb eine besondere Stellung ein, weil sie die Menschen daran erinnert, dass allein Gott oder ein Gottesmann ohne Sünde ist, so dass die Buße als Umkehr von einem sündhaften zu einem schuldfreien Leben ein Akt der Weisheit ist. Philo hat ihre Bedeutung in *Virt.* 176–177 mittels eines Vergleichs mit den natürlichen „*führenden Werten*" erläutert. Sie bestünden für die Leiber in von Krankheit freier Gesundheit, für Schiffsreisende in einer sicheren Überfahrt und für Seelen in einem guten Gedächtnis. Ihnen nachgeordnet stünden die Genesung aus Krankheiten und die Rettung aus den Gefahren der Seenot, dann aber

> (176) ein das Vergessen überwindendes Gedächtnis, das als seinen Bruder und nahen Verwandten die Buße besitzt, wie, obwohl sie nicht den ersten und höchsten Rang der Werte besitzt, gleich nach ihm den nächsten und zweiten davonträgt. (177) Denn vollkommene Sündlosigkeit ist nur Gott oder einem göttlichen Menschen eigen, Umkehr vom Sündigen zu einem schuldlosen Leben ist eine Sache des Besonnenen, der im Blick auf das ihn Rettende (συμφέρον) nicht gänzlich unwissend ist.[16]

In Übereinstimmung mit seiner Deutung von Erkrankungen als Erinnerungen an die Notwendigkeit zur Umkehr oder Buße konnte Philo sie auch zu Erinnerungen an die Sterblichkeit erklären (*Praem.* 119): „Sollte sich aber einmal eine gewisse Schwachheit einstellen, so sollte daraus kein Schaden erwachsen, sondern es sollte den Sterblichen daran erinnern, dass er sterblich ist, um den übermütigen Sinn zu zügeln und seinen Charakter (ἠθή) zu verbessern." Doch über solchen Grundsatzfragen darf nicht vergessen werden, welche Rolle eine gesunde Seele im Leben zu spielen vermag: Sie ist nach Philos Überzeugung dazu in der Lage, dem Menschen über manchen Kummer und Schmerz hinwegzuhelfen, denn (*Virt.* 13–14)

> Krankheiten der Leiber aber schaden wenig, wenn die Seele gesund ist. Gesundheit der Seele als richtige Mischung der Kräfte besteht in der des Mutes mit dem Begehren und der Vernunft, wobei die Vernunft die beiden anderen wie ein Wagenlenker die durchgehenden Pferde beherrscht (vgl. Plat. *Phaidr.* 253d). Der besondere Name der Gesundheit ist Besonnenheit, die Heil für die denkenden Kräfte in uns bewirkt, Denn oft, wenn sie sich in der Gefahr befindet, von der Heftigkeit der Leidenschaften überschwemmt zu werden, verhindert sie es,

---

13 Vgl. Wilson, *Philo*, 17–20 bzw. 152–358.
14 Vgl. Wilson, *Philo*, 21 bzw. 381–415.
15 Vgl. Wilson, *Philo*, 20–21 bzw. 359–379.
16 Vgl. Wilson, *Philo*, 365–366.

dem Strudel nachzugeben, indem sie es emporhebt und belebend und erquickend eine Art von Unsterblichkeit verleiht.[17]

5 Ein rechtzeitiges gesundes Leben ist besser als der verspätete Gang zu einem Arzt

Philo war nach dem bisher Ausgeführten verständlicherweise davon überzeugt, dass es für die Menschen besser sei, von Jugend an zu einem gesunden und selbstbeherrschten Lebenswandel erzogen zu sein, als verspätet bei Ärzten Rat für eine gesunde Lebensführung einzuholen. So heißt es in Philos Abhandlung *Quod omnis probus liber sit* (*Prob.* 12–15):

> (12) Es verhält sich so, wie ich sagte, mit den Ausflüchten von Menschen, deren Urteilskraft getrübt ist, Sklaven der Meinung, die sich an die Sinneseindrücke halten, deren wackliger Rat stets von ihren Parteigängern bestochen ist. Wenn sie wirklich die Wahrheit suchten, würden sie sich nicht in ihrem Denken von ihren ermatteten Leibern führen lassen. Denn in ihrem Verlangen nach Gesundheit übergeben sie sich den Ärzten, während sie (gleichzeitig) in ihrer Unerzogenheit zögern, die Krankheit der Seele zu vertreiben, indem sie mit weisen Männern verkehrten, bei denen sie nicht nur ihre Unbildung verlernen, sondern auch den eigentlichen Besitz des Menschen gewinnen könnten. (13) Aber da nach dem hochheiligen Platon ‚Neid keinen Platz im göttlichen Chor besitzt' (Plat. *Phaidr.* 247a 7) und Weisheit das Allergöttlichste und Allergemeinsamste ist, verschließt sie niemals ihre Schule, sondern mit weit geöffneten Türen empfängt sie die, die nach den Strömen ihrer Worte dürsten, indem sie sie neidlos mit dem Nass der reinen Lehre überschüttet und dazu überredet, in Nüchternheit trunken zu sein. (14) Die aber tadeln sich selbst wie die in die Mysterien Eingeweihten, wenn sie mit ihren Geheimnissen erfüllt sind, vielfach wegen ihrer einstigen Geringschätzung, weil sie die Zeit nicht genutzt haben, indem sie ein nicht lebenswertes Leben führten, in dem ihnen die Einsicht fehlte.[18] (15) Daher ist es angemessen, dass die gesamte Jugend überall die Erstlinge ihrer Jugendblüte nichts anderem als der Bildung darbringt, in der heranzuwachsen und alt zu werden schön ist. Denn so wie es heißt, dass neue Gefäße den Geruch dessen, was zuerst in sie gegossen worden ist, behalten, so verhält es sich auch mit den Seelen der Jungen, die die ersten unauslöschbaren Vorstellungen nicht unter dem Eindruck neuer wegspülen lassen, sondern die ursprüngliche Form (εἶδος) durchscheinen lassen.

Gesundheit des Leibes und der Seele bedürfen mithin von Jugend an einer beständigen Pflege. Was beim körperlichen Training selbstverständlich ist, gilt also auch für die Seele: Auch ihre Tugenden müssen immer erneut aktiviert werden, weil die Seele sonst erschlaffen und die Tugenden dem Laster weichen würden

---

17 Vgl. Wilson, *Philo*, 109–110.
18 Zu den Bußakten bei der Einführung in die Isis-Mysterien vgl. Apul. *Met.* XI.21.6–8 und dazu Nilsson, *Geschichte* II, 635–637.

(vgl. *Sacr.* 39).[19] Aber das Leben des Tugendhaften ist keineswegs traurig, sondern wird von echter Freude erfüllt. Sie, die Freude, ist nach Philos Überzeugung eine unentbehrliche Helferin, weil sie den ersehnten und angestrebten Glückszustand vorwegnimmt und begleitet. Sie (*LA* III.86)

> erheitert sich nicht nur, wenn ein Gut gegenwärtig und wirksam ist, sondern bereits, wenn es noch ein Gegenstand der Hoffnung ist, bewirkt es einen vorwegnehmenden Glanz. Denn sie besitzt gegenüber ihnen [und d. h. den anderen Gütern] einen besonderen Vorzug. Denn während andere guten Dinge dank der ihnen innewohnenden Qualität nur eine partikulare Güte besitzen, handelt es sich bei der Freude sowohl um ein partikulares wie ein universales Gut. Sie aber gesellt sich ihnen allen zu. Wir freuen uns über Gesundheit und über Freiheit und über Ehre und über andere Güter, so dass wir mit dem Anspruch auf wörtliche Wahrheit sagen können, dass nichts ein Gut ist, wenn es nicht mit Freude verbunden ist.

6 Der vom Schicksal geschlagene Mensch

Das abschreckende Gegenbild zu dem fröhlich, den Weg der Tugend wandelnden Menschen ist der vom Schicksal (τύχη)[20] geschlagene Mensch (*Conf.* 16–19):

> (16) Wer kennt nicht die Schicksalsschläge, wenn Armut und schlechter Ruf sich mit körperlicher Krankheit und Gebrechen vereinigen und mit seelischen Schwächen wie Melancholie oder Vergreisung verbunden sind? (17) Denn schon ein Anfall eines einzigen der erwähnten (Übel) reicht aus, selbst einen überaus angesehenen Mann umzuwerfen und zu Fall zu bringen. Wenn aber die Übel des Leibes, der Seele und die äußeren wie auf einen Befehl zugleich und gehäuft über jemanden herfallen, könnte dann ein Elend größer sein? Denn wenn die Wächter gefallen sind, fallen notwendig auch die Bewachten. (18) Die Wächter des Leibes aber sind Reichtum, Ruhm und Ehren, die ihn aufrichten, emporheben und ihm Selbstbewusstsein verleihen, so wie im Gegenteil Schande, Ruhmlosigkeit und Armut ihn wie Feinde niederschlagen. (19) Andererseits sind die Kräfte des Hörens, Sehens, Riechens, Schmeckens und Fühlens die Wächter der Seele samt dem ganzen Gefolge der Wahrnehmungen und dazu Gesundheit und Kraft, Ausdauer und Entschlossenheit. Denn sie stehen ihnen wie befestigte Häuser zur Verfügung, in deren Mitte sich der Geist (νοῦς) ergehen und frohlockend aufhalten kann, weil ihn niemand daran hindert, seinen eigenen Trieben zu folgen, weil seine Wege in allen Richtungen ungehindert und frei sind.

Aber die durch Schicksalsschläge verursachten Kalamitäten würden nach Philos Überzeugung durch die durch eigenes Verschulden verursachten voll aufgewogen,

19 Vgl. auch Arist. *eth. Nic.* 1179b 20–35.
20 Zur Tyche als einer irrationalen unheimlichen, die Menschen um ihr Glück beneidenden Macht und ihrer Personifizierung im hellenistischen Zeitalter vgl. Nilsson, *Geschichte* II, 204–210; zu Philos Zurückführung des Schicksals auf Gott vgl. Wolfson, *Philo* I, 329–330.

wenn Torheit, Feigheit, Verlust der Selbstbeherrschung und Ungerechtigkeit zusammenwirkten, um den Betroffenen zu Fall zu bringen (*Conf.* 20 – 23).

7 Das tugendhafte Leben als Basis eines gesunden und fröhlichen Lebens

Mithin können wir im Sinne Philos sagen, dass ein tugendhaftes Leben die sicherste Basis für ein wahrhaft gesundes und zugleich hoffnungsvolles und fröhliches Leben ist. Ein glückliches Leben setzt sich im Idealfall nach *Her.* 285 – 286 aus positiven äußeren und seelischen Gütern zusammen, indem Wohlstand und Ruhm, Gesundheit und Stärke zusammen mit der Tugend ein Leben bestimmen.[21] Dabei bilden Ansehen und überquellender Reichtum die Leibwächter des Leibes, Unversehrtheit und vollständiges Wohlbefinden des Leibes die der Seele und die Grundsätze der Wissenschaften die des Geistes. Doch selbst ein solches Glück könne niemals ewig dauern, weil die Kräfte jedes Menschen bis zur Erreichung seiner vollen Reife zunehmen, um dann in einem kraftlosen Alter zu enden, indem er alles verliert, was er einst gewonnen hat (*Aet.* 85).[22] Entsprechend kann es gelegentlich wichtiger sein, sich einem Trainer als einem Arzt anzuvertrauen, der für körperliche Kräftigung sorgt (*Somn.* I.251).

8 Zur Heilung eines Kranken bedient sich Gott der ärztlichen Kunst

Was aber war zu tun, wenn man trotzdem erkrankte? Die ärztliche Wissenschaft (ἰατρολογία) erhob damals wie heute den Anspruch, dass sie die Kenntnisse vermittelt, Kranke durch Handlungen zu heilen (*Agr.* 13; vgl. auch *Deus* 87). Auch wenn die medizinische Wissenschaft umfassender als die Kenntnisse eines Arztes ist (*Mut.* 122), liegt es nahe, sich im Fall einer Erkrankung ärztlicher Hilfe zu bedienen.[23] Dass man es auch dann mit Gott zu tun bekommt, geht daraus hervor,

---

21 Vgl. auch *Sobr.* 61, dazu Plat. *Phil.* 63c–65a und dazu Kenny, *History*, 210 – 211.

22 Vgl. auch *Ebr.* 140. Hier legt Philo die Verheißung in Lev 10,9, dass die Priester, die vor der Darbringung der Opfer keinen Wein trinken, leben bleiben, dahingehend aus, dass Unbildung (ἀπαιδευσία) den Tod herbeiführe, während Bildung (παιδεία) zur Unvergänglichkeit (ἀφθαρσία) verhülfe. Denn so wie Krankheit die Auflösung der Leiber bewirke und Gesundheit sie erhielte, beruhe die Gesundheit der Seele auf der Besonnenheit (φρόνησις).

23 Vgl. auch die Bestimmung der Aufgabe der Medizin bei Gal. *Meth. Med.* I.5.42K, Johnston und Horsley, *Galen* 1, 67: „The Method of Medcine is that health is to be provided for bodies that have

dass er nach Philos Überzeugung auch dann der eigentliche Helfer sei. Denn dass in Wahrheit Gott bzw. sein Engel den Menschen aus Krankheit errette, sich dabei aber der ärztlichen Kunst und ärztlichen Geschicks bediene, entnahm Philo dem Segen, den Jakob in Gen 48,15–16 G seinen Enkeln Ephraim und Manasse erteilte, indem er den Gott, der ihn von Jugend auf ernährt, und den Engel, der ihn vor allem Unheil bewahrt hat, darum bat, die beiden Jungen zu segnen. Danach sei Gott der eigentliche Geber der wichtigsten Güter, während der Engel aus Übeln errette. Damit habe Jakob auf echt philosophische Weise verdeutlicht, dass Gott Gesundheit im einfachen Sinne verleihe, während er sich im Fall einer Erkrankung ärztlichen Wissens und ärztlicher Kunst bediene, wobei er selbst mit und ohne sie zu heilen vermöge (*LA* III.177–178).

Einen Abstecher in die Geschichte der Medizin hat Philo in *Legat.* 106 unternommen, wo er den Gott Apollon in polemischer Gegenüberstellung zum Kaiser Gaius zu einem wichtigen Reformer der Medizin erklärt, sei er doch der Erfinder heilbringender Arzneien gewesen.[24]

Mithin sei es keine Sünde, sich im Krankheitsfall ärztlicher Hilfe zu bedienen. Erinnert man sich an die Einstellung des vermutlich spätperserzeitlichen Verfassers von 2Chr 16,12–13, wird deutlich, welchen Fortschritt das Denken der jüdischen Weisen inzwischen gemacht hat: Denn während jener das Aufsuchen eines Arztes als solches für eine den Tod bewirkende Sünde hielt, hatte bereits der zu Beginn des 2. Jh. v.Chr. in Jerusalem wirkende Weisheitslehrer Jesus Sirach seinen Schülern den ausgewogenen Rat erteilt, sich bereits vor ihrer Erkrankung mit einem Arzt anzufreunden, denn auch er habe seine Aufgabe von Gott zugeteilt bekommen, der überdies auch die für die Behandlung nötigen Heilkräuter erschaffen habe (Sir 38,1–8). Aber wenn Gott auch durch den Arzt wirke, sollten seine Schüler im Fall ihrer Erkrankung nicht zögern, Gott um ihre Heilung zu bitten (Sir 39,9–15).[25] So sollten nach Ben Siras Überzeugung ärztliches Handeln und göttliches Helfen bei der Genesung eines Kranken zusammenwirken.[26] Philo gab dieser liberalen Denkungsart eine philosophische Begründung, indem er die Ansicht vertrat, dass alle irdischen Kräfte, denen wir die positiven Seiten oder „Güter" unseres Lebens verdanken, Mittel der schaffenden Kraft Gottes sind. Das gelte nicht allein für Wachstum und Gedeihen auf den Feldern, sondern auch für

---

become diseased; that is to say, to restore the functions of the parts to normal wherever they should happen to have been damaged."
24 Zu Apollon als Heilgott vgl. Burkert, *Religion*, 225–229.
25 Vgl. Marböck, *Weisheit*, 154–160 und Kaiser, *Krankheit*, 212–245, bes. 243–245.
26 Vgl. auch Hippokr. *Dec.* V.4: „Denn ein Arzt, der die Weisheit liebt, ist gottgleich." Zu dem im 5. Jh. v.Chr. auf der Insel Kos wirkenden Arzt Hippokrates und dem Corpus Hippocraticum vgl. Potter und Gundert, *Hippokrates*, 590–599.

die Kinderzeugung und ebenso für die ärztliche, für die Gesundheit der Patienten sorgende Kunst (*Deus* 87–88).

Wenn das Leben seine Schwierigkeiten behielte, gelte es darüber hinaus daran zu denken, dass ein Arzt bei der Behandlung schwerer und gefährlicher Krankheiten manchmal Teile der Leiber abschnitte, und ein Steuermann angesichts bevorstehender Winterstürme um der Rettung der Passagiere willen einen Teil der Ladung über Bord würfe, so dass beide dafür gelobt würden, dass sie statt auf das Gefällige auf das Nützliche gesehen und angemessen gehandelt hätten. So müssten wir Menschen stets die alles umfassende Natur ehren und erkennen, dass sie bei ihren Handlungen in der Welt keine schädlichen Ziele verfolge (*Praem.* 33–34): „Denn die Frage lautet nicht, ob sie uns selbst gefallen, sondern ob das Schiff der Welt wie eine wohlgeordnete Polis gesteuert wird."

9 Der Arzt als Helfer des Kranken

Philo hat die Bedeutung des Arztes für den Patienten mit der des Steuermannes für den Erfolg der Reise, des Landmanns für den Ertrag der Felder, des Hirten für die Vermehrung der Herde und des Strategen für den Sieg in der Schlacht verglichen, denn von ihm hinge seine Gesundheit ab (*Mut.* 221; vgl. aber auch *Spec.* IV.186), besaß doch nur er die Kenntnis, Drogen und Salben richtig zu mischen (*QG* IV.76).[27] Was die ärztliche Therapie betrifft, so hat er beobachtet, dass ein guter Arzt seinen Patienten (bei einer normalen Erkrankung, nicht bei einem Unfall) nicht in jedem Fall sofort behandelt, sondern es erst der Natur erlaubt, den Weg zur Besserung einzuschlagen (*QG* II.41; *QE* II.25). Dass der Arzt wie der Philosoph seinen Befund schriftlich erheben konnte, hielt Philo wohl deshalb für erwähnenswert, weil es den Arzt als gebildeten, zu seiner Diagnose stehenden Mann auswies (*Plant.* 173).[28]

So wie nach einem deutschen Sprichwort Vorbeugen wichtiger als Heilen ist, konnte der Arzt seinen Patienten das Einlegen von Pausen und Unterbrechungen ihrer Arbeit verordnen, weil eine ständige Belastung ihrer Genesung schade

---

27 Vgl. auch *QG* IV.76: „Wer nicht mit der Kunst des Arztes vertraut ist, kann die Drogen nicht richtig mischen." Zur Schwierigkeit, bei frischen Fällen das richtige Mittel zu finden, und zwar das dem jeweiligen Patienten bekömmliche, vgl. Cels. *Med.* III.1.5–6, weiterhin das Verzeichnis der Diäten und Heilmittel Cels. *Med.* II.18–33 und die grundsätzlichen Überlegungen Cels. *Med.* I.2.8–10. Zu dem enzyklopädistischen Schriftsteller Cornelius A. Celsus, der während der Herrschaft des Kaisers Tiberius 14–37 n.Chr. zahlreiche Werke zur Landwirtschaft, Medizin, Kriegskunst, Rhetorik, Philosophie und Jurisprudenz verfasste, vgl. Sallmann, *Celsus*, 1051–1053.
28 Vgl. Krug, *Heilkunst*, 71.

(*Apol.* 7.16).[29] Auch zur richtigen und falschen Ernährung hat sich Philo geäußert.[30] Dabei meinte er feststellen zu können, dass von Frauen erzogene Männer einen verweichlichten Geschmack entwickelten, während von Männern erzogene nicht danach fragten, was angenehm, sondern was geeignet sei, sie wie einen Athleten zu kräftigen (*Somn.* II.9; vgl. auch 129 mit *Spec.* I.173 – 174).[31] Dass gesundes Wachstum und ein gesunder Magen die Folgen richtiger Ernährung sind, während es fettleibige Kinder gäbe, denen kein Arzt mehr helfen könne, hat er richtig beobachtet (*QG* IV.200).[32] Unter dieser Rubrik können wir auch seine Feststellung einordnen, dass der Arzt gegebenenfalls zur Aufrechterhaltung oder Wiederherstellung der Gesundheit Abführmittel verordnet (*Apol.* 7.16/361).[33] Andererseits wusste Philo, dass es Menschen gibt, die zum Essen zu schwach geworden waren und erst durch die ihnen von ihren Ärzten verabfolgten Mittel wieder dazu befähigt werden mussten (*Somn.* I.51; vgl. auch *Decal.* 12). In der Zwischenzeit konnten sie ihre Patienten mit Wohlgerüchen behandeln (*QG* IV.147). Dass es im Krankheitsverlauf Beschwerden geben kann, die nicht schädlich sind, sondern notwendige Stadien auf dem Weg zur Genesung darstellen, können Patienten gegebenenfalls von ihren Ärzten erfahren. Es geht den Kranken dann wie Kindern, die von ihren Lehrern nicht immer auf schmerzlose Weise erzogen werden (*QG* III.25).

10 Die Grenzen der medizinischen Kenntnisse Philos

Nur ein einziges Mal hat Philo in *Post.* 47 im Anschluss an Lev 13,2 einen Krankheitsfall als solchen beschrieben und diagnostiziert: „wenn das Aussehen [der Haut] niedriger erscheint und gebrochen im Vergleich mit der gleichmäßigen und wohlgestalteten äußeren Hautfläche, entsteht – sagt der Gesetzgeber – dass es sich um die schlimme Krankheit der Lepra handelt." Das hebräische Wort ṣāra‘at bezeichnet jedoch ursprünglich nicht die Lepra, den Aussatz, denn dieser ist erst in der Folge des Alexanderzuges aus Indien nach Europa eingeschleppt worden, sondern eine ganze Reihe von Hauterkrankungen, von denen zumal die Schuppenflechte oder Psoriasis bzw. der gefährlichere Favus („Erbgrind") oder Vitiligo,

---

29 Vgl. dazu auch Cels. *Med.* I.3.3.8.
30 Zur antiken Lehre von der Diät Krug, *Heilkunst*, 49 – 51.
31 Zu der von den Athleten geforderten Selbstbeherrschung vgl. auch *QG* III.20; IV.29 und 129.
32 Zum Problem der Gewichtszunahme eines konstitutionell Mageren bzw. der Abnahme eines Beleibten vgl. Cels. *Med.* II.2.1 – 2.
33 Zum Stuhlgang vgl. Hippokr. *Prog.* XI und zur Verabreichung von Abführmitteln Cels. *Med.* I.3.25 – 26.

die Leukodermie, gemeint sein dürften.[34] Um einen eindeutigen Fall handelt es sich auch bei der in Gen 17,9–14 gebotenen Beschneidung aller neugeborenen Knaben. Philo hielt sie für eine hygienische Maßnahme, weil sie eine sommerliche Entzündung des Penis verhindere (*QG* III.48).[35]

Aus diesen Beispielen geht hervor, dass der Leser bei Philo keine medizinischen Fachkenntnisse voraussetzen darf. Was Philo über das ärztliche Handeln und die Patienten mitteilt, dürfte dem entsprechen, was ein Gebildeter seiner Tage aufgrund des Verkehrs mit einem Hausarzt oder Gesprächen im Familien- und Bekanntenkreis darüber wusste. Verhielte es sich anders, so wären seine einschlägigen Metaphern und Ratschläge von seinen Lesern kaum verstanden worden. Eine Ausnahme bildet jedoch Philos Mitteilung in *LA* II.6, dass nach den besten Ärzten das Herz gleichsam wie der Kiel vor einem ganzen Schiff vor dem ganzen Körper gebildet wird. Denn bei ihr handelt es sich um eine gelehrte Ansicht, die bereits von Aristoteles (Arist. *Gen. An.* 42b 35) und anschließend (nach Galen) auch von den Peripatetikern und Stoikern vertreten worden ist (LS 53 D).[36]

Zur Verlaufsbeschreibung von Krankheiten gehören Philos Mitteilungen, dass Fieberanfälle zu bestimmten Tageszeiten wiederkehren (*Conf.* 151)[37] und die Krise bei auf inneren Störungen beruhendem Fieber und anderen schleichenden Krankheiten, die den ganzen Organismus ergriffen haben (*Spec.* IV.83), in der Regel am siebten Tag eintreten.[38] Dieser Tag entscheide dann den Kampf, indem er

---

34 Vgl. Seybold und Müller, *Krankheit*, 55–60 und Gal. *Meth. Med.* XIV.17.1004K.

35 Vgl. dazu auch Cels. *Med.* VII.25.1–C 3 und zur Beurteilung der Beschneidung durch Philo ausführlich Kaiser, *Philo*, 144–148.

36 Zu Galen und seiner Bedeutung als Mittelplatoniker vgl. Dillon, *Middle Platonists*, 339–340 und zur Embryologie Fasbender, *Entwicklungslehre*, 23 und Töply, *Studien*, 179, der auch auf den um 300 v.Chr. wirkenden Arzt Chrysippos von Knidos als Vertreter dieser Lehre verweist; zur griechischen Medizin zwischen den Hippokratikern und den Alexandrinern Philipps, *Medicine*, 122–138. Für freundschaftliche Literaturhinweise danke ich Herrn Prof. Dr. med. Stefan Ross, Essen.

37 Zur Behandlung periodisch wiederkehrender Fieberanfälle vgl. Cels. *Med.* III.16.1–18.18; zu den an bestimmte Jahreszeiten gebundenen epidemischen Erkrankungen schon Hippokr. *Epid.* I–III mit zahlreichen Fallbeschreibungen.

38 Zu den Rhythmen der Fieberanfälle vgl. Cels. *Med.* III.4.11, in ihrem Rahmen wurde dem siebten bzw. 14. und 21. Tag die größte Bedeutung zugeschrieben: „Est autem alia etiam de diebus ipsis dubitatio, quoniam antiqui potissimum impares sequebantur, eosque, tamquam tum de aegris iudicaretur, κρίσιμους (krísimous) nominabant. Hi erant dies tertius, quintus, septimus, nonus, undecimus, quartus decimus, unus et vicesimus, ita ut summa potentia septimo, deinde quarto decimo, deinde uni er vicensimo daretur (Aber es gibt auch eine andere Unsicherheit, welche die Tage selbst betrifft, da die Alten vor allem die ungleichen Tage bevorzugten und sie als die kritischen bezeichneten, an denen sich das Schicksal der Kranken entschied. Dies waren der dritte, vierte, fünfte, siebte, neunte, elfte, vierzehnte, einundzwanzigste, wobei sie dem siebten

den Betroffenen Genesung oder den Tod bringe (*Opif.* 125; vgl. *LA* I.13).³⁹ Dass das Atmen lebensnotwendig ist und sein längeres Aussetzen tödlich wirkt (*Spec.* I.338),⁴⁰ dürfte damals wie heute neben dem Aussetzen des Herzschlags zu den allgemein bekannten Anzeichen des eingetretenen Todes gehört haben.

11 Das medizinethische Problem des Umgangs des Arztes mit der Wahrheit

Dass der Arzt sich bei einem entsprechenden Befund zur Amputation einzelner Glieder entschließen muss (*Praem.* 53)⁴¹ ist eine überzeitlich gültige therapeutische Einsicht. Dass der Arzt in einem Fall, in dem er einen Patienten mit dem Messer oder einem heißen Eisen behandeln will,⁴² ihm die Wahrheit besser vorenthält,⁴³ damit er nicht bereits vor Beginn der Behandlung kollabiert, entsprach nach Philos Urteil seiner sittlichen Pflicht (*Cher.* 15; vgl. auch *Deus* 66 – 67⁴⁴ und *QG* III.25). Selbst berühmte Ärzte hätten Schwerkranken nicht immer die Wahrheit gesagt, weil sie dadurch deren Leiden nur vergrößert hätten, während ein ermutigender Zuspruch sie ihnen erträglicher mache (*Deus* 65 – 66).⁴⁵ Man muss sich vergegenwärtigen, dass die Vollnarkose erst eine Errungenschaft des 19. Jh. n. Chr. ist⁴⁶ und eine Amputation bis dahin unvermeidlich nicht nur eine große seelische Belastung für die Patienten, sondern auch für die Ärzte darstellte.⁴⁷

---

und weiterhin dem vierzehnten und dann dem einundzwanzigsten eine besondere Bedeutung zuschrieben)." Vgl. auch Hippokr. *Prog.* XX.1 – 42.
39 Vgl. dazu Runia, *Creation*, 293.
40 Vgl. Hippokr. *Resp.* IV.3 – 11 und zu Vorzeichen des nahen Todes Cels. *Med.* II.6.5 – 6.
41 Vgl. auch *Decal.* 150. Zu den mit einer Amputation verbundenen Gefahren vgl. Cels. *Med.* VII.33.1 – 2 mit dem Hinweis „Verum hic quoque nihil interest, an satus tutum praesidium sit, quod unicum est (Auch spielt es keine Rolle, ob der ganze Eingriff sicher genug ist, denn er ist der einzige)." und dazu Philipps, *Medicine*, 102 – 107.
42 Vgl. Krug, *Heilkunst*, 79 – 83.
43 Vgl. Hippokr. *Dec.* XVI. Nach Plat. *Rep.* 389 sollte der Arzt dem Patienten stets die Wahrheit sagen.
44 Vgl. Winston und Dillon, *Treatises*, 310.
45 Vgl. Winston und Dillon, *Treatises*, 39 mit dem Hinweis auf Plat. *Rep.* 389b.
46 Vgl. Garrison, *Introduction*, 505 – 506
47 Vgl. dazu auch Cels. *Med.* VII. Prooem. 4: „Esse autem chirurgus debet adulescens aut certe adulescentiae propior; manu strenua, stabili, necumquam intremescente; eaque non minus sinistra quam dextra promptus; acie oculorum acri claraque; animo intrepidus; misericors sic, ut sanari velet eum, quem accepit, non ut clamore eius motus vel magis quam res properet, vel minus quam necesse est secet; sed perinde faciat omnia, ac si nullus ex vagitibus alterius afectus oriatur (Ein Chirurg solle ein junger Mann oder jedenfalls der Jugend näher als dem Alter sein; mit einer

Von einer Wortmedizin, die den Kranken durch bloßes Zureden heilen wollte, hielt er nichts:[48] Krankheiten seien durch Medikamente (φάρμακοι)[49], chirurgische Eingriffe (χειρουργίαι)[50] oder Diätvorschriften (δίαιται)[51], aber nicht mit Worten zu behandeln (*Congr.* 53).[52] Allerdings würde ein guter Arzt nicht versuchen, den Kranken an einem Tag zu heilen, weil er ihm damit eher schaden als helfen würde (*QE* II.25).[53] Oder anders ausgedrückt: Der Körper braucht für die Heilung seiner Erkrankungen Zeit. Andererseits würde sich ein guter Arzt ähnlich wie Abraham bei dem Fall der zum Untergang verurteilten Sodomiter (Gen 18,16–33) so lange auch nur die geringste Aussicht auf Heilung oder Linderung der Beschwerden bestünde, um das Wohl seines Patienten bemühen (*Sacr.* 121–122):

> So sollten auch wir versuchen nach unserem besten Vermögen selbst die zu retten, deren innere Verderbnis sie in den sicheren Untergang führt, und auf diese Weise dem Beispiel guter Ärzte folgen, die, obwohl sie wissen, dass es keine Hoffnung für den Patienten gibt, trotzdem gern ihre Dienste erweisen, damit andere im Fall einer unvorhergesehenen Katastrophe nicht denken, dass sie der Nachlässigkeit des Arztes zuzuschreiben sei.

12 Der Arzt als Begleiter des Kranken auf dem Weg zur Genesung

Mit den Ärzten verhält es sich nach Philos Überzeugung ähnlich wie mit den Lehrern: Beide müssen gelegentlich schmerzhaft eingreifen, ohne damit ihren Patienten oder Schülern zu schaden (*QG* III.25). Grundsätzlich war er davon

---

starken und kräftigen Hand, die niemals zittert; und geschickt sein ebenso sehr mit der linken Hand wie mit der rechten; mit scharfer und klarer Sehkraft; im Herzen unerschrocken; so mitleidig, dass er den, den er als Patienten angenommen hat, zu heilen wünscht; durch dessen Schreien er nicht dazu veranlasst wird, weiter zu gehen als es die Sache erfordert, oder weniger abzuschneiden als es nötig ist; sondern er alles ebenso ausführt, gerade als ob das Wimmern kein Mitgefühl in ihm erregte)."

48 Vgl. Cels. *Med.* I. Prooem. 39: „Morbos autem non eloquentia sed remediis curari (Kranke aber werden nicht durch Beredsamkeit, sondern durch Medikamente geheilt)."

49 Vgl. Krug, *Heilkunst*, 103.

50 Zum reichlichen Instrumentarium vgl. Krug, *Heilkunst*, 76–103.

51 Zu der entsprechenden Dreiteilung der Medizin in Diätetik, Pharmazeutik und Chirurgie vgl. Cels. *Med.* VII. Prooem. 9.

52 Vgl. Cels. *Med.* I. Prooem. 39: „Quae si quis elinguis usu discreta bene norit, hunc aliquando maiorem medicum futurum, quam si sine usu linguam suam excoluerit (Ein Mann weniger Worte, der es durch die Praxis lernt, wohl zu unterscheiden, würde jedenfalls ein besser Praktiker sein als einer, der ohne Praxis ist und seine Zunge ausgebildet hat)."

53 Zu den erforderlichen Überlegungen zu Beginn der Behandlung eines neuen Patienten vgl. Cels. *Med.* I. Prooem. 51–53.

überzeugt, dass der Arzt rechtzeitig eingreifen müsse (*Sacr.* 121; vgl. auch *Decal.* 150).[54] Ob es auch in einem aussichtslosen Fall angebracht wäre, hat er unterschiedlich beurteilt (vgl. *Sacr.* 123 mit *QG* II.79). Wäre es dem Arzt gelungen, den Patienten zu heilen, so sollte er ihm erklären, dass er selbst alles in seiner Kunst Stehende getan hätte, jener aber weiterhin selbst darauf achten müsse, dass er keinen Rückfall erlitte (*QG* IV.45). Der Patient aber sollte, wenn sein Fieber nachließe, Gott seine Sünden bekennen und durch Gelübde und nachfolgende Opfer um Gottes Gnade nachsuchen, denn am Ende wisse nach Dtn 32,39 nur Gott allein, was einem Menschen wirklich gut tue (*Somn.* II.297).

Im Blick auf die Rolle, die der Arzt im Leben eines Kranken spielte, konnte Philo ihn in *Spec.* IV.186 mit einem König, der über seinen Staat, einem Vorsteher, der über sein Dorf, einem Hausherrn, der über ein Haus, einem General, der über seine Armee, einem Admiral, der über die Bordmannschaften und Matrosen, und einem Kapitän, der über die Kaufleute und die Fracht verfügte, vergleichen und ihn als den Herrn seiner Patienten bezeichnen. In der Tat schätze er Kunst und Geschick der Ärzte grundsätzlich so hoch, dass er ihr Wirken als Akte der Stellvertretung Gottes betrachtete (*LA* III.178).[55] Aber er wusste auch, dass es vorkommt, dass ein Patient trotz aller ärztlichen Eingriffe stirbt oder ohne sie gesundet (*LA* III.226; *Spec.* I.252). Daher sei es wie in anderen vergleichbaren Fällen wie zum Beispiel in der Landwirtschaft das Beste, auf Gott zu vertrauen und nicht auf die menschlichen Künste (*LA* III.228). Für seelischen Kummer freilich sei der beste Arzt die Zeit, denn sie vermöge Kummer, Ärger und Furcht zu lindern (*Jos.* 10).

13 Das Gottvertrauen als unverzichtbare Lebenshilfe

Dem Theodizeeproblem als solchem hat sich Philo nicht gestellt.[56] Stattdessen hat er an das Gottvertrauen appelliert, das – auch wenn es für die in den Lauf der Welt verstrickten Menschen gleichsam übermenschliche Kräfte erfordere – das einzige Mittel sei, ein endliches Leben mit seinem Auf und Ab zu bestehen (*Her.* 92–94):[57]

> (92) Wenn du genauer darüber nachdenken und dich nicht ganz auf die Oberfläche beschränken würdest, so würdest du deutlich erkennen, dass auf Gott allein zu vertrauen, ohne dabei etwas anderes dazu zu nehmen, wegen unserer engen Verbindung mit den Sterblichen keine leichte Sache ist. Denn es verleitet uns dazu, auf Reichtümer, Ruhm, Macht, Freunde,

---

54 Nach Cels. *Med.* VII.1.1 sollen nötige Amputationen unverzüglich vorgenommen werden.
55 Vgl. auch Hippokr. *Dec.* V.4: „Denn ein Arzt, der die Weisheit liebt, ist gottgleich."
56 Vgl. Runia, *Theodicy*, 576–604.
57 Zum Gottvertrauen im Alten Testament vgl. Levin, *Gottvertrauen*, 64–78, bes. 78; zu dem Philos Wolfson, *Philo* II, 217–218.

Gesundheit und körperliche Kraft und vieles andere zu vertrauen. (93) Sich von dem allem rein zu halten und allem Erschaffenen als einem durchaus Unzuverlässigen zu misstrauen, um Gott als dem in Wahrheit allein Vertrauenswürdigen allein zu vertrauen, ist das Werk eines olympischen [und d.h. himmlischen] Denkens, das nicht mehr durch irgendetwas Irdisches verlockt wird. (94) Daher heißt es treffend (Gen 15,6): „Sein Glaube ward ihm zur Gerechtigkeit gerechnet."

14 Philos Bild vom gesunden und kranken Menschen und seine Hoffnung auf das ewige Leben

Blicken wir zurück, so zeichnet sich in Philos Äußerungen über den gesunden und kranken Menschen ein innerer Zusammenhang ab, in den auch das ärztliche Handeln einbezogen ist. Gesundheit ist das grundlegende Gut. Wer sie erhalten will, muss ein zuchtvolles Leben führen, wozu man am besten bereits in seiner Jugend erzogen wird. Aber als endliches und daher fehlbares Wesen ist der Mensch trotz der von ihm als sittlichem Wesen geforderten Selbstbeherrschung, der Kardinaltugend unter den klassischen Tugenden, nicht sicher vor selbst verschuldetem Leid, weil er als endliches Wesen nicht vollkommen sündlos zu sein vermag. Zudem ist er auch nicht vor den Schlägen des Zufalls sicher. Sollte er erkranken, steht es ihm frei, sich einem kundigen Arzt anzuvertrauen, ohne darüber zu vergessen, Gott um seinen Beistand zu bitten. Ein guter Arzt wird alles tun, um ihm sein Leiden zu erleichtern und seine Genesung zu befördern. Doch um das Leben mit seinen Höhen und Tiefen und das unentrinnbare Altern und Sterben zu ertragen, bedarf der Mensch des Gottvertrauens, der für den mit seiner Welt verflochtenen Menschen die höchste und zugleich schwerste, mit dem Glauben identische Kunst. Dabei kann der Mensch wissen, dass im Tod allenfalls das Leben der Lasterhaften endet,[58] während den Rechtschaffenen die Heimkehr in Gottes himmlische Welt möglich ist, auch wenn sie bis zu ihrer Erlösung wiederholte Male auf diese Erde zurückkehren müssten (*LA* III.6.41; *Deus* 46; *Praem.* 51; vgl. auch *Her.* 70 – 74 und *Cont.* 10 – 12).[59] Sollte ein Mensch schon zu seinen Lebzeiten das überirdische Licht Gottes schauen (vgl. *QG* IV.25 mit *QE* II.7),[60] so nimmt er damit gleichsam die Heimkehr der Seele zu Gott vorweg.

---

58 Vgl. Wasserman, *Death*, 60 – 67; zu den Dunkelheiten des Konzepts vgl. Wolfson, *Philo* I, 403 – 409.

59 Vgl. Noack, *Gottesbewusstsein*, 180 – 215, bes. 209 – 215; zu den Spannungen in Philos Aussagen über das Endgeschick der Bösen vgl. Wolfson, *Philo* I, 403 – 409 und zur Vorstellung des Eingehens in das ewige Licht vgl. Brunn, *Leben*, 256.

60 Vgl. Noack, *Gottesbewusstsein*, 131 – 145.

Vom Tod des Leibes und der Seele sowie der Freiheit als dem höchsten irdischen Gut oder Die Rolle des Todes in Philos Denken

1 Der Wortschatz

Ein Blick in den *Index Philoneus* zeigt, dass Philo die ganze Breite der mit dem Wort θάνατος verwandten Worte benutzt hat: So kann er vom Töten (θανατάω),[1] vom Töten durch Hinrichtung (θανατόω),[2] der Tödlichkeit einer Handlung oder eines Zustandes (θανατώδης)[3] bzw. (θανάσιμος)[4] sprechen, wobei die direkte Benennung des Todes (θάνατος) mit 236 Belegen nicht zufällig als das am meisten gebrauchte Wort erscheint.[5] Konkret wird das Denken Philos über den Tod durch den Gegensatz zwischen ihm als dem natürlichen Ende des Lebens und einem ihn vorwegnehmenden lasterhaften Leben bestimmt.[6]

2 Der Tod als natürliches Schicksal des Menschen

Entsprechend zitiert er in *Opif.* 104 zustimmend Solons Elegie über die sieben Altersstufen des Menschen, in denen er sich vom unmündigen Kind zu einem dem Tode nahen Greis wandelt:[7]

> Noch nicht erwachsen, ein unmündig Kind, im ersten Jahrsiebent
> Bringt es hervor und verliert wieder der Zähne Geheg.
> Aber lässt Gott es vollenden der Jahre noch weitere sieben,
> Stellen allmählich sich ein Zeichen der werdenden Kraft.
> Im Jahrsiebent dem dritten, da noch die Glieder sich dehnen,
> Deckt sich das Kinn mit dem Flaum, wechselt die Farbe die Haut.
> Im Jahrsiebent dem vierten erlangt wohl ein jeder die höchste
> Stärke, die auch als Beweis männlicher Tüchtigkeit gilt.
> Aber das fünfte gemahnt den Mann, dass er reif zur Vermählung,

---

1 Vgl. *Spec.* III.102; *Virt.* 34; *Praem.*159; *Prob.* 7; *Cont.* 43; *Aet.* 89 und *Legat.* 265.
2 Vgl. *LA* II.77.87; *Conf.* 160; *Fug.* 53.54.64 und *Spec.* I.237.
3 Vgl. *Opif.* 159; *Abr.* 46.
4 Vgl. *Plant.* 147; *Spec.* III.95.98 und *Spec.* IV.86.
5 Vgl. die Belege bei Mayer, *Index*, 137c–138 a.
6 Zur Einteilung und zeitlichen Einordnung der Schriften Philos vgl. Siegert, *Interpretation*, 166–168.
7 Solon *frg.* 19 (27).1–19 (*Anth.Lyr.Graec* 1, 28–29), Übersetzung Cohn, *Philo Werke* I, 65.

DOI 10.1515/978-3-11-049265-1-010

Sorge für Nachkommenschaft, Zukunft des Menschengeschlechts.
Und in dem sechsten reifet im Mann die ernste Gesinnung;
Würdevoll mag er nicht mehr treiben törichtes Spiel.
Vierzehn Jahre nun kommen, das siebent' und achte Jahrsiebent,
Wo den Gipfel erreicht Einsicht und Redegewalt.
Auch in dem neunten ist stark noch die Tatkraft des Mannes, doch sanfter
Wirket zu edlem Tun Weisheit und Redegewalt.
Doch wer das zehnte vollendet, und so bis ans Ziel gelangt,
Der ist nicht mehr zu jung, wenn ihn der Tod überfällt.

Philo weist anschließend darauf hin, dass diese Einteilung des Lebens in sieben Altersstufen der Lehre des Arztes Hippokrates entspricht,[8] die er in *Opif.* 105 zitiert. Danach durchläuft das Leben sieben, je sieben Jahre umspannende Altersstufen, die des Kindes (παιδίον), des Knaben (παῖς), des Burschen (μειράκιον), des Jünglings (νεανίσκος), des Mannes (ἀνήρ), des Alten (πρεσβύτης) und des Greises (γέρων).[9] Entsprechend stellt Philo in *LA* III.248–253 im Zusammenhang seiner Auslegung von Gen 3,19 fest, dass Anfang und Ende des Lebens ein und dasselbe sind, weil der von Erde genommene Mensch nach der Zurücklegung eines rauen Fußpfades mit den vergänglichen Stoffen der Erde, mit denen er begonnen habe, auch wieder enden werde. Wobei unter den Dornen und dem Gestrüpp die Leidenschaften gemeint seien, die ebenso den veranlassenden Reiz in Gestalt der Lust und des Begehrens wie deren Folgen meinten. Der Wechsel der Lebensalter, in deren Verlauf eines in dem anderen wie eine Traumerscheinung verschwindet, enthält die Lehre, den das Leben beendenden Tod nicht zu fürchten: Jeder Mann war einmal ein Kind, dann ein Knabe, dann ein Ephebe, dann ein junger Mann, dann ein Mann und zuletzt ein Greis. So wie er die vorangehenden Altersstufen leicht ertragen hat, in deren Verlauf eine der anderen weichen muss, brauche er also auch den Tod nicht zu fürchten. Ein jedes Lebensalter verschwindet in dem nachfolgenden (*Jos.* 125–129).[10]

Blicke man auf das Leben des Menschen als Ganzes, so ließe sich feststellen, dass er nackt in die Welt gekommen sei und nackt wieder fortginge, wobei ihm die Zeit zwischen Geburt und Tod als ein Lehen gegeben sei, sodass er sein Leben der Freundschaft und Eintracht, Billigkeit, Menschenliebe und allen anderen Tugenden widmen solle (*Spec.* I.295), wobei der Lohn der Einsicht in der Einsicht selbst bestünde (*Spec.* II.259). Wer den zunächst sehr mühsamen Weg der

---

8 Zur hippokratischen Medizin vgl. Phillips, *Medicine*, 28–120, der aber die Lehre von den Lebensaltern nicht behandelt.

9 Natürlich interessiert ihn die Rolle der Zahl Sieben, weil sie als Aufbauprinzip der sieben Tage der Schöpfungsgeschichte von Gen 1 die entscheidende Rolle spielt (vgl. *Opif.* 89–90).

10 Vgl. Plut. *Mor.* 392d.

Selbstbeherrschung und Selbstzucht einschlüge, dessen Weg ende im Himmel und verliehe ihm Unsterblichkeit (*Spec.* IV.112). Da die Toten kein Vaterland mehr hätten, sei jeder beliebige Fleck der Erde für die im Vergleich mit der Ewigkeit kurzlebigen Menschen ein geeignetes Grab (*Jos.* 24).

3 Der Tod der Seele

Obwohl Gott Adam in Gen 2,17 erklärt, dass er sterben müsse, sowie er von der verbotenen Frucht des Baumes im Paradies gegessen hätte, stirbt er in der biblischen Erzählung keineswegs sofort. Um das zu verstehen, müsse man sich nach *LA* I.105 daran erinnern, dass man zwischen dem Tod als dem allgemeinen Schicksal des Menschen und dem seiner Seele zu unterscheiden hätte: Letzterer bestünde darin, dass seine Seele gleichsam in Leidenschaften und Frevel aller Art, in πάθεσι καὶ κακίαις ἁπάσαις eingesargt würde.[11] Dies sei mithin gleichsam der Gegensatz zu der allgemeinen Sterblichkeit des Menschen, in der die Seele den Leib verließe, indem der Leib die Seele übermächtige (*LA* I.106 – 107), sodass der Leib gleichsam zum Grabe der Seele würde (*LA* I.108;[12] vgl. Plat. *Gorg.* 493a; *Krat.* 400b und dazu DK 44 B 14 und weiterhin *Migr.* 16).[13] Der Tod der Seele sei mit einem Leben in Gemeinschaft mit dem Bösen identisch (*Fug.* 113). Die von Gott an Adam in Gen 3,9 nach dem Genuss der verbotenen Frucht vom Baum inmitten des Gartens gerichtete Frage, wo er sei, ginge davon aus, dass sich seine Seele statt gemäß der Einladung Gottes, an der Tugend teilzunehmen, dem Laster zugewandt habe, deren Folge der Tod der Seele sei, sodass sein Leben unstet und flüchtig würde. Dabei sei die ihn verführende Frau mit den sinnlichen Wahrnehmungen identisch. Wenn Gott nach Gen 3,13 die Frau nach der Ursache ihres Verhaltens fragte und sie die Schlange zur Anstifterin erklärte, so wiese sie damit auf Freuden verheißende, aber die Sinne über die Folgen täuschende Wahrnehmungen hin. Diese seien an und für sich weder gut noch böse, sondern erhielten ihre negative Gewalt erst durch die Bevorzugung der leiblichen Freuden (*LA* III.49 – 68).[14]

---

11 Vgl. auch *LA* I.75 – 76 und als abschreckendes Beispiel das den Lüsten und Lastern ergebene Treiben der Sodomiter *Abr.* 135 – 141.
12 Vgl. auch *LA* II.76.105 – 108; *LA* III.77; *Cher.* 75.114; *Post.* 73 – 74; *Deus* 123; *Agr.* 163; *Plant.* 174; *Ebr.* 140; *Sobr.* 4; *Conf.* 36; *Migr.* 206; *Her.* 276; *Fug.* 113.
13 Vgl. dazu Dalfert, *Platon*, 368 – 399.
14 Vgl. den Katalog der 49 negativen Eigenschaften des Liebhabers der Freuden in *Sacr.* 32.

4 Die Stellung des Menschen zwischen Gott und Welt und die ihm daraus erwachsenden Pflichten

Ein Zustand, der in Leib und Seele zu einem üppigen und verweichlichten Leben führe, sei nach Ansicht der Wohlgesinnten schlimmer als der Tod (*Opif.* 164). Denn das für die Menschen angemessene Verhalten bestünde darin, in der Mitte zwischen Gott und der Welt zu stehen und seine Pflichten gegen den Unerschaffenen und das Erschaffene zu erfüllen (*Mut.* 44–45). Doch wem die feste Überzeugung fehle, dass ein gottwohlgefälliges Leben das beste sei, der würde von Scheelsucht, Neid, dauerndem Streit und bis zu seinem Tod anhaltenden unversöhnlichen Zänkereien und Hass getrieben, der sich auf Kinder und Kindeskinder vererbte (*Mut.* 95). Ein wahrhaft unsterbliches Leben bestehe nicht in einem von äußeren Gütern, Begierde, Herrschsucht und Übersättigung beherrschten Leben (*Prov.* II.16–18), sondern in einer unkörperlichen Liebe und Freundschaft zu Gott (*Fug.* 58). So wie ein Wagen beim Aufprallen auf die Erde zerbräche und seine Insassen einen qualvollen Tod erlitten, entgleise der Wagen der Seele, wenn ihm die Lenkung der Tugend fehle (*Agr.* 75–77). Das Kainsmal, das jeden, der Kain sah, dazu berechtigte den Brudermörder zu töten, zeige an, dass Gottlosigkeit ein unsterbliches Übel sei, das den von ihr ergriffenen nicht mehr verließe, wie es Hom. *Od.* XII.118 (im Blick auf die Skylla) richtig gesagt hätte.[15] Daher müsse man versuchen, so schnell wie möglich von hier nach dort zu entfliehen und das bedeute: Gott gleich und einsichtig und fromm zu werden (*Fug.* 61–63). Andererseits seien Krankheiten, Alter und Tod im Leben eines jeden Menschen unvermeidlich, weil es nichts Unbeständigeres als das menschliche Glück gibt, das darin einem Brettspiel gleicht (*Mos.* I.31; *Legat.* 1). Sehe der Betroffene das ein, wäre es ihm leichter, seine Missgeschicke zu ertragen (*Cher.* 76–78).

Doch wer einem Besseren nach dem Leben trachte, der schade sich selbst. Denn die Flüche eines heuchlerischen Gottlosen gegen einen Gerechten kehren sich gegen ihn selbst, indem Gott die ungerechtfertigten Flüche in Segen verwandle (*Det.* 69–78). Würde ein Mensch der Gemeinschaft nach einem glücklichen Leben und ruhmvollen Tod entrissen, so litten die Hinterbliebenen an diesem Verlust, es sei denn es träten andere gute Menschen an ihre Stelle (*Post.* 125). Um das Gesagte zusammenzufassen: Der Weg zum Leben ist nach Philos Überzeugung mit dem Weg zur Tugend identisch. Die Menschen, die ihn einschlügen, seien von Gott bereits dadurch ausgezeichnet (*Plant.* 41–42). Andererseits seien die Neigungen zum Bösen die Urheber aller Frevel (*Conf.* 10). Seine Pflichten (τὰ

---

15 Hom. *Od.* XII.118 erklärt, dass kein Tod die Skylla bezwingt, weil sie ein unsterbliches Untier sei.

δέοντα) in Gestalt guter Taten erfülle nur, wer sich dabei keine Gewalt antue, sondern sie mit innerer Zustimmung vollbringe (*Deus* 100). Es handle sich bei ihnen um vom Gesetz der Natur geforderte positive Verhaltensweisen, die über ihren sinnlichen Charakter hinaus auf die unsichtbare Welt des Geistes verwiesen (*Migr.* 105). Zu ihnen gehöre zum Beispiel die Dankbarkeit, die Kinder ihren Eltern schuldeten, worin gezähmte wilde Tiere sie leider in ihrem Verhalten gegenüber ihren Pflegern oft überträfen (*Decal.* 112–113). Schließlich aber gelte, dass ein guter Mensch nicht stirbt, sondern aus diesem Leben scheidet, weil seine gereinigte Seele zum Himmel emporsteigt (*Her.* 276).[16]

Die Juden aber zeichneten sich durch ein vorbildliches Leben aus, das ihr Verhalten gegen Leben und Tote, ja selbst gegen Tiere umfasse (*Apol.* 7.6–9). An ihrem glücklichen Los im Himmel erhielten die Proselyten Anteil, die mit ihrem tugendgemäßen Verhalten die Wohlgeborenen beschämten, die in der dunklen Unterwelt endeten (*Praem.* 152).[17] Der eigentliche Tartarus, die eigentliche Unterwelt aber bestünde in einem Leben, das durch ein unersättliches und schwelgerisches Verlangen bestimmt sei (*QG* IV.234; vgl. auch *QE* II.40).[18]

Grundsätzlich aber schuldeten die Menschen einander Rücksicht, ohne einen Blick auf den sozialen Stand des Anderen. Daraus folge, dass Herren ihren Sklaven keine kaum zu erfüllenden Befehle erteilten, die ihre körperliche Kraft zerstörten, sodass sie dank ihren Kräften angemessenen Befehlen gern ihre Pflichten erfüllten. Dagegen sei der Höhepunkt der Menschenverachtung dann erreicht, wenn man noch den Toten ein ordentliches Begräbnis verweigere (*Spec.* II.89–95).

5 Die Bevorzugung des Todes vor einem elenden Leben als höchster Ausdruck des Willens zur Freiheit

Höchster Ausdruck des Willens zur Freiheit war in Philos Augen die Bevorzugung des Todes vor einem elenden Leben. Die innere Freiheit war mithin einer bloß äußeren überlegen, sodass man zwischen dem Dasein als Sklave und einer sklavenhaften Gesinnung unterscheiden müsse (*Prob.* 23–24). Der Wille zur äußeren Freiheit aber könne soweit gehen, dass Mütter (wie es von makedonischen Kriegern gefangene Frauen taten) ihre Kinder in die tiefste Stelle eines Flusses warfen, um ihnen die als das größte Unglück betrachtete Sklaverei zu ersparen (*Prob.* 115). Als gleichsam klassischen Beleg für diese Gesinnung zitiert Philo

---

16 Vgl. Kaiser, *Philo*, 259–263.
17 Zu Philos Heilserwartungen vgl. Kaiser, *Philo*, 259–265.
18 Vgl. aber auch *QE* II.40.

(*Prob.* 116) die Bitte der Polyxene in Eur. *Hec.* 548–551, sie vor ihrer Ermordung freizulassen, damit sie – wie es ihr als Königstochter gebühre – als Freie stürbe:

> Freiwillig sterbe ich, dass keiner meinen Leib berührt.
> Beherzt biete ich meinen Nacken dar.
> Frei lasst mich, in der Götter Namen,
> damit ich als Freie sterbe.

Dieser den Tod verachtende Wille zur Freiheit ist nach Philos Urteil nicht auf Menschen begrenzt, sondern findet sich auch bei Tieren wie zum Beispiel im Hahnenkampf wieder, dessen Anblick der athenische Militärbefehlshaber Miltiades[19] dazu nutzte,[20] die Bundesgenossen zum Widerstand gegen die Perser aufzurufen (*Prob.* 132–133). Dass die Freiheit der Gesinnung über der äußeren Freiheit steht, belegt in Philos Augen nichts so deutlich wie das Verhalten des Kynikers Diogenes (ca. 403–321 v.Chr.), der die Räuber, die ihn gefangen hatten, aufforderte, ihn ausreichend zu ernähren, wenn sie einen Käufer für ihn finden wollten, und der einem Kauflustigen versicherte, dass seine Kunst darin bestünde, über Menschen zu herrschen (vgl. *Prob.* 122–123 mit Diog.Laert. VI.29–30).[21] Andererseits galt in Philos Tagen die äußere Freiheit so unbestritten als ein höchstes Gut, dass er bei der Aufführung einer Tragödie des Euripides erlebte, wie sich bei den Worten „Der Name der Freiheit wiegt alles auf, und hat einer wenig, soll er glauben, Großes zu haben!"[22] alle Zuschauer begeistert von ihren Plätzen erhoben und die Worte der Schauspieler mit ihrem Beifall übertönten (*Prob.* 141).

6 Der Tod als Eingang in das ewige Leben[23]

Philo konnte einerseits vom Tod als dem natürlichen Ende des Lebens sprechen ohne dabei an das verheißene ewige Leben der Gerechten zu erinnern, obwohl er ausweislich von *Cher.* 113–114 schon in seiner allegorischen Auslegung der Genesis das Problem der Herkunft der Seele und ihrer Wiedergeburt (παλιγγενεσία)

---

19 Zum Sieg des Miltiades in der Schlacht von Marathon vgl. Welwei, *Athen*, 33–39.
20 Die sachliche Parallele in Ael. *Var.* II.28, der dasselbe von Themistokles und Diog.Laert. II.30, der es von Sokrates und dem Feldherrn Iphikrates erzählt, zeigt, dass es sich um ein Wandermotiv handelt.
21 Vgl. zu ihm Goulet-Cazé, *Diogenes*, 598–600.
22 Eur. *frg.* 275 (338) und zum Inhalt vgl. Seeck, *Tragödien* 6, 584.
23 Vgl. Kaiser, *Philo*, 259–265.

bedacht hat (vgl. auch *QE* II.45).[24] Im Hintergrund dieses Glaubens steht einerseits die von Platon im *Timaios* begründete Vorstellung von den Sternen, von denen jeder eine Seele verträte (Plat. *Tim.* 41d 4–e 3), und andererseits die von Aristoteles vertretene Lehre von dem aus Äther bestehenden höchsten Himmel als der Heimat der Seelen: Zu ihm sollten alle Seelen, die auf Erden ein tugendhaftes Leben geführt hatten, auf Zeit oder für immer zurückkehren (vgl. Arist. *Hist. An.* 2.2.413b.24–27 mit 3.5.430a 17–23).[25] Nach *Her.* 70 gibt es ein ekstatisches Gottesbewusstsein, das den von himmlischer Liebe Ergriffenen in die himmlischen Höhen entrückt und dabei die Welt der sinnlichen Wahrnehmungen hinter sich lässt, sodass Ichbewusstsein und Gottesbewusstsein eins werden (*Her.* 71–74; vgl. auch *LA* III.47) und die im Tode erfolgende Heimkehr der Seelen der Gerechten in die himmlische Welt vorwegnimmt.[26]

Eine systematische Antwort auf die Frage nach dem Los der Seele nach dem Tode hat Philo in *Somn.* I.151–152 (vgl. auch 138–140) vorgelegt: Hier teilt er die Menschen in die Weisen, die Schlechten und die zwischen beiden Stehenden ein. Während die Seelen der Weisen in den olympischen Himmelshöhen wohnen[27] und die Schlechten sich im Hades befinden (vgl. auch *Praem.* 152 sowie *Legat.* 40 und 103), werden die zwischen beiden Gruppen stehenden Menschen zwischen beiden Zielen hin und her gerissen. Bei ihnen handelt es sich vermutlich um die Menschen, die es aus den himmlischen Höhen zurück zur Erde zieht. Unklar ist es, ob Philo nur im allegorischen oder im realen Sinn von der Unterwelt gesprochen hat, weil er in *Congr.* 57 erklärt hat, dass der Ort der an ihm versammelten gottlosen Seelen nicht mit ihr identifiziert werden dürfte, sodass man diese Frage mit Edith M. Smallwood am besten offen lässt.[28] Jedenfalls war der Tod für Philo die Voraussetzung für die Befreiung der Seele aus ihrem irdischen Leib und ihre zwischenzeitliche oder endgültige Heimkehr in die göttlichen Höhen des Äthers.

---

24 Zum möglichen stoischen Hintergrund vgl. Colson, *Philo* 2, 485 mit dem Verweis auf SVF II.802–822.

25 Vgl. Kaiser, *Philo*, 259–263 und weiterhin zu Aristoteles' Schrift *De anima* Corcilius, *Aristoteles*, 88–89 und den Kommentar von Theiler, *Aristoteles*, passim; zur aristotelischen Lehre von den Sternen als beseelten göttlichen Wesen in seiner nur indirekt bezeugten Schrift *De philosophia* vgl. Jaeger, *Aristoteles*, 125–170; zu ihrer Wiederaufnahme in *De caelo* 316–327 und zu seiner Kosmologie zusammenfassend Düring, *Aristoteles*, 346–399.

26 Vgl. Noack, *Gottesbewusstsein*, 172–198

27 Vgl. Plat. *Tim.* 42a 3–b 5und zu Platons Lehre von der Präexistenz und Wiedergeburt der Seele Drozdek, *Athanasia*, 197–228 und zu Philos individuellen Heilserwartungen Kaiser, *Philo*, 259–264.

28 Vgl. Smallwood, *Legatio*, 203.

Literaturverzeichnis

Das Literaturverzeichnis ist in die Abschnitte 1.) Textausgaben, 2.) Hilfsmittel und 3.) Sekundärliteratur unterteilt. Monographien, Aufsätze und Artikel sind in den Anmerkungen mit Namen des Autors und einem Titelstichwort zitiert. Bei mehreren Arbeiten derselben Autorin / desselben Autors folgt die Nennung in alphabetischer Reihenfolge des ersten Titelwortes.

1 Textausgaben

Ampelius, Lucius. *Liber memorialis. Was ein junger Römer wissen soll.* Hg., eingel. u. übers. v. Ingemar König. Texte zur Forschung 94. Darmstadt: Wissenschaftliche Buchgesellschaft, 2010.

Anthologia Lyrica Graeca. Fasc. 1: *Poetae Elegiaci.* Ernst Diehl (Hg.). BSGRT. Leipzig: B.G. Teubner, 1949.

Apuleius. *De Deo Socratis. Über den Gott des Sokrates.* Eingel., übers. u. mit interpretierenden Essays versehen v. Matthias Baltes u. a. Sapere 7. Darmstadt: Wissenschaftliche Buchgesellschaft, 2010 (ND).

„Aristeasbrief." Übers. u. eingel. v. Norbert Meisner. JSHRZ 2/1, 35–87. Gütersloh: Gütersloher Verlagshaus, 1973.

Aristoteles. *Aristotle in twenty-three Volumes.* Mit englischer Übersetzung von Harold P. Cooke und Hugh Tredennick. LCL 264. London / Cambridge, Mass.: Heinemann / Harvard University Press, 1927–1960 (ND).

Aristoteles. *Nikomachische Ethik.* Auf der Grundlage der Übers. v. Eugen Rolfes, hg. v. Günther Bien. PhB 5. Hamburg: Felix Meiner, ⁴1985.

Aristoteles. *Die Nikomachische Ethik. Griechisch-Deutsch.* Übers. v. Olof Gigon, neu hg. v. Rainer Nickel. STusc. Düsseldorf / Zürich: Artemis & Winkler, 2001.

Aristoteles. *Poetik. Griechisch-Deutsch.* Übers. u. hg. v. Manfred Fuhrmann. RecUB 7828. Stuttgart: Philipp Reclam, 1994.

Aristoteles. *Der Staat der Athener.* Übers. u. hg. v. Peter Dams. RecUB 3010. Stuttgart: Philipp Reclam jun., 1970 (ND).

Aristoteles. *Werke in deutscher Übersetzung.* Begr. v. Ernst Grumach, hg. v. Hellmut Flashar. Berlin: Akademie Verlag,
4/1–2: *Rhetorik.* Übers. u. erl. v. C. Rapp, 2002.
5: *Poetik.* Übers. u. erl. v. A. Schmitt, 2008.
6: *Nikomachische Ethik.* Übers. v. F. Dirlmeier, 1956.
9/1–4: *Aristoteles Politik.* Übers. u. erl. v. E. Schütttrumpf, 1991–2005.
20/1: *Fragmente zu Philosophie, Rhetorik, Poetik und Dichtung.* Übers. u. erl. v. H. Flashar u. a., 2006.

Aristoteles. *The Works of Aristotle.* 3: *Meteorologica. De mundo. De anima. Parva naturalia. De spiritu.* Hg. und ins Englische übers. durch William D. Ross und John A. Smith. Oxford: Clarendon Press, 1955.

Aristotelis *Ars Rhetorica.* Rec. William D. Ross. SCBO. Oxford: Clarendon Press, 1959 (ND).

Aristotelis *De Arte Poetica.* Rec. Rudolf Kassel. SCBO. Oxford: Clarendon Press 1965.

DOI 10.1515/978-3-11-049265-1-011

Aristotelis *Atheniensium Respublica*. Rec. Frederick G. Kenyon. SCBO. Oxford: Clarendon Press, 1920 (ND).

Aristotelis *Ethica Nicomachea*. Rec. Ingram Bywater. SCBO. Oxford: Clarendon Press, 1894 (ND).

Aristotelis *Fragmenta selecta*. Rec. William D. Ross. SBOC. Oxford: Clarendon Press, 1955 (ND).

Aristotelis *Politica*. Rec. William D. Ross. SBOC. Oxford: Clarendon Press, 1957 (ND).

Arnim, Joannes ab. *Stoicorum Veterum Fragmenta*. I: *Zeno et Zenonis discipuli*. II: *Chrysippi fragmenta logica et physica*. III: *Chrysippi fragmenta moralia. Fragmenta successorum Chrysippi*. IV: *Quo indices continentur conspripsit Maximilianus Adler*. Editio stereoptypa editionis primae. Stuttgart: B.G. Teubner, 1968.

„Die syrische Baruch-Apokalypse." Übers. u. eingeleitet v. Albertus F. Klijn. JSHRZ 5/2, 103–191. Gütersloh: Gütersloher Verlagshaus, 1976.

Biblia Hebraica Stuttgartensia. Karl Elliger (Hg.) et Wilhelm Rudolph (Hg.). Ed. quarta emendata Hans P. Rüdiger. Stuttgart: Deutsche Bibelgesellschaft, 1990.

Celsus, *On Medicine*. I: Books 1–4. II: Books 5–6. III: Books 7. With an English Transl. by William G. Spencer. LCL 292, 304, 336. Cambridge, Mass.: Harvard University Press, 1935–1938 (ND).

Cicero, Marcus T. *Brutus. Lateinisch-Deutsch*. Hg. u. übers. v. Bernhard Kytzler. STusc. Düsseldorf / Zürich: Artemis & Winkler, ⁴1990.

Cicero, Marcus T. *De divinatione. Über die Wahrsagung. Lateinisch-Deutsch*. Hg., übers. u. erl. v. Christoph Schäublin. STusc. München / Zürich: Artemis & Winkler, 1991.

Cicero, Marcus T. *De fato. Über das Fatum. Lateinisch-Deutsch*. Hg. v. Karl Bayer. STusc. München / Zürich: Artemis & Winkler, 1963.

Cicero, Marcus T. *De finibus bonorum et malorum. Über die Ziele des menschlichen Handelns*. Hg., übers. u. komment. v. Olof Gigon und Laila Straume-Zimmermann. STusc. München / Zürich: Artemis & Winter, 1988.

Cicero, Marcus T. *Hortensius. Lucullus. Academici Libri. Lateinisch-Deutsch*. Hg., übers. u. komment. v. Laila Straume-Zimmermann, Ferdinand Broemser und Olof Gigon. STusc. München / Zürich: Artemis & Winkler, 1990.

Cicero, Marcus T. *De legibus. Stoicorum Paradoxa. Über die Gesetze. Stoische Paradoxien. Lateinisch-Deutsch*. Hg., übers. u. erl. v. Rainer Nickel. STusc. München (u.a.): Artemis & Winkler, 1994.

Cicero, Marcus T. *De Officiis*. Rec. Michael Winterbottom. SCBO. Oxford: Clarendon Press, 1994.

Cicero, Marcus T. *De officiis. Vom pflichtgemäßen Handeln. Lateinisch-Deutsch*. Übers., komm. u. hg. v. Heinz Gunermann. RecUB 1889. Stuttgart: Philipp Reclam jun., 2003 (ND).

Cicero, Marcus T. *De Oratore. Über den Redner. Lateinisch-Deutsch*. Übers. u. hg. v. Harald Merklin. RecUB 6884. Stuttgart: Philipp Reclam jun., 2006 (ND).

Cicero, Marcus T. *De re publica. De legibus. Cato Maior. De Senectute. Laelius. De Amicitia*. Rec. Jonathan G.F. Powell. SCBO. Oxford: Clarendon Press, 2006.

Cicero, Marcus T. *Der Staat. Lateinisch-Deutsch*. Hg. u. übers. v. Karl Büchner. STusc. München: Artemis & Winkler, ⁵1993.

Cicero, Marcus T. *Tusculanae disputationes. Gespräche in Tusculum. Lateinisch-Deutsch*. Mit ausf. Anm. neu hg. v. Olof Gigon. STusc. München / Zürich: Artemis & Winkler, 1992.

Cornutus, Lucius Annaeus. *Einführung in die griechische Götterlehre*. Hg., eingl. u. übers. v. Peter Busch. Texte zur Forschung 95. Darmstadt: Wissenschaftliche Buchgesellschaft, 2010.

Diodorus of Sicily. With an English Translation by Charles H. Oldfather and others in Twelve Volumes. LCL. London / Cambridge, Mass.: Heinemann / Harvard University Press, 1935–1967 (ND).

Diogenes Laertius. *Leben und Meinungen berühmter Philosophen* 1–10. Aus dem Griech. übers. v. Otto Apelt. Unter Mitarbeit von Hans-Günter Zekl neu hg. sowie mit Vorwort u. Einl. versehen v. Klaus Reich. PhB 534 /54. Hamburg: Felix Meiner, ²1967.

Diogenes Laertius. *Lives of Eminent Philosophers.* Mit englischer Übersetzung von Robert D. Hicks 1–2. LCL 184–185. London / Cambridge, Mass.: Heinemann / Harvard University Press, 1972 (ND).

Epictetus. *The Discourses as reported by Arrian. The Manual and Fragments.* With an Engl. Translation by William A. Oldfather in two Volumes. LCL 131; 218. London / Cambridge, Mass.: Heinemann / Harvard University Press, 1956.

Epicurius. *Epistulae tres et ratae sententiae. A Laerto Diogine servatae.* Acc. Gnomilogicum Epicureum Vaticanum. Peter von der Mühll (Hg.). BSGRT. Stuttgart / Leipzig: B.G. Teubner, 1922.

Euripides. *Sämtliche Tragödien und Fragmente. Griechisch-Deutsch* 1–4. Übers. v. Ernst Buschor, München: Heimeran Verlag, 1972.

Euripidis *Fabulae* 2. Rec. George Murray. SCBO. Oxford: Clarendon Press, 1904 (ND).

Flavius Josephus. *De Bello Judaico. Der Jüdische Krieg. Griechisch-Deutsch.* Hg. u. mit Einl. v. Otto Michel und Otto Bauernfeind 1–31. Darmstadt: Wissenschaftliche Buchgesellschaft, 1969.

Die Fragmente der Vorsokratiker. Griechisch-Deutsch 1–3. Hg. v. Hermann Diels und Walter Kranz. Berlin: Weidmannsche Verlagsbuchhandlung, ⁶1951.

Galen. *Method of Medicine.* Hg. und übers. von Ian Johnston und Greg H. R. Horsley. 1: Books 1–4. 2: Books 5–9. 3: Books 10–14. LCL 516–518. London / Cambridge, Mass.: Heinemann / Harvard University Press, 2014.

Goethe, Johann von. *Faust: Der Tragödie zweiter Teil.* RecUB 1. Stuttgart: Philipp Reclam, 1986.

Herodot. *Historien. Griechisch-Deutsch.* 1: Bücher 1–5. 2: Bücher 6–9. Hg. v. Josef Feix. STusc. Düsseldorf / Zürich: Artemis & Winkler, ⁶2000.

Herodoti Historiae 1–2. Rec. Carolus Hude. SCBO. Oxford: Oxford University Press, ³1979.

Hesiod. *Theogonie. Werke und Tage. Griechisch-Deutsch.* Hg. u. übers. v. Albert von Schirding. Mit einer Einf. u. einem Reg. v. Ernst G. Schmidt. STusc. Düsseldorf / Zürich: Artemis & Winkler, 2002.

Hesiod. *Works Days.* Hg., eing. und komm. von Michael L. West. SCBO. Oxford: Oxford University Press, 1978 (ND).

Homeri Opera. Rec. Thomas W. Allen. 3: *Odysseae Libri* I–XII. SCBO. Oxford: Clarendon Press, 1917 (ND).

Iamblichi, *Protrepticus ad fidem codicis Florentini.* Hermengildus Pistelli (Hg.). BSGRT. Stuttgart: B.C. Teubner, 1967 (ND).

Iamblichi *De Vita Pythagorica Liber.* Ludwig Deubner (Hg.). BSGRT. Stuttgart: B.C. Teubner, 1975.

Isocrates in Three Volumes. With an English Translation by George Norlin and Larue van Hook. LCL. London / Cambridge, Mass.: Heinemann / Harvard University Press, 1956–1958.

Josephus in Nine Volumes. With an English Translation by Henry St. J. Thackeray, Ralph Marcus and Louis H. Feldman. LCL. London / Cambridge, Mass.: Heinemann / Harvard University Press, 1926–1965 (ND).

Long, Anthony A. *Hellenistic Philosophy. Stoics, Epicureans, Sceptics*, London: Duckworth, 1974.

Long, Anthony A.; Sedley, David N. *The Hellenistic philosophers*. 1: *Translations and commentary*. 2: *Greek and Latin texts with notes and bibliography*. Cambridge, UK: Cambridge University Press, 1989 (ND).

——, *Die hellenistischen Philosophen*. *Texte und Kommentare*. Übers. v. Karlheinz Hülser. Stuttgart / Weimar: J.B. Metzler, 2000.

Maier, Johann. *Die Tempelrolle vom Toten Meer*. Übers. u. erl. UTB 829. München / Basel: Ernst Reinhard, 1978.

Manilius. *Astronomica*. With an English Translation by G.P. Goold. LCL 469. London / Cambridge, Mass.: Heinemann / Harvard University Press, 1997 (ND).

Papyrus Insinger: Les enseignements moraux d'un scribe égyptien du 1er siècle après J.-C. Texte démotique. 1. *Texte, transcription, traduction et commentaire*. František Lexa. Paris: Geuthner, 1926.

Philo von Alexandrien. *Die Werke in Deutscher Übersetzung*. Hg. v. Leopold Cohn; Isaak Heinemann; Maximilian Adler und Willy Theiler 1–7. Berlin: Walter de Gruyter, ²1962.

Philo von Alexandrien. *Über die Gottesbezeichnung „wohltätig verzehrendes Feuer" (De Deo)*. Rückübersetzung des Fragments aus dem Armenischen, dt. Übers. u. Kommentar v. Folker Siegert. WUNT 46. Tübingen: Mohr Siebeck, 1988.

Philo von Alexandria. *Über die Freiheit des Rechtschaffenen*. Übers. u. eingl. v. Reinhard Bendemann. Kleine Bibliothek der antiken jüdischen und christlichen Literatur. Göttingen: Vandenhoeck & Ruprecht, 2016.

Philo. *Supplement*. 1: *Questions and Answers on Genesis*. 2: *Questions and Answers on Exodus*. Translated from the Ancient Armenian Version of the Original Greek by Ralph Marcus. LCL 380; 401. London / Cambridge, Mass.: Heinemann / Harvard University Press, 1953 (ND).

Philo in Ten Volumes 1–10. With an English Translation by Francis H. Colson and George H. Whitaker. Indices to Vol. 1–10 by J. W. Earp. LCL. London / Cambridge, Mass.: Heinemann / Harvard University Press, 1991 (ND).

Philonis Alexandrini *De Animalibus*. The Armenian Text with Introduction, Translation, and Commentary by Abraham Terian. Chico, California: Society of Biblical Literature, 1981.

Plato. *Gorgias. A Revised Text with Introduction and Commentary*. By Eric R. Dodds. Oxford: Clarendon Press, 1959 (ND).

Platon. *Timaios. Griechisch-Deutsch*. Hg., übers., mit einer Einl. u. mit Anm. versehen v. Hans Günter Zekl. PhB 444. Hamburg: Felix Meiner, 1992.

Platon. *Werke in acht Bänden. Griechisch und Deutsch*. Hg. v. Gunther Eigler. Darmstadt: Wissenschaftliche Buchgesellschaft, 1973 (ND).

Platon. *Werke. Übersetzung und Kommentar*. Im Auftrag der Akademie der Wissenschaften und Literatur zu Mainz hg.v. Ernst Heitsch und Carl Werner Müller. Göttingen: Vandenhoeck & Ruprecht,

1/4: *Phaidon*. Übers. u. Komm. v. Theodor Ebert, 2004.

3/4: *Phaidros*. Übers. u. Komm. v. Ernst Heitsch, ²1997.

6/3: *Gorgias*. Übers. u. Komm. v. Joachim Dalfen, 2004.

Platonis Opera 1–5. Rec. Ioannes Burnet. SCBO. Oxford: Clarendon Press, 1900–1907 (ND).

Platonis Opera. Rec. Elizabeth A. Duke; Winifred. F. Hicken; William S. M. Nicoll; David B. Robinson und Christopher G. Strachan. SCBO. Oxford: Clarendon Press, 1995.

Platonis Rempublicam. Rec. Simon R. Slings. SCBO. Oxford: Clarendon Press, 2003.

Plotins Schriften. Übers. v. Richard Harder. Neubearb. mit griech. Lesetext. 1: Schriften 1–21 in chronologischer Reihenfolge. a: Text und Übersetzung. PhB 211a. Hamburg: Felix Meiner, 1956.

Plutarch. *Moralia in Sixteen Volumes.* With an English Translation by Frank C. Babbitt a.o. and an Index by Edward N. O'Neil. LCL. London / Cambridge, Mass.: Heinemann / Harvard University Press, 1927–2004.

Quintilianus, Marcus F. *Institutiones oratoriae libri XII. Ausbildung des Redners Zwölf Bücher.* Hg. u. übers. v. Helmut Rahn. Bd. 1–2. Darmstadt: Wissenschaftliche Buchgesellschaft, ²2011.

Rhetorica ad Herennium. Lateinisch-Deutsch. Hg. u. übers. v. Theodor Nüsslein. STusc. Düsseldorf / Zürich: Artemis & Winkler, ²1998.

Sanders, Edward P. „Testament of Abraham. (First to Second Century A.D.). A New Translation and Introduction." In *The Old Testament Pseudepigrapha* 1, hg. von James H. Charlesworth, 871–902. New York: Doubleday, 1983.

Seneca, Lucius A. *Philosophische Schriften. Lateinisch-Deutsch* 1–4. Lateinischer Text von François Préchac. Übers., Einl. u. Anm. v. Manfred Rosenbach. Darmstadt: Wissenschaftliche Buchgesellschaft, 1980–1989.

Septuaginta Deutsch. Das griechische Alte Testament in deutscher Übersetzung in Zusammenarbeit mit Eberhard Bons; Kai Brodersen; Helmut Engel; Hein-Josef Fabry; Siegfried Kreutzer; Wolfgang Orth; Martin Rösel; Helmut Utzschneider; Peter Vieweger und Nikolaus Walter, hg. v .Wolfgang Kraus und Martin Karrer. Stuttgart: Deutsche Bibelgesellschaft, 2009.

Septuaginta. Id est Vetus Testamentum Graece iuxta LXX interpretes. Alfred Rahlfs (Hg.). Bd. 1–2. Stuttgart: Württembergische Bibelanstalt, ⁵1952.

Septuaginta. Id est Vetus Testamentum Graece juxta LXX interpretes. Duo volumina in uno. Editio altera quam recognovit et emendavit Robert Hanhart, Stuttgart: Deutsche Bibelgesellschaft, 2006.

Sophoclis Fabulae. Rev. Alfred C. Pearson. SCBO. Oxford: Clarendon Press, 1924 (ND).

Tacitus, Publius C. *Historiae. Historien. Lateinisch-Deutsch.* Hg. v. Joseph Borst unter Mitarb. v. Helmut Hross und Helmut Borst. STusc. Düsseldorf: Artemis & Winkler, 1984.

Tertullian. *Apologeticum. Verteidigung des Christentums. Lateinisch-Deutsch.* Hg., übers. u. erl. v. Carl Becker. Darmstadt: Wissenschaftliche Buchgesellschaft , ⁴1992.

The Old Testament in Greek according to the Text of Codex Vaticanus. Supplemented from other uncial manuscripts, with a critical apparatus containing the variants of the chief ancient authorities for the Text of the Septuagint. Hg. von Alan E. Brooke und Norman McLean. 1: *The Octateuch.* 2: *Exodus and Leviticus.* Cambridge, UK: Cambridge University Press, 1909.

The Old Testament Pseudepigrapha 1–2. Hg. von James Charlesworth. London / New York: Doubleday, 1983 und 1985.

Die Vorsokratiker. Griechisch-Deutsch. Ausgew., übers. u. erl. von Jaap Mansfeld und Oliver Primavesi. RecUB 18971. Stuttgart: Philipp Reclam jun., 2011.

Die Vorsokratischen Philosophen. Einführung. Texte und Kommentare. Hg. v. Geoffrey S. Kirk; John E. Raven und Malcolm Schofield, ins Dt. übers. v. Karlheinz Hülser. Stuttgart / Weimar: J.B. Metzler, 1994.

Xenophon in Seven Volumes. With an English Translation by Walter Miller and others 1–7. LCL. London / Cambridge, Mass.: Heinemann / Harvard University Press, 1914–1922 (ND).

Xenophon in Seven Volumes. 4: *Memorabilia and Oeconomicus* with an English Translation by Edgar C. Marchant. *Symposium and Apology* with an English Translation by O. J. Todd. LCL 168. London / Cambridge, Mass.: Heinemann / Harvard University Press, 1923 (ND).

Xenophon. *Kyropaedie. Die Erziehung des Kyros. Griechisch-Deutsch*. Hg. u. übers. v. Rainer Nickel. STusc. München: Artemis & Winkler, 1992.

Xenophon. *Erinnerungen an Sokrates. Griechisch-Deutsch*. Hg. v. Peter Jaerisch. TuscB. München: Heimeran, ³1980.

Xenophontis Opera Omnia. Rec. Edgar C. Marchant 1–5. SCBO. Oxford: Clarendon Press, 1904–1921 (ND).

2 Hilfsmittel

Concordance Grecque des Pseudépigraphes d'Ancien Testament. Hg. von Albert-Marie Denis. Louvain-La-Neuve: Université catholique de Louvain, 1987.

A Concordance to the Septuagint and the other Greek Versions of the Old Testament (Including the Apocryphal Books) 1–2. Hg. von Edwin Hatch und Henry Redpath. Graz: Akademische Druck- und Verlagsanstalt, 1954 (ND).

Dictionary of Deities and Demons in the Bible (DDD). Hg. von Karel van der Toorn; Bob Becking und Pieter W. van der Horst. Leiden / New York / Köln: E.J. Brill, 1995.

A Dictionary of the Targumim, the Talmud Babli and Yerushalmi, and the Midrashic Literature 1–2. Hg. von Marcus Jastrow. New York: Pardes Publishing House, 1950.

Grammaire du Grec Biblique suivie d'un choix de papyrus. Hg. von Félix-Marie Abel. EtB. Paris: Gabalda, ²1927.

A Greek-English Lexicon of the Septuagint 1–2. Hg. von Johan Lust; Erik Eynikel und Katrin Hauspie. Stuttgart: Deutsche Bibelgesellschaft, 1992 und 1996.

Historisches Wörterbuch der Philosophie 1–12. Hg. v. Joachim Ritter; Karlfried Gründer und Gottfried Gabriel. Basel: Schwabe, 1971–2004.

Index Aristotelicus. Hg. v. Hermann Bonitz. Graz: Akademische Verlagsanstalt, ²1955.

Index Philoneus. Hg. v. Günter Mayer. Berlin / New York: Walter de Gruyter, 1974.

Der Kleine Pauly. Lexikon der Antike. Bearb. u. hg. v. Konrat Ziegler. Stuttgart: Drueckenmüller, 1964.

Menge-Güthling enzyklopädisches Wörterbuch der griechischen und deutschen Sprache 1: *Griechisch-Deutsch. Unter Berücksichtigung der Etymologie von Hermann Menge*. Hg. v. Hermann Menge. Berlin-Schöneberg: Langenscheidt, ¹⁵1959.

Das Neue Bibel-Lexikon. Hg. v. Manfred Görg und Bernhard Lang. Düsseldorf / Zürich: Benzinger, 2001.

Der Neue Pauly. Enzyklopädie der Antike. Hg. v. Hubert Cancik und Helmuth Schneider. Bd. 1–15 /3. Stuttgart / Weimar: J.B. Metzler, 1996–2003.

Neues Bibellexikon 1–3. Hg. v. Manfred Görg und Bernhard Lang. Zürich / Düsseldorf: Benzinger, 1991–2001.

The Oxford Classical Dictionary. Hg. von Simon Hornblower und Anthony Spawforth. Oxford / New York: Oxford University Press, ³1996.

A Patristic Greek Lexicon. With Addenda et Corrigenda. Hg. von Geoffrey W. H. Lampe. Oxford: Clarendon Press, ⁸1987.

Reallexikon der Assyriologie und vorderasiatischen Archäologie 1–13/6. Begründet v. Erich Ebeling und Bruno Meissner, hg. v. Michael P. Streck. Berlin / Boston: Walter de Gruyter, 1928–1930.

Religion in Geschichte und Gegenwart. Handwörterbuch für Theologie und Religionswissenschaft 1–8. Hg. v. Hans Dieter Bertz; Don S. Browning; Bernd Janowski und Eberhard Jüngel. Tübingen: Mohr Siebeck, ⁴1998–2007.

Theologisches Wörterbuch zum Alten Testament 1–8. Begr. v. Gerhard J. Botterweck und Helmer Ringgren, hg. v. Heinz-Josef Fabry und Helmer Ringgren. Stuttgart / Berlin / Köln: Kohlhammer, 1917–2012.

A Word Index to Plato. Hg. von Leonard Brandwood. Leeds: W.S. Maney and Son, 1976.

Wörterbuch der klinischen Kunstausdrücke. Hg. v. Otto Dornblüth. Berlin / New York: Walter de Gruyter, 1999 (ND).

3 Sekundärliteratur

Ackrill, John L. „Aristotle on Eudaimonia." In *Aristoteles: Nikomachische Ethik*, hg. v. Otfried Höffe, 39–62. Berlin: Akademie-Verlag, 2006.

Albrecht, Michael von. „Das Menschenbild in Jamblichs Darstellung der pythagoreischen Lebensform." In *Jamblich. Pythagoras: Legende, Lehre, Lebensgestaltung*, eingel., übers. u. mit interpretierenden Essays versehen v. Michael von Albrecht, John Dillon, Martin George, Michael Lurje und David S. du Toit, 255–294. Darmstadt: Wissenschaftliche Buchgesellschaft, 2002.

Alesse, Francesca. *Philo of Alexandria and Post-Aristotelian Philosophy*. Studies in Philo of Alexandria 8. Boston / Leiden: E.J. Brill, 2008.

Alexandre, Monique. „Monarchie divine et dieux des nations chez Philo d'Alexandrie." In *Philo d'Alexandrie*, hg. von Sabrina Inowlocki und Baudouin Decharneux, 117–147. Turnhout: Brepols, 2011.

Anderson, Charles A. *Philo of Alexandria's Views of the Physical World*. WUNT 2/309. Tübingen: Mohr Siebeck, 2011.

Armstrong, Arthur H. *The Cambridge History of Later Greek and Early Medieval Philosophy*. Cambridge, UK: Cambridge University Press, 1970.

Arndt, Gottfried. „Zahlenmystik bei Philo – Spielerei oder Schriftauslegung?" *ZRGG* 19 (1967). 167–171.

Barraclough, Ray. „Philo's Politics: Roman Rule and Hellenistic Judaism." In *ANRW* 2/21.1, hg. v. Wolfgang Haase, 417–553. Berlin / New York: Walter de Gruyter, 1984.

Barton, Tamsyn. *Ancient Astrology*. Sciences of Antiquity. London / New York: Routledge, 1994 (ND).

Bees, Robert. *Die Oikeiosislehre der Stoa 1: Rekonstruktion ihres Sinnes*. Epistemata. Reihe Philosophie 258. Würzburg: Königshausen und Neumann, 2004.

Betz, Otto. *Essener, Therapeuten*. TRE 10. 386–391. Berlin / New York: Walter de Gruyter, 1982.

Bloedhorn, Hanswulf. „Die Umgestaltung der Stadt Jerusalem durch Herodes." In *Herodes und Jerusalem*, hg. v. Linda-Marie Günther, 113–134. Stuttgart: Franz Steiner, 2009.

Bobzien, Susanne. *Determinism and Freedom in Stoic Philosophy*. Oxford: Clarendon Press, 1998.

Bonazzi, Mauro. „Towards Transcendence: Philo and the Renewal of Platonism in the Early Imperial Age." In *Philo of Alexandria and Post-Aristotelian Philosophy*, hg. v. Francesca Alesse, 233 – 251. Boston / Leiden: E.J. Brill, 2008.

Borgen, Peder. „Philo of Alexandria." In *Jewish Writings of the Second Temple Period*, hg. von Michael Stone, 233 – 282. Philadelphia: Assen, 1984.

——, *Philo of Alexandria: An Exegete for His Time*. SNT 86. Leiden: E.J. Brill, 1997.

Bosman, Philip. *Conscience in Philo and Paul. A Conceptual History of the Synoida Word Group*. WUNT 2/166. Tübingen: Mohr Siebeck, 2003.

Bousset, Wilhelm; Gressmann, Hugo. *Die Religion des Judentums im späthellenistischen Zeitalter*. HNT 21. Tübingen: Mohr Siebeck, ³1926.

Boyancé, Pierre. „Études philoniennes." *REG* 76 (1963). 79 – 82. 96 – 104. 105 – 108. (= „Philon Studien." In *Der Mittelplatonismus*, hg. v. Clemens Zintzen, übers. v. Bernd Schadow, 33 – 51. Darmstadt: Wissenschaftliche Buchgesellschaft, 1981).

Brown, Peter. *Augustine of Hippo. A Biography*. Berkeley / Los Angeles: University of California Press, ²2000.

——, *The Body and Society: Men, Women and Sexual Renunciation in Early Christianity*. Columbia Classics in Religion. New York: Columbia University Press, ¹³2005.

——, *The Making of Late Antiquity*. Carl Newell Jackson Lectures. London / Cambridge, Mass.: Heinemann / Harvard University Press, 1993 (ND).

Brunn, Michael von. *Ewiges Leben oder Wiedergeburt? Sterben, Tod und Jenseitshoffnung in europäischen und asiatischen Kulturen*. Freiburg / Basel / Wien: Herder, 2007.

Brunner-Traut, Emma. *Frühformen des Erkennens*. Darmstadt: Wissenschaftliche Buchgesellschaft, ²1992.

Buddensiek, Friedemann. *Die Theorie des Glücks in Aristoteles' Eudemischer Ethik*. Hypomnemeta 125. Göttingen: Vandenhoeck & Ruprecht, 1999.

Burkert, Walter. *Griechische Religion der archaischen und klassischen Epoche*. RM 15. Stuttgart: Kohlhammer, ²1997.

——, *Kulte des Altertums. Biologische Grundlagen der Religion*. München: C.H. Beck, 1998.

——, „Mythos und Mythologie." In *Kleine Schriften* 4, hg. v. dems., 3 – 41. Göttingen: Vandenhoeck & Ruprecht, 2003.

Calabi, Francesca. *God's Acting, Man's Acting. Tradition and Philosophy in Philo of Alexandria*. Studies in Philo of Alexandria 4. Boston / Leiden: E J. Brill, 2008.

Calduch-Benages, Núria; Liesen, Jan. *History and Identity. How Israel's Later Authors Viewed Its Earlier*. DCLY 2006. Berlin / New York: Walter de Gruyter, 2006.

Cazeaux, Jacques. „Philon d'Alexandrie, exégète." In *ANRW* 2/21.1, 156 – 226. Berlin / New York: Walter de Gruyter, 1984.

Chadwick, Henry. „Philo." In *The Cambridge History of Later Greek and Early Medieval Philosophy*, hg. von Arthur H. Armstrong, 137 – 157. Cambridge, UK: Cambridge University Press, 1967.

Christiansen, Irmgard. *Die Technik der allegorischen Auslegungswissenschaft bei Philo von Alexandrien*. BGBH 7. Tübingen: Mohr Siebeck, 1969.

Classen, Carl J. *Herrscher, Bürger und Erzieher. Beobachtungen zu den Reden des Isokrates*. Spud. 133. Hildesheim / Zürich / New York: Olms, 2010.

Colpe, Carsten. „Von der Logoslehre des Philo zu der des Clemens von Alexandrien." In *Kerygma und Logos: Beiträge zu den geistesgeschichtlichen Beziehungen zwischen Antike und Christentum*, hg. von Adolf M. Ritter, 89 – 107. Göttingen: Vandenhoeck & Ruprecht, 1979.

Conley, Thomas M. „Philo's Rhetoric: Argumentation and Style." In *ANRW* 2/21.1, hg. v.
Wolfgang Haase, 343–371. Berlin / New York: Walter de Gruyter, 1984.

Cooper, John M. „Chrysippos on Physical Elements." In *God and Cosmos in Stoicism*, hg. von
Ricardo Salles, 93–117. Oxford / New York: Oxford University Press, 2009.

Daniélou, Jean. *Philon d'Alexandrie. Les temps et les destins.* Paris: Arthème Fayard, 1958.

Decharneux, Baudouin. „Le Logos Philonien comme fondation paradoxale de l' Evangile de
Jean." In *Philo d'Alexandrie*, Sabrina Inowlocki (Hg.), Baudouin Decharneux (Hg.),
317–33. Turnhout: Bripolis, 2011.

Deines, Roland; Niebuhr, Karl-Wilhelm. *Philo und das Neue Testament.* WUNT 172. Tübingen:
Mohr Siebeck, 2004.

Dillon, John M. „Dämonologie im frühen Platonismus." In *De Deo Socratis. Über den Gott des
Sokrates.* Eingel., übers. u. mit interpretierenden Essays versehen v. Matthias Baltes u. a.,
123–41. Sapere 7. Darmstadt: Wissenschaftliche Buchgesellschaft, 2010 (ND).

——, „The formal structure of Philo's allegorical exegesis." In *Two Treatises of Philo of
Alexandria: A commentary on De gigantibus and Quod deus sit immutabilis*, David
Winston (Hg.), John Dillon (Hg.), 77–87. BJSt 25. Chico, California: Scholars Press, 1983.

——, „Jamblich: Leben und Werke." In *Jamblich. Pythagoras: Legende, Lehre,
Lebensgestaltung*, eingel., übers. u. mit interpretierenden Essays versehen v. Michael von
Albrecht, John Dillon, Martin George, Michael Lurje und David S. du Toit, 11–21.
Darmstadt: Wissenschaftliche Buchgesellschaft, 2002.

——, *The Middel Platonists 80 B.C. to A.D. 220.* Rev. ed. with a new afterword. Ithaca / New
York: Cornell University Press, ²1996.

——, „The nature of God in Quod deus." In *Two Treatises of Philo of Alexandria: A commentary
on De gigantibus and Quod deus sit immutabilis*, David Winston (Hg.), John Dillon (Hg.),
217–28. BJSt 25. Chico, California: Scholars Press, 1983.

——, „Philo and Hellenistic Platonism." In *Philo of Alexandria and Post-Aristotelian Philosophy*,
hg. von Francesca Alesse, 223–232. Boston / Leiden: E.J. Brill, 2008.

——, „Philo's Doctrine of Angels." In *Two Treatises of Philo of Alexandria: A commentary on De
gigantibus and Quod deus sit immutabilis*, David Winston (Hg.), John Dillon (Hg.),
197–206. BJSt 25. Chico, California: Scholars Press, 1983.

Döring, Klaus. „Sokrates, die Sokratiker und die von ihnen begründeten Schulen." In *GGPh.
Antike* 2/1, hg. v. Hellmut Flashar, 139–364. Basel / Stuttgart: Benno Schwabe, 1998.

Dörrie, Heinrich. „Der Platoniker Eudoros von Alexandreia". *Hermes* 79 (1944): 25–39.

Drozdek, Adam. *Athanasia: Afterlife in Greek Philosophy.* Spud. 137. Hildesheim / Zürich / New
York: Olms, 2011.

Düring, Ingemar. *Aristoteles. Darstellung und Interpretation seines Denkens.* Heidelberg: Carl
Winter Universitätsverlag, 1966.

Egger-Wenzel, Renate; Corley, Jeremy (Hg.). *Emotions from Ben Sira to Paul.* DCLY 2011. Berlin /
Boston: Walter de Gruyter, 2012.

Ehrenberg, Victor. „Anfänge des griechischen Rechtsdenkens (1923)." In *Polis und Imperium*,
hg. v. dems.; Karl F. Stroheker und Alexander J. Graham, 359–379. Zürich / Stuttgart:
Artemis & Winkler, 1965.

Stroheker, Karl F.; Graham, Alexander J.; Ehrenberg, Victor. *Polis und Imperium. Beiträge zur
Alten Geschichte.* Zürich / Stuttgart: Artemis & Winkler, 1965.

Ellbogen, Ismar. *Der jüdische Gottesdienst in seiner geschichtlichen Entwicklung.* Olms
Paperbacks 30. Hildesheim: Olms, 1995 (ND).

Eliade, Mircea. *Die Religionen und das Heilige.* Übers. v. Mohammed H. Rassem und Ingeborg Köck. Traité d'Histoire des Religions. Darmstadt: Wissenschaftliche Buchgesellschaft, 1966.

Elliger, Karl. *Leviticus.* HAT 4. Tübingen: Mohr Siebeck, 1966.

Erler, Michael. „Epikur – Die Schule Epikurs – Lukrez." In *GGPh. Antike* 4/1–2, hg. v. Hellmut Flashar, 29–490. Basel / Stuttgart: Benno Schwabe, 1994.

Erler, Michael. „Platon." In *GGPh. Antike* 2/2, hg. v. Hellmut Flashar. Basel / Stuttgart: Benno Schwabe, 2007.

Fasbender, Heinrich. *Entwicklungslehre, Geburtshülfe und Gynäkologie in den hippokratischen Schriften. Eine kritische Studie.* Stuttgart: Enke, 1897.

Fehrle, Eugen. *Die kultische Keuschheit im Altertum.* RVV 6. Gießen: Töpelmann, 1910.

Feldman, Louis H.; Reinhold, Meyer. *Jewish Life and Thought among Greeks and Romans.* Edinburgh: Clark, 1996.

Finegan, Jack. *Handbook of Biblical Chronology. Principles of Time Reckoning in the Ancient World and Problems of Chronology in the Bible.* Princeton: Princeton University Press, 1964.

Fischer, Alexander A. *Der Text des Alten Testaments. Neubearbeitung der Einführung in die Biblia Hebraica von Ernst Würthwein.* Stuttgart: Deutsche Bibelgesellschaft, 2009.

Flashar, Hellmut. *Aristoteles. Lehrer des Abendlandes.* München: C.H. Beck, 2013.

——, (Hg.), *Ältere Akademie. Aristoteles – Peripatos.* GGPh. Antike 3. Basel / Stuttgart: Benno Schwabe, 1983.

——, (Hg.), *Die Hellenistische Philosophie.* GGPh. Antike 4/1–2. Basel / Stuttgart: Benno Schwabe, 1994.

——, (Hg.), *Sophistik. Sokrates. Sokratik. Mathematik. Medizin.* GGPh. Antike 2/1. Basel / Stuttgart: Benno Schwabe, 1998.

Fornaro, Sotera. *Demetrios* [41]. DNP 3. 440–441. Stuttgart / Weimar: J.B. Metzler, 1997.

Forschner, Maximilian. *Die stoische Ethik. Über den Zusammenhang von Natur-, Sprach- und Moralphilosophie im altstoischen System.* Stuttgart: Klett-Cotta, 1981.

——, *Über das Glück des Menschen bei Aristoteles, Epikur, Thomas von Aquin. Kant.* Darmstadt: Wissenschaftliche Buchgesellschaft, 1994.

Frankfort, Henry. *Ancient Egyptian Religion. An Interpretation.* New York: Columbia University Press, 1943.

Frede, Michael. *Neupythagoreismus.* DNP 8. 879–880. Stuttgart / Weimar: J.B. Metzler, 2000.

Frick, Peter. *Divine Providence in Philo of Alexandria.* TSTAJ 77. Tübingen: Mohr Siebeck, 1999.

Fuhrmann, Manfred. *Die antike Rhetorik. Eine Einführung.* Mannheim: Artemis & Winkler, [6]2011.

Gäbel, Georg. *Die Kulttheologie des Hebräerbriefes. Eine exegetisch-religionsgeschichtliche Studie.* WUNT 2/212. Tübingen: Mohr Siebeck, 2006.

Garrison, Fielding H. *An Introduction to the History of Medicine.* Philadelphia / London: W.B. Saunders Company, [4]1929.

Gawlick, Günter; Görler, Woldemar. „Cicero." In *GGPh. Antike* 4/1–2, hg. v. Hellmut Flashar, 991–1168. Basel / Stuttgart: Benno Schwabe, 1994.

Gigon, Olaf. *Kommentar zum zweiten Buch von Xenophons Memorabilien.* SBA 7. Basel: Benno Schwabe, 1956.

Goldstein, Horst. ποιμήν / Hirt. EWNT 3. 301–305. Stuttgart / Berlin / Köln: Kohlhammer, [2]1983.

Goodenough, Erwin R. *An Introduction to Philo Judaeus.* New Haven: Yale University Press, 1940.

Görgemanns, Herwig. „Religiöse Philosophie und philosophische Religion in der griechischen Literatur der Kaiserzeit." In *Religiöse Philosophie und philosophische Religion in der griechischen Literatur der Kaiserzeit,* hg. v. Rainer Hirsch-Luipold; Herwig Görgemanns und Michael von Albrecht, 47 – 66. Tübingen: Mohr Siebeck, 2009.

Görler, Woldemar. „Antiochos aus Askalon und seine Schule." In *GGPh. Antike* 4/2, hg. v. Hellmut Flashar, 938 – 980. Basel / Stuttgart: Benno Schwabe, 1994.

Gould, Josiah B. *The Philosophy of Chrysippus.* Phil.Ant 17. Leiden: E.J. Brill, 1971.

Goulet-Cazé, Marie-Odile. *Diogenes* [14] *von Sinope.* DNP 3. 598 – 600. Stuttgart / Weimar: J.B. Metzler, 1997.

Graeser, Andreas. *Zenon von Kition. Positionen und Probleme.* Berlin / New York: Walter de Gruyter, 1975.

Graupner, Axel; Fabry, Heinz-Josef. שוב / *šûb.* ThWAT 7. 1118 – 1176. Stuttgart / Berlin / Köln: Kohlhammer, 1993.

Günther, Linda-Marie. *Herodes der Große.* Darmstadt: Wissenschaftliche Buchgesellschaft, 2005.

——, (Hg.), *Herodes und Jerusalem.* Stuttgart: Franz Steiner, 2009.

Guthrie, William K. C. *A History of Greek Philosophy* 1 – 6. Cambridge, UK: Cambridge University Press, 1971 – 1981 (ND).

Haase, Wolfgang; Temporini, Hildegard. *Principat: Religion (Hellenistisches Judentum in römischer Zeit: Philon und Josephus).* ANRW 2/21.1. Berlin / New York: Walter de Gruyter, 1984.

Haran, Menahem. *Temples and Tempel-Service in Ancient Israel. An Inquiry into Biblical Cult Phenomena and the Historical Setting of the Priestly School.* Winona Lake / Indiana: Eisenbrauns, 1985.

Hardie, William F. R. *Aristotle's Ethical Theory.* Oxford: Oxford University Press, [2]1980.

Heidegger, Martin. *Sein und Zeit.* Mit den Randbemerkungen aus dem Handexemplar des Autors im Anhang. Tübingen: Max Niemeyer Verlag, [15]1979.

Heiler, Friedrich. *Erscheinungsformen und Wesen der Religion.* RM 1. Stuttgart: Kohlhammer, 1961.

Hengel, Martin. *Die Zeloten.* WUNT 283. Tübingen: Mohr Siebeck, [3]2000.

Herbert, Ulrich. *Geschichte Deutschlands im 20. Jahrhundert.* München: C.H. Beck, 2014.

Hirsch-Luipold, Rainer; Görgemanns, Herwig; Albrecht, Michael von (Hg.). *Religiöse Philosophie und philosophische Religion der frühen Kaiserzeit.* StAC 51. Tübingen: Mohr Siebeck, 2009.

Horky, Philip S. *Plato and Pythagoreanism.* New York / Oxford: Oxford University Press, 2013.

Hossfeld, Frank-Lothar; Zenger, Erich. *Die Psalmen.* 2: *Psalm 51 – 100.* NEB 40. Würzburg: Echter Verlag, 2002.

Inowlocki, Sabrina; Decharneux, Baudouin. *Philo d'Alexandrie. Un penseur à l'intersection des cultures gréco-romaine, orientale, juive er chrétienne.* Actes du colloque international organisé par le Centre Interdisciplinaire d'Etude des Religions et de la Laïcité de l'Université Libre de Bruxelles (Bruxelles, 26 – 28 juin 2007). Monotheism et Philosophie. Turnhout: Bripolis, 2011.

Irwin, Terence. *Plato's Ethics.* New York / Oxford: Oxford University Press, 1995.

——, *The Development of Ethics. A Historical and Critical Study.* 1: *From Socrates to the Reformation.* Oxford: Oxford University Press, 2007.

Ivanow, Vjačeslav I. *Dionysos und die vordionysischen Kulte*. Tübingen: Mohr Siebeck, 2012.

Jaeger, Werner. *Aristoteles. Grundlegung einer Geschichte seiner Entwicklung*. Berlin: Weidmannsche Buchhandlung, [2]1955.

Janowski, Bernd. *Der nahe und der ferne Gott*. Beiträge zur Theologie des Alten Testaments 5. Neukirchen-Vluyn: Neukirchener Theologie, 2014.

——, „Der Ort des Lebens. Zur Kultsymbolik des Jerusalemer Tempels." In *Der nahe und der ferne Gott*, hg. v. dems., 207–243. Neukirchen-Vluyn: Neukirchener Theologie, 2014.

Janowski, Bernd; Popkes Enno E. (Hg.). *Das Geheimnis der Gegenwart Gottes. Zur Schechina-Vorstellung in Judentum und Christentum*. WUNT 318. Tübingen: Mohr Siebeck, 2014.

Janowski, Bernd; Welker, Michael. (Hg.). *Opfer. Theologische und kulturelle Kontexte*. StW 1454. Frankfurt am Main: Suhrkamp, 2000.

Jeremias, Joachim. *Jerusalem zur Zeit Jesu. Eine kulturgeschichtliche Untersuchung zur neutestamentlichen Zeitgeschichte 1–2*. Göttingen: Vandenhoeck & Ruprecht, [3]1962.

Johann, Horst-Theodor (Hg.). *Erziehung und Bildung in der heidnischen und christlichen Antike*. WdF 377. Darmstadt: Wissenschaftliche Buchgesellschaft, 1976.

Jones, Roger M. „*The Ideas as the Thoughts of God* (1926)." In *Der Mittelplatonismus*, hg. v. Clemens Zintzen, übers. v. Udo Kindermann, 187–199. Darmstadt: Wissenschaftliche Buchgesellschaft, 1981.

Kaiser, Otto. *Der eine Gott Israels und die Mächte der Welt. Der Weg Gottes im Alten Testament vom Herrn seines Volkes zum Herrn der ganzen Welt*. FRLANT 249. Göttingen: Vandenhoeck & Ruprecht, 2013.

——, *Der Gott des Alten Testaments II: Jahwe, der Gott Israels, Schöpfer der Welt und des Menschen*. UTB 2024. Göttingen: Vandenhoeck & Ruprecht, 1998.

——, *Der Gott des Alten Testaments III: Jahwes Gerechtigkeit*. UTB 2392. Göttingen: Vandenhoeck & Ruprecht, 2003.

——, *Des Menschen Glück und Gottes Gerechtigkeit. Studien zur biblischen Überlieferung im Kontext hellenistischer Philosophie*. Tria Corda 1. Tübingen: Mohr Siebeck, 2007.

——, „Die stoische Oikeiosis-Lehre und die Anthropologie des Jesus Sirach." In *Vom offenbaren und verborgenen Gott*, hg. v. dems., 60–77. Berlin / New York: Walter de Gruyter, 2008.

——, „Gott als Lenker des menschlichen Schicksals in Platons Nomoi (2000)" In *Zwischen Athen und Jerusalem. Studien zur griechischen und biblischen Theologie, ihrer Eigenart und ihrem Verhältnis*, hg. v. dems., 81–103. Berlin / New York: Walter de Gruyter, 2003.

——, *Gott, Mensch und Geschichte. Studien zum Verständnis des Menschen und seiner Geschichte in der klassischen, biblischen und nachbiblischen Literatur*. BZAW 413. Berlin / New York: Walter de Gruyter, 2011.

——, „Gott und Mensch als Gesetzgeber in Platons Nomoi (1998)." In *Zwischen Athen und Jerusalem. Studien zur griechischen und biblischen Theologie, ihrer Eigenart und ihrem Verhältnis*, hg. v. dems., 63–80. Berlin / New York: Walter de Gruyter, 2003.

——, „Krankheit und Heilung nach dem Alten Testament." In *Vom offenbaren und verborgenen Gott*, hg. v. dems., 212–245. Berlin / New York: Walter de Gruyter, 2008.

——, „,Niemals siegten unsere Väter durch Waffen.' Die Deutung der Geschichte Israels in Flavius Josephus Rede an die belagerten Jerusalemer Bell.Jud. V.356–426." In *Biblical Figures in Deuterocanonical and Cognate Literature*, hg. von Hermann Lichtenberger und Ulrike Mittmann-Richter, 441–470. Berlin / New York: Walter de Gruyter, 2009.

—, (= In *Gott, Mensch und Geschichte. Studien zum Verständnis des Menschen und seiner Geschichte in der klassischen, biblischen und nachbiblischen Literatur*, hg. v. dems., 167–191. Berlin / New York: Walter de Gruyter, 2011).

—, „,Nur der Weise ist frei…' Die Paradoxien der Stoiker in Ciceros ,Paradoxa Stoicorum' und Philos ,Quod omnis probus liber sit.'" In *Des Menschen Glück und Gottes Gerechtigkeit. Studien zur biblischen Überlieferung im Kontext hellenistischer Philosophie*, hg. v. dems., 169–230. Tria Corda 1. Tübingen / Mohr Siebeck, 2007.

—, *Philo von Alexandrien. Denkender Glaube – Eine Einführung*. FRLANT 259. Göttingen: Vandenhoeck & Ruprecht, 2015.

—, (Hg.). *Vom offenbaren und verborgenen Gott. Studien zur spätbiblischen Weisheit und Hermeneutik*. BZAW 392. Berlin / New York: Walter de Gruyter, 2008.

—, *Zwischen Athen und Jerusalem. Studien zur griechischen und biblischen Theologie, ihrer Eigenart und ihrem Verhältnis*. BZAW 320. Berlin / New York: Walter de Gruyter, 2003.

Kamesar, Adam. „Biblical Interpretation in Philo." In *The Cambridge Companion to Philo*, hg. von Adam Kamesar, 65–91. Cambridge, UK: Cambridge University Press, 2009.

—, (Hg.). *The Cambridge Companion to Philo*. Cambridge, UK: Cambridge University Press, 2009.

Kasher, Aryeh. *The Jews in Hellenistic and Roman Egypt. The Struggle for Equal Rights*. TstAJ 7. Tübingen: Mohr Siebeck, 1985.

Kenny, Anthony. *A New History of Western Philsophy*. In Four Parts. Oxford: Clarendon Press, 2010.

—, *The Aristotelian Ethics. A Study of the Relationship between the Eudemian and the Nicomachean Ethics of Aristotle*. Oxford: Clarendon Press, 1978.

Kierkegaard, Sören. *Der Begriff der Angst*. Gesammelte Werke 11 und 12. Düsseldorf: Eugen Diederichs, 1952.

Knapp, Robert. *Römer im Schatten der Geschichte. Gladiatoren. Prostituierte. Soldaten: Männer und Frauen im Römischen Reich*. Aus dem Englischen übers. v. Ute Spengler. Stuttgart: Klett-Cotta, 2012.

Koch, Bernhard. *Philosophie als Medizin für die Seele. Untersuchungen zu Ciceros Tusculanae Disputationes*. Palingenesia 90. Stuttgart: Franz Steiner, 2006.

Koch, Dietrich-Alex. *Geschichte des Urchristentums*. Göttingen: Vandenhoeck & Ruprecht, [2]2014.

Koester, Helmut. *History, Culture, and Religion of the Hellenistic Age*. Introduction to the New Testament 1. Berlin / New York: Walter de Gruyter, [2]1995.

Kohl, Katrin. *Metapher*. Sammlung Metzler 352. Stuttgart / Weimar: Verlag J.B. Metzler, 2007.

Koller, Hermann. „Enzyklika Paideia." In *Erziehung und Bildung in der heidnischen und christlichen Antike*, hg. v. Horst-Theodor Johann, 3–21. Darmstadt: Wissenschaftliche Buchgesellschaft, 1976.

Körting, Corinna. *Der Schall des Schofar. Israels Feste im Herbst*. BZAW 285. Berlin / New York: Walter de Gruyter, 1999.

Krajczynski, Jacub. „Tugend." In *Aristoteles-Handbuch. Leben – Werk – Wirkung*, hg. v. Christof Rapp und Klaus Corcilius. Stuttgart / Weimar: J.B. Metzler, 2011.

Krug, Antje. *Heilkunst und Heilkult. Medizin in der Antike*. München: C.H. Beck, [2]1993.

Laato, Antti; de Moor, Johannes C. (Hg.). *Theodicy in the World of the Bible*. Leiden / Boston: E.J. Brill, 2003.

Leeuw, Gerardus van der. *Phänomenologie der Religion*. Tübingen: Mohr Siebeck, [2]1956.

Leonhardt-Balzer, Jutta. *Jewish Worship in Philo of Alexandria*. TStAJ 84. Tübingen: Mohr Siebeck, 2001.

——, „Vorstellungen von der Gegenwart Gottes bei Philo von Alexandrien." In *Das Geheimnis der Gegenwart Gottes. Zur Schechina-Vorstellung in Judentum und Christentum*, hg. v. Bernd Janowski und Enno E. Popkes, 103–118. Tübingen: Mohr Siebeck, 2014.

Levin, Christoph. „„Fürchte dich nicht!' Gottvertrauen im Alten Testament." In *Existenzangst und Mut zum Sein*, hg. v. Gunther Wenz, 64–78. Göttingen: Vandenhoeck & Ruprecht, 2014.

Lévy, Carlos. „La conversion du scepticisme chez Philon of Alexandrie." In *Philo of Alexandria and Post-Aristotelian Philosophy*, hg. von Francesca Alesse, 103–120. Boston / Leiden: E.J. Brill, 2008.

——, „Philo's Ethics." In *The Cambridge Companion to Philo*, hg. von Adam Kamesar, 146–171. Cambridge, UK: Cambridge University Press, 2009.

Lichtenberger, Hermann; Mittmann-Richert, Ulrike (Hg.). *Biblical Figures in Deuterocanonical and Cognate Literature*. DCLY 2008. Berlin / New York: Walter de Gruyter, 2009.

Lloyd, Antony C. „The Later Neoplatonists." In *The Cambridge History of Later Greek and Early Medieval Philosophy*, hg. von Arthur H. Armstrong, 272–325. Cambridge, UK: Cambridge University Press, 1970.

Lohse, Eduard. *Die Entstehung des Neuen Testaments*. ThW 4. Stuttgart / Berlin / Köln: Kohlhammer, [6]2001.

——, *Grundriß der neutestamentlichen Theologie*. ThW 5 /1. Stuttgart / Berlin / Köln: Kohlhammer, [5]1998.

Lurje, Michael. „Die Vita Pythagorica als Manifest der neuplatonischen Paideia." In *Jamblich. Pythagoras: Legende, Lehre, Lebensgestaltung*, eingel., übers. u. mit interpretierenden Essays versehen v. Michael von Albrecht; John Dillon; Martin George; Michael Lurje und David S. du Toit, 221–254. Darmstadt: Wissenschaftliche Buchgesellschaft, 2002.

Mach, Michael. *Entwicklungsstadien des jüdischen Engelglaubens in vorrabbinischer Zeit*. STAJ 34. Tübingen: Mohr Siebeck, 1992.

——, *Philon*. TRE 26. 523–531. Berlin / New York: Walter de Gruyter, 1986.

Maier, Johann. *Geschichte der jüdischen Religion. Von der Zeit Alexander des Großen bis zur Aufklärung mit einem Ausblick auf das 19./20. Jahrhundert*. Freiburg / Basel / Wien: Herder, 1992.

Maier, Michael P. *Völkerwallfahrt im Jesajabuch*. Mit einem Geleitwort von George Y. Kohler. BZAW 474. Berlin / Boston: Walter de Gruyter, 2016.

Marböck, Johannes. *Weisheit im Wandel. Untersuchungen zur Weisheitstheologie bei Ben Sira*. Mit Nachwort und Bibliographie zur Neuauflage. BZAW 272. Berlin / New York: Walter de Gruyter, 1999.

Martínez, Florentino G. *The Dead Sea Scrolls Translated*. The Qumran Texts in English. Leiden / New York / Köln: E.J. Brill, 1994.

Mazzarelli, Claudio. „Raccolta e Interpretatatione delle Testimoninanze e dei Frammenti del Medioplatonico Eudoro di Alessandria." In *RFNS* 77, hg. v. Maurizio Mangiagalli, 197–209 und 535–555. Milano: Vita e Pensiero, 1985.

Merlan, Philip. „Greek Philosophy from Plato to Plotinus." In *The Cambridge History of Later Greek and Early Medieval Philosophy*, hg. von Arthur H. Armstrong, 14–136. Cambridge, UK: Cambridge University Press, 1970.

Merrill, Eugene H. *Qumran and Predestination. A Theological Study of the Thanksgiving Hymnus*. StTDJ 8. Boston / Leiden: E.J. Brill, 1975.

Metzger, Martin. *Königsthron und Gottesthron. Thronformen und Throndarstellungen in Ägypten und im Vorderen Orient im dritten und zweiten Jahrtausend vor Christus und*

deren Bedeutung für das Verständnis von Aussagen über den Thron im Alten Testament.
Kevelaer: Butzon und Bercker, 1985.

Meyer, Susan S. „What is Stoic Fate?" In *God and Cosmos in Stoicism*, hg. von Ricardo Salles, 71–90. Oxford / New York: Oxford University Press, 2009.

Mittmann-Richert, Ulrike. *Einführung zu den historischen und legendarischen Erzählungen.* JSHRZ 6 /1. Gütersloh: Gütersloher Verlagshaus, 2000.

Morris, Jenny. „The Jewish Philosopher Philo." In *The History of the Jewish People in the Age of Jesus Christ (175 B.C.–A.D. 135)* 3/2, hg. von Emil Schürer und Géza Vermès, 809–889. Edinburgh: T. und T. Clark, 1987.

Narcy, Michel. *Pythagoras* [1]. DNP 10. 456–458. Stuttgart / Weimar: J. B. Metzler, 2001.

Neher, Martin. *Wesen und Wirken der Weisheit in der Sapientia Salomonis.* BZAW 333. Berlin / New York: Walter de Gruyter, 2004.

Nelson, Richard D. *Raising up a Faithful Priest. Community and Priesthood in Biblical Theology.* Lousville, Kentucky: Westminster / John Knox Press, 1993.

Netzer, Ehud. *Die Paläste der Hasmonäer und Herodes des Großen.* Zaberns Bildbände zur Archäologie. Mainz: Verlag Philipp von Zabern, 1999.

Niehoff, Maren. *Jewish Exegesis and Homeric Scholarship in Alexandria.* Cambridge, UK: Cambridge University Press, 2011.

—, *Philo on Jewish Identity and Culture.* TStAJ 86. Tübingen: Mohr Siebeck, 2001.

Nilsson, Martin P. *Geschichte der Griechischen Religion* II: *Die Hellenistische und Römische Zeit.* HAW 5.2.2. München: C.H. Beck, ²1961.

Nissen, Andreas. *Gott und der Nächste im antiken Judentum. Untersuchungen zum Doppelgebot der Liebe.* WUNT 15. Tübingen: Mohr Siebeck, 1974.

Noack, Christian. *Gottesbewusstsein. Exegetische Studien zur Soteriologie und Mystik bei Philo von Alexandria.* WUNT 2/116. Tübingen: Mohr Siebeck, 2000.

Nutton, Vivian; Reppert-Bismarck, Leonie v. *Chrysippos* [3] *aus Knidos.* DNP 2. 1183. Stuttgart / Weimar: J.B. Metzler, 1997.

—, *Galenos aus Pergamon.* DNP 4. 748–756. Stuttgart / Weimar: J.B. Metzler, 1998.

Oser-Grote, Carolin. „Medizinische Schriftsteller." In *GGPh. Antike* 2/1, hg.v. Hellmut Flashar, 455–485. Basel / Stuttgart: Benno Schwabe, 1998.

Otto, Eckart. *Feste / Feiern.* II. *Altes Testament.* ⁴RGG. 87–89. Tübingen: Mohr Siebeck, 2000.

Otto, Rudolf. *Das Heilige. Über das Irrationale in der Idee des Göttlichen und sein Verhältnis zum Rationalen.* Beck'sche Reihe 328. München: C.H. Beck, 1979 (ND).

Otto, Walter F. *Dionysos* (1933). Mit einem Nachwort von Alessandro Stavru. Klostermann Rote Reihe. Frankfurt am Main: Vittorio Klostermann, 2011.

Pearson, Birger A. „Philo and Gnosticism." In *ANRW* 2/21.1, hg.v. Wolfgang Haase, 295–342. Berlin / New York: Walter de Gruyter, 1984.

Philips, Eduard D. *Greek Medicine. Aspects of Greek and Roman Life.* London: Thames und Hudson, 1973.

Pohlenz, Max. *Die Stoa. Geschichte einer geistigen Bewegung.* 1: *Die Stoa.* 2: *Erläuterungen.* Göttingen: Vandenhoeck & Ruprecht, ⁷1992 und ⁶1990.

Popkes, Enno E. „Vorstellungen von der Einwohnung Gottes in der Tempelrolle: 11 QT 29,7b–10 und die Entwicklungsgeschichte frühjüdischer Schechina-Vorstellungen." In *Das Geheimnis der Gegenwart Gottes. Zur Schechina-Vorstellung in Judentum und Christentum*, hg.v. dems. und Bernd Janowski, 85–102. Tübingen: Mohr Siebeck, 2014.

Potter, Paul; Gundert, Beate. *Hippokrates. Corpus Hippocraticum.* DNP 5. 590–599. Stuttgart / Weimar: J.B. Metzler, 1998.

Radice, Roberto, „Philo and Stoic Ethics. Reflections on the Idea of Freedom" In *Philo of Alexandria and Post-Aristotelian Philosophy,* hg. von Francesca Alesse, 141–167. Boston / Leiden: E.J. Brill, 2008.

—, „Philo's Theology of Creation." In *The Cambridge Companion to Philo,* hg. von Adam Kamesar, 124–145. Cambridge, UK: Cambridge University Press, 2009.

Ranocchia, Graziano. „Moses against the Egyptians: The anti-Epicurean Polemic in Philo." In *Philo of Alexandria and Post-Aristotelian Philosophy,* hg. von Francesca Alesse, 75–102. Boston / Leiden: E.J. Brill, 2008.

Rapp, Christof. „Rhetorik und Poetik." In *Aristoteles-Handbuch. Leben – Werk – Wirkung,* hg. v. dems. und Klaus Corcilius, 134–46. Stuttgart / Weimar: J.B. Metzler, 2011.

Rapp, Christof; Corcilius, Klaus (Hg.). *Aristoteles-Handbuch. Leben – Werk – Wirkung.* Stuttgart / Weimar: J.B. Metzler, 2011.

Reydams-Schils, Gretchen. „Philo of Alexandria on Stoic and Platonist Psycho-Physiology: The Socratic Higher-Ground." In *Philo of Alexandria and Post-Aristotelian Philosophy,* hg. v. Francesca Alesse, 169–195. Boston / Leiden: E.J. Brill, 2008.

Ricken, Friedo. *Unsterblichkeit* II. *Griechische und römische Antike.* HWPh 1. 276–281. Basel: Schwabe 2001.

Riedweg, Christoph. *Pythagoras* [2]. DNP 10. 649–653. Stuttgart / Weimar: J.B. Metzler, 2001.

—, *Pythagoras. Leben, Lehre, Nachwirkung. Eine Einführung.* München: C.H. Beck, 2002.

Ringgren, Helmer. אב / *ab.* ThWAT 1. 125–135. Stuttgart / Berlin / Köln: Kohlhammer, 1917–2012.

Ritter, Adolf M. (Hg.). *Kerygma und Logos: Beiträge zu den geistesgeschichtlichen Beziehungen zwischen Antike und Christentum.* FS Carl Andresen zum 70. Geburtstag. Göttingen: Vandenhoeck & Ruprecht, 1979.

Roloff, Dietrich. *Gottähnlichkeit, Vergöttlichung und Erhöhung zu seligem Leben. Untersuchungen zur Herkunft der Platonischen Angleichung an Gott.* UALG 4. Berlin: Walter de Gruyter, 1970.

Rostovtzeff, Michael. *Wirtschafts- und Gesellschaftsgeschichte der hellenistischen Welt (The Social and Economic History of the Hellenistic World, Oxford 1941).* Unter Mitarb. v. Margaret Wodrich, übers. v. Gertrud und Erich Bayer. Darmstadt: Wissenschaftliche Buchgesellschaft, 1984 (ND).

Royse, James R. „The Works of Philo." In *The Cambridge Companion to Philo,* Adam Kamesar (Hg.), 32–64. Cambridge, UK: Cambridge University Press, 2009.

Runia, David T. *Diogenes* [17] *Laertios.* DNP 3. 601–603. Stuttgart / Weimar: J.B. Metzler 1997.

—, *Philo of Alexandria and the Timaeus of Plato.* PhilAnt 54. Boston / Leiden: E.J. Brill, 1986.

—, *Philo of Alexandria. On the Creation of the Cosmos according to Moses. Introduction, Translation and Commentary.* Philo of Alexandria Commentary Series 1. Boston / Leiden: E.J. Brill, 2001.

—, „Philo's De Aeternitate Mundi: The Problem of its Interpretation." VC 35 (1981): 105–51.

—, „Theodicy in Philo of Alexandria." In *Theodicy in the World of the Bible,* hg. von Antti Laato und Johannes de Moor, 576–604. Leiden / Boston: E.J. Brill, 2003.

—, „Why Philo of Alexandria is an Important Writer and Thinker." In *Philo d'Alexandrie,* hg. von Sabrina Inowlocki und Baudouin Decharneux, 13–35. Turnhout: Bripolis, 2011.

Sallmann, Klaus. *Celsus, Cornelius C.A.* DNP 2. 1051–1052. Stuttgart / Weimar: J.B. Metzler 1997.

Scharbert, Josef. *Exodus.* NEB 16. Würzburg: Echter Verlag, 1989.

Schmid, Hans Heinrich. *Frieden* II: *Altes Testament.* TRE 11. 605–610. Berlin / New York, 1983.

——, *šālôm. „Frieden" im Alten Testament und im Alten Orient.* SBS 51. Stuttgart: Katholisches Bibelwerk, 1971.

Schneider, Carl. *Die Welt des Hellenismus. Lebensformenen der spätgriechischen Antike.* Beck'sche Sonderausgaben. München: C.H. Beck, 1975.

Schofield, Malcolm. *Plato. Political Philosophy.* Founders of Modern Political and Social Tought. Oxford: Oxford University Press, 2006.

Schottroff, Luise und Willy. *Hirt.* NBL 2. 167–169. Düsseldorf / Zürich: Benzinger, 1995.

Schroer, Silvia. *Guter Hirte.* ⁴RGG. 1347–1348. Tübingen: Mohr Siebeck, 2000.

Schürer, Emil; Vermès, Géza. *The History of the Jewish People in the Age of Jesus Christ (175 B.C.–A.D. 135).* A New English Version rev. and ed. by Géza Vermès and Furgus Millar. Edinburgh: T. und T. Clark, 1973–1987 (ND).

Schwartz, Daniel R. „Philo, His Family and His Time." In *The Cambridge Companion to Philo,* Adam Kamesar (Hg.), 9–31. Cambridge, UK: Cambridge University Press, 2009.

Schwarz, Reinhard. *Martin Luther – Lehrer der christlichen Religion.* Tübingen. Mohr Siebeck, 2015.

Seibert, Ilse. *Hirt – Herde – König.* Deutsche Akademie der Wissenschaften zu Berlin. Schriften der Sektion für Altertumswissenschaft 53. Berlin: Akademie Verlag, 1969.

Sellin, G. *Allegorie – Metapher – Mythos – Schrift. Beiträge zur religiösen Sprache im Neuen Testament und seiner Umwelt.* SNT 90. Göttingen: Vandenhoeck & Ruprecht, 2011.

——, „Gotteserkenntnis und Gotteserfahrung bei Philo von Alexandrien." In *Allegorie – Metapher – Mythos – Schrift. Beiträge zur religiösen Sprache im Neuen Testament und seiner Umwelt,* hg. v. dems., 57–77. SNT 90. Göttingen: Vandenhoeck & Ruprecht, 2011.

Seybold, Klaus; Müller, Ulrich. *Krankheit und Heilung.* Bib.Konfr. 1008. Stuttgart / Berlin / Köln: Kohlhammer, 1978.

Sharples, Robert W. „Philo and post-Aristotelian Philosophy." In *Philo of Alexandria and Post-Aristotelian Philosophy,* hg. von Francesca Alesse, 55–73. Boston / Leiden: E.J. Brill, 2008.

Siegert, Folker. „Early Jewish Interpretation in a Hellenistic Stye 4. Philo von Alexandria." In *Hebrew Bible / Old Testament 1: From the Beginnung to the Middle Ages (Until 1300),* Magne Saebø (Hg.), 130–198. Göttingen: Vandenhoeck & Ruprecht 1996.

Siegfried, Carl. *Philo von Alexandrien als Ausleger des Alten Testaments.* Jena: Dufft, 1875.

Smallwood, Edith M. *Philonis Alexandri Legatio ad Gaium.* Ed. with Introduction, Translation and Commentary, Boston / Leiden: E.J. Brill, 1961.

——, *The Jews under Roman Rule: From Pompey to Diocletian: A Study in Political Relations.* Boston / Leiden: E.J. Brill, ²2001.

Steinmetz, Peter. „Die Stoa." In *GGPh.* Antike 4/2, hg. v. Hellmut Flashar, 495–716. Basel: Benno Schwabe, 1994.

Stendebach, Franz Josef. *Šālôm.* ThWAT 8. 12–46. Stuttgart / Berlin / Köln: Kohlhammer, 1995.

Sterling, Gregory E. „Philosophy as the Handmaid of Wisdom. Philosophy in the Exegetical Traditions of Alexandrian Jews." In *Religiöse Philosophie und philosophische Religion in der griechischen Literatur der Kaiserzeit,* hg. v. Rainer Hirsch-Luipold; Herwig Görgemanns und Michael von Albrecht, 67–98. Tübingen: Mohr Siebeck, 2009.

Stone, Michael E. (Hg.). *Jewish Writings of the Second Temple Period.* CRINT 2. Philadelphia: Assen, 1984.

Svendsen, Stefan N. *Allegory Transformed: The Appropriation of Philonic Hermeneutics in the Letter to the Hebrews.* WUNT 2/269. Tübingen: Mohr Siebeck, 2009.

Taylor, Joan E. *Jewish Women Philosophers of First-Century Alexandria: Philo's Therapeutae Reconsidered*. Oxford: Oxford University Press, 2003.

Terian. A. „A Critical Introduction to Philo's Dialogues." In *ANRW* 2/20,1, hg. v. Wolfgang Haase, 61–112. Berlin / New York: Walter de Gruyter, 1984.

Termini, Cristina. *Le potenze di dio. Studio su δύναμις in Filone di Alessandra*. SEA 71. Roma: Institutum Patristicum Augustinianum, 2000.

——, „Philo's Thought within in the Context of Middle Judaism." In *The Cambridge Companion to Philo*, Adam Kamesar (Hg.), 95–123. Cambridge, UK: Cambridge University Press, 2009.

——, „The Historical Part of the Pentateuch according to Philo of Alexandria: Biography, Genealogy, and the Philosophical Meaning of the Patriarchal Lives" In *History and Identity. How Israel's Later Authors Viewed Its Earlier*, Núria Calduch-Benages (Hg.), Jan Liesen (Hg.), 265–295. Berlin / New York: Walter de Gruyter, 2006.

Theiler, Willy. „Philo von Alexandria und der hellenisierte Timaios." In *Der Mittelplatonismus*, hg. v. Clemens Zintzen, 52–63. Darmstadt: Wissenschaftliche Buchgesellschaft, 1981.

——, „Sachweiser zu Philo." In *Werke in deutscher Übersetzung* 7, hg. v. dems.; Leopold Cohn; Isaak Heinemann und Maximilian Adler, 386–411. Berlin: Walter de Gruyter, ²1964.

Thissen, Heinz J. „Die Lehre des Papyrus Insinger." TUAT 3/2, 280–319. Gütersloh: Gütersloher Verlagshaus, 1991.

Thom, Johan C. *Cleanthes' Hymn on Zeus. Text, Translation and Commentary*. StTAC 33. Tübingen: Mohr Siebeck, 2005.

Töply, Robert von. *Studien zur Geschichte der Anatomie im Mittelalter*. Leipzig / Wien: Deuticke, 1898.

Ueberschaer, Frank. *Weisheit aus der Begegnung. Bildung nach dem Buch Ben Sira*. BZAW 379. Berlin / New York: Walter de Gruyter, 2007.

Vancil, Jack W. *Sheep. Shepherd*. ABD 5. 421–425. New York: Doubleday, 1992.

Veltri, Guiseppe. *Feste / Feiern* III. *Judentum*. ⁴RGG. 90–91. Berlin / New York: Walter de Gruyter, 2000.

Vogt, Katja Maria. *Law, Reason and the Cosmic City. Political Philosophy in the Early Stoa*. Oxford: Oxford University Press, 2007.

Vögtle, Anton. *Die Tugend- und Lasterkataloge exegetisch, religionsgeschichtlich und formgeschichtlich untersucht*. NTA 16/4–5. Münster: Aschendorff, 1936.

Volt, Ivo; Päll, Jannika. *Quattuor Lustra: Papers Celebrating the 20th Anniversary of the Re-Establisment of Classical Studies at the University of Tartu*. Act. Soc. Morgensternianae 4–5. Tartu: Tartu University Press, 2012.

Waetzold, Hartmut. *Hirt*. RlA 4. 421–425. Berlin / New York: Walter de Gruyter, 1972–1975.

Wallis, Richard T. „The Idea of Conscience in Philo of Alexandria." In *Two Treatises of Philo of Alexandria: A commentary on De gigantibus and Quod deus sit immutabilis*, David Winston (Hg.), John Dillon (Hg.), 207–287. Chico, California: Scholars Press, 1983.

Wallis, Gerhard. *Hirte*. ThWAT 7. 566–576. Stuttgart / Berlin / Köln: Kohlhammer, 1993.

Walter, Nikolaus. „*Fragmente jüdisch-hellenistischer Exgeten: Aristoboulos, Demetrios, Aristeas.*" JSHRZ 3/2, 257–299. Gütersloh: Gütersloher Verlagshaus, 1979.

Walter, Nikolaus. *Fragmente jüdisch-hellenistischer Historiker*. JSHRZ 1 /2. Gütersloh: Gütersloher Verlagshaus, 1980.

Wasserman, Emma. *Death of the Soul in Romans 7. Sin and Death, and the Law in Light of Hellenistic Moral Psychology*. WUNT 2/256. Tübingen: Mohr Siebeck, 2008.

Weber, Reinhard. *Das Gesetz im hellenistischen Judentum*. 1: *Studien zum Verständnis und zur Funktion der Thora von Demetrios bis Pseudo-Phokylides*. 2: *Das ‚Gesetz' bei Philon von*

Alexandrien und Flavius Josephus. ARGU 10. Frankfurt am Main / Berlin: Peter Lang, 2000 und 2001.

Wehrli, Fritz. „Der Peripatos bis zum Beginn der römischen Kaiserzeit." In *GGPh. Antike* 2/1, hg. v. Hellmut Flashar, 459–599. Basel / Stuttgart: Benno Schwabe, 1998.

Welwei, Karl-Wilhelm. *Das klassische Athen. Demokratie und Machtpolitik im 5. und 4. Jahrhundert.* Darmstadt: Wissenschaftliche Buchgesellschaft, 1999.

Wendland, Paul. *Die hellenistisch-römische Kultur in ihren Beziehungen zu Judentum und Christentum.* HNT 1/2. Tübingen: Mohr Siebeck, 1907.

Wenz, Günther (Hg.). *Existenzangst und Mut zum Sein.* Eugen-Biser-Lectures 1. Göttingen: Vandenhoeck & Ruprecht, 2014.

Werman, Cana. „God's House: Temple or Universe." In *Philo und das Neue Testament,* hg. v. Roland Deines und Karl-Wilhelm Niebuhr, 309–320. Tübingen: Mohr Siebeck, 2004.

Wibbing, Siegfried. *Die Tugend- und Lasterkataloge im Neuen Testament und ihre Traditionsgeschichte unter besonderer Berücksichtigung der Qumran-Texte.* BZNW 35. Berlin: Alfred Töpelmann, 1959.

Wicke-Reuter, Ursel. *Göttliche Providenz und menschliche Verantwortung bei Ben Sira und in der frühen Stoa.* Berlin: Walter de Gruyter, 2000.

Wilson, Walter T. *Philo of Alexandria On Virtues: Introduction, Translation and Commentary.* Philo of Alexandria Commentary Series 3. Boston / Leiden: E. J. Brill, 2011.

Winston, David. „Philo's Doctrin of Free Will." In *Two Treatises of Philo of Alexandria. A Commentary on De Gigantibus and Quod Deus Sit Immutabilis,* hg. von David Winston und John Dillon, 181–197. Chico, Californien: Scholar Press, 1983.

——, „Philo's Ethical Theory." In *ANRW* 2/21.1, hg. v. Wolfgang Haase, 372–416. Berlin / New York: Walter de Gruyter, 1984.

Winston, David; Dillon, John (Hg.). *Two Treatises of Philo of Alexandria. A Commentary on De Gigantibus and Quod Deus Sit Immutabilis.* BJSt 25. Chico, Californien: Scholar Press, 1983.

Winterling, Aloys. *Caligula. Eine Biographie.* München: C.H. Beck, 2003.

Wissowa, Georg. *Religion und Kultus der Römer.* HAW 4/5. München: C.H. Beck ²1971 (ND).

Wolf, Ursula. „Über den Sinn der aristotelischen Mesoteslehre (2)." In *Aristoteles: Nikomachische Ethik,* hg. v. Otfried Höffe, 83–108. Berlin: Akademie-Verlag, 2006.

Wolfson, Harry A. *Philo. Foundations of religious Philosophy in Judaism, Christianity and Islam,* Vol. 1–2. Cambridge, Mass.: Harvard University Press, 1948.

Zeller, Dieter. „Leben und Tod in der allegorischen Exegese Philos. Geburt und Ursprung einer Metapher." In *Studien zu Philo und Paulus,* hg. v. dems., 55–99. BBB 165. Bonn: Bonn University Press, 2011.

——, *Studien zu Philo und Paulus.* BBB 165. Bonn: Bonn University Press, 2011.

Zeller, Eduard. *Die Philosophie der Griechen in ihrer geschichtlichen Entwicklung.* 1/1–3/2. Darmstadt: Wissenschaftliche Buchgesellschaft, ⁷2006.

Zintzen, Clemens (Hg.). *Der Mittelplatonismus.* WdF 70. Darmstadt: Wissenschaftliche Buchgesellschaft, 1981.

Zwickel, Wolfgang. *Der salomonische Tempel.* Kulturgeschichte der Antiken Welt 83. Mainz: von Zabern, 1999.

——, *Tempel.* NBL 3. 799–810. Düsseldorf / Zürich: Benzinger, 2001.

Nachweise

Metapher und Allegorie bei Philo von Alexandrien
revidierter Nachdruck des gleichnamigen Aufsatzes aus: M. Witte / Sven Behnke (eds.), *The Metaphorical Use of Language in Deuterocanonical and Cognate Literature*. DCLY 2014/2015. Berlin: de Gruyter, 2015, 299 – 330.

Philos Kosmologie zwischen Platonismus und Biblizismus
Erstpublikation

**Die kosmische Bedeutung des jüdischen Hohepriesters
im Denken Philos von Alexandrien**
revidierte Version des gleichnamigen Aufsatzes, der im *Yearbook 2016/2017* der International Society for the Study of Deuterocanonical and Cognate Literature, de Gruyter, erscheinen wird.

Das Gebet bei Philo von Alexandrien
revidierter Nachdruck des gleichnamigen Aufsatzes aus: A. Grund / A. Krüger / F. Lipke (eds.), Ich will dir danken unter den Völkern. Studien zur israelitischen und altorientalischen Gebetsliteratur, FS B. Janowski, Gütersloh: Gütersloher Verlagshaus in der Verlagsgruppe Random House GmbH, 2013, 625 – 644.

***Aretē* und *Pathos* bei Philo von Alexandrien**
revidierter Nachdruck des gleichnamigen Aufsatzes aus: R. Egger-Wenzel / J. Corley (eds.), Emotions from Ben Sira to Paul, DCLY 2011, Berlin: de Gruyter, 2012, 379 – 429.

Hoffnung und Freude, Kummer und Furcht bei Philo von Alexandrien
Erstpublikation

Gesundheit und Krankheit bei Philo von Alexandrien
revidierter Nachdruck des gleichnamigen Aufsatzes aus: MedGG 33, Stuttgart 2015, Franz Steiner, 9 – 34.

DOI 10.1515/978-3-11-049265-1-012

Vom Tod des Leibes und der Seele sowie der Freiheit als
dem höchsten irdischen Gut oder Die Rolle des Todes in Philos Denken
Erstpublikation

Für die freundliche Genehmigung des Nachdrucks danken wir herzlich dem de Gruyter Verlag (Berlin / Boston), dem Gütersloher Verlagshaus in der Verlagsgruppe Random House GmbH (Gütersloh) und dem Franz Steiner Verlag (Stuttgart).

Register

Namen- und Sachen